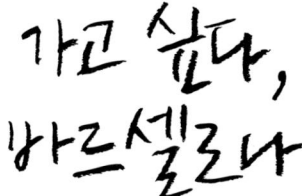

가고 싶다, 바르셀로나

디테일이 살아 있는 색다른 지식 여행

가고 싶다, 바르셀로나

1판 5쇄 펴냄 2020년 1월 20일

지은이 신양란(글), 오형권(사진)
펴낸이 정현순
디자인 나미진·한기영
인 쇄 ㈜한산프린팅

펴낸곳 ㈜북핀
등록 제2016-000041호(2016. 6. 3)
주소 서울시 광진구 천호대로 109길 59 1층
연락처 TEL: 02-6401-5510 / FAX: 02-6969-9737

ISBN 978-89-94886-54-1 13920
값 17,000원

이 책은 저작권법에 따라 보호받는 저작물이므로 무단전재와 무단복제를 금합니다.
파본이나 잘못 만들어진 책은 구입하신 서점에서 바꾸어 드립니다.

Copyright © 2014 by ㈜북핀
All rights reserved. No part of this publication may be reproduced,
stored in a retrieval system, or transmitted in any form or by any means,
without the prior written permission of the publishers.

색다른
지식 여행
시리즈 ❶

글 신양란 · 사진 오형권

가고 싶다, 바르셀로나

디테일이 살아 있는 색다른 지식 여행

바르셀로나에서 꼭 가봐야 할 장소를 꼼꼼하게
파헤친 색다른 지식 가이드

지혜정원

prologue

사람은 살면서 저마다 홀연히 깨달음을 얻는 순간을 만나게 됩니다. 그 계기가 충격적인 사건일 수도 있고, 잊을 수 없는 한 마디 말일 수도 있지요. 그것이 말이라면, 대개는 신(神)이나 성현, 혹은 저명인사의 주옥같은 가르침일 가능성이 높습니다. 그런데 나는 우리 집 둘째 아이가 다섯 살 때 내게 건넨 말을 지금도 가슴 깊이 새긴 채 살고 있습니다.

어느 날 아들 녀석이 내게 이렇게 물었습니다.

"엄마, 엄마는 나중에 크면 뭐가 될 거야?"

그때 나는 불혹(不惑)의 문턱을 살짝 넘어선 때였습니다. 그 무렵에는 내가 다 컸다고 생각하며 살고 있었으므로, 그 질문이 생뚱맞게 느껴졌습니다. 그래서

"네가 보기엔 엄마가 다 큰 것 같지 않니?"라고 되물었지요. 그러자 아들 녀석은

"아니, 지금보다 조금이라도 더 크면 말이야." 하며, 몹시 진지한 눈빛으로 내 대답을 기다리는 것이었습니다.

내가 끝내 쓸 만한 대답을 내놓지 못하자 답답해진 녀석은 제 생각을 먼저 말했습니다.

"나는 이다음에 크면 소방수가 될 거야. 물을 쫘악 뿌리는 아주 훌륭한 소방수 말이야."

조금 뻐기는 듯한 말투로 말하고는 이렇게 덧붙였습니다.

"엄마는 소방차가 되면 어때? 삐뽀삐뽀 멋있잖아."

잊을 수 없는 그날의 대화를 나는 '성민이의 장래 희망'이란 제목의 시조로 발표했습니다.

엄마, 나는 이 담에 소방수가 될 거야.
물을 쫘악 뿌리는 아주 훌륭한 소방수 말야.
엄마는 소방차 되라, 삐뽀삐뽀 멋있잖아.

그 일이 있고 난 후, 나는 깊이 생각했습니다.

'마흔이 넘은 나이여도 앞으로 뭐가 될 건지를 고민해야만 하는 거구나.'

그때로부터 시간이 흘러 이제는 쉰이 넘었지만, 여전히 그 깨달음은 나의 절실한 화두가 되고 있습니다.

이제는 컸다고 "엄마는 나중에 크면 뭐가 될 거야?"란 질문을 더 이상 하지 않는 둘째 아이에게, 내가 뒤늦은 대답을 합니다. "엄마의 장래 희망은 여행작가가 되는 거야."

그렇습니다. 나는 이제 여행작가가 되고 싶습니다. 조금 더 크면 괜찮은 여행작가가 되고 싶고, 나중에 더 크면 꽤 괜찮은 여행작가가 되고 싶습니다. 단순히 개인적인 여행담을 풀어놓는 작가가 아니라, 여행지에 서려 있는 재미난 이야기들을 찾아내어 다른 사람들에게 들려주는 입심 좋

은 이야기꾼이 되고 싶습니다.

그런 의욕을 가지고 출간한 몇 권의 전자책이 계기가 되어 이번에 종이책 〈새로운 지식 여행〉 시리즈를 시작하게 되었습니다. '간절히 원하면 이루어진다는 말이 과연 맞는구나.' 싶어 내게는 꽤 감격스러운 결과입니다.

바르셀로나를 여행하는 동안 나는 사소해 보이는 -그러나 결코 사소하지 않은- 것들에게 눈길을 주었고, 그것들이 들려주는 재미난 이야기에 귀를 기울였습니다. 그리고 다음에 그곳을 방문할 독자들을 위해 그 내용을 글로 정리한 것이 바로 이 책입니다. 나는 앞으로 세계의 도시들을 대상으로 이런 작업을 꾸준히 할 계획입니다.

이 책은 지혜정원의 열정적인 편집자가 아니었다면 나오지 못했을 것입니다. 처음부터 끝까지, 전체적인 틀에서부터 사소한 글자 하나까지 나보다 더 깊이 고민하고 너 많은 자료를 찾아 헤매며 원고 작업을 이끌어주었습니다. 글 쓰는 사람보다 편집자가 더 고생하는 것이 책 출간 작업임을 비로소 알았습니다.

말이 마음을 제대로 표현하지 못한다는 것은 안타까운 일입니다. 나의 무딘 말이 진심을 충분히 표현하지 못하는 것이 정말 안타까울 뿐입니다. 그리고 내가 미처 알지 못하는 가운데 책의 완성을 위해 애써 주신 지혜정원의 모든 분들께도 감사드립니다.

마이디팟의 김수진 님과 김정민 님께도 감사의 마음을 전합니다. 이 분들은 전자책 〈이야기 따라 OO 여행〉과 〈사진으로 미리 보는 OO 구석구석〉을 통해 우리 부부가 진정 원하는 길로 나아갈 수 있는 발판을 마련해 주었습니다.

교직 생활을 하는 동안 만났던 동료들과 제자들, 함께 활동하는 수석교사들, 시조 동인 〈역류〉의 글벗들과도 출간의 기쁨을 나누고 싶습니다. 그들은 내가 하고 싶어 하는 일에 관심을 가져주고 늘 지지해 줍니다. 곁에 그런 사람들이 많다는 것은 참으로 행복한 일이지요.

마지막으로 가족들과 기쁨을 나누며, 조금만 더 사셔서 책 출간을 보셨더라면 좋았을 아버지들의 부재가 못내 섭섭하여 눈시울이 젖습니다.

저자 신양란

> 간단히 읽는 바르셀로나 역사 이야기

바르셀로나는 왜 스페인이 아니라고 주장할까?

영국과 스페인을 보면 묘하게도 공통되는 점이 있습니다. 한때 '해가 지지 않는 나라'라는 말을 들을 정도로 거대한 제국을 이루었던 점도 그렇지만, 분리 독립을 요구하는 지역으로 인해 정국이 불안해질 때가 있다는 점도 그러합니다. 영국에 무력 투쟁도 불사하는 북아일랜드(Northern Ireland)가 있다면 스페인에는 바스크(프랑스어 Basque, 스페인어 Vasco) 지역이 있고, 영국에 독립 의지가 강한 스코틀랜드(Scotland)가 있다면 스페인에는 카탈루냐(카탈루냐어 Catalunya, 스페인어 Cataluña) 지방이 있습니다.

이 책에서 다루고 있는 바르셀로나를 포함하는 카탈루냐 지방은 스페인이되 스페인이 아니라고 할 수 있습니다. 그들 스스로 그렇게 주장하며, 관광객조차도 어딘지 모르게 그런 기미를 느낄 수 있을 정도입니다. 독립을 원하는 카탈루냐 사람들의 오랜 바람이 이 책에서도 여러 군데에 언급되고 있습니다. 그렇다면 카탈루냐 지방은 언제부터 스페인의 일부가 되었으며, 왜 지금도 스페인의 일부이기를 거부하는 것일까요? 바르셀로나를 제대로 이해하기 위해서는 그 점에 대해 미리 알 필요가 있을 것 같습니다.

스페인 카탈루냐 지방에 위치한 바르셀로나

스페인 국기

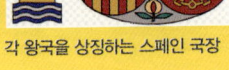

각 왕국을 상징하는 스페인 국장

스페인의 국기를 보면 국토를 상징하는 황금색과 국토를 지킨 피를 상징하는 붉은색으로 이루어져 있으며 중앙 왼쪽에는 문장이 새겨져 있습니다. 바로 이 문장 안에 스페인의 역사가 담겨있지요.

네 등분된 방패 문양 속의 좌측 위쪽 칸에 있는 성채(城砦)는 카스티야(Castilla) 왕국을, 우측 위쪽에 있는 사자는 레온(León) 왕국을, 좌측 아래쪽의 네 개의 적색 세로줄은 아라곤(Aragon) 왕국을, 우측 아래쪽의 황금색 쇠줄은 나바라(Navarra) 왕국을 나타냅니다. 그리고 가운데의 세 송이 백합은 현재의 왕실인 부르봉(Bourbon) 가문을, 그리고 아래쪽의 석류는 그라나다(Granada) 왕국을 뜻합니다. 부르봉 가문을 제외하면, 모두 통일되기 이전에 이베리아 반도를 다스렸던 독립 왕국들이지요.

레온이 카스티야에 합병되어 카스티야-레온이 된 후의 이베리아 반도를 나타내는 지도(포르투갈이 스페인의 일부일 때인 1400년대의 지도)를 통해 각 왕국의 위치를 짐작해 보시기 바랍니다.

현재 앙숙지간인 마드리드와 바르셀로나는 카스티야 왕국(마드리드)과 아라곤 왕국(바르셀로나)에 속했던 지역으로, 서로 다른 나라였습니다.

카스티야-레온 왕국이 형성되었을 때의 이베리아 반도

그런데 카스티야 왕국의 이사벨 공주와 아라곤 왕국의 페르난도 왕자가 결혼함으로써 두 왕국의 통합에 초석이 놓였고, 그들이 나중에 각각의 왕국에서 국왕이 됨으로써, 자연스럽게 두 나라는 하나가 되었던 것입니다.

하지만 역사책을 읽다 보면, 이사벨 1세와 페르난도 2세가 공동 통치자라기보다는 페르난도 2세가 외조자(外助者)에 불과했던 것 같은 느낌을 받게 되는데, 지도를 보면 짐작할 수 있다시피 아라곤 왕국보다는 카스티야 왕국의 영토가 훨씬 컸으므로 정치의 주도권은 카스티야의 이사벨 1세 손에 쥐어졌습니다.

그런데 바르셀로나를 중심으로 한 카탈루냐 지방은 지중해를 끼고 있는 지리적 이점을 활용하여 일찍부터 상업과 무역으로 경제적 번영을 이루었습니다. '고딕 지구' 편에서 다시 이야기하겠지만, 12~13세기에 이미 바르셀로나는 부유한 도시였습니다. 농경과 목축이 산업의 중심인 카스티야 왕국과는 비교할 수 없을 정도였지요.

그럼에도 불구하고 아라곤 왕국은 역사의 조연 노릇이나 해야 했으니, 반발심이 생겼을 것입니다. 그래서 여러 차례에 걸쳐 독립을 시도합니다. 스페인 왕위 계승 전쟁 때 카스티야 왕국에 반기를 들고 신성로마제국 편을 들었던 것이 대표적인 예입니다.

그러나 그들의 시도는 번번이 실패로 돌아갔고, 스페인 내전 이후에는 카탈루냐 지방의 반골 정신을 우려한 프랑코 독재 정권에 의해 노골적인 탄압과 차별 대우를 받았습니다. 카탈루냐 사람들로서는 피해 의식이 더 깊어질 수밖에 없는 일이었지요.

그 이후로 카탈루냐 사람들은 '카탈루냐는 스페인이 아니다(Catalonia is not Spain)'라고 주장하며, 중앙 정부에 대해 끊임없이 독립을 요구하는 실정입니다. 그렇지만 '카탈루냐가 벌어서 스페인이 먹고 산다'는 말이 나올 정도로 경제적 비중이 큰 카탈루냐 지방을 중앙 정부가 놓아줄 가능성은 없어 보입니다. 그래서 카탈루냐 지방 사람들은 실현 가능성이 적어 보이는 독립보다는 자치권 확대를 요구하는 쪽으로 전략을 바꾸었는데, 이러한 역사적 배경들 때문에 바르셀로나를 여행하다 보면 스페인의 다른 지역들과는 다른 카탈루냐만의 분위기를 느끼게 되는 것입니다.

Contents

1장 · 사그라다 파밀리아 (성 가족 성당) Sagrada Familia 13

⟨Special⟩ 안토니 가우디 16

1. 탄생의 파사드(Nativity Facade) 18

마리아와 요셉의 정혼과 수태고지 22 / 마리아와 엘리사벳의 만남 26 / 예수 탄생과 동방박사의 경배, 그리고 천사들의 찬양 28 / 로마 병사에 의한 유아 살해 30 / 성 가족의 이집트로의 피난 32 / 성장기의 예수 35 / 성모 마리아의 대관식 38

⟨Special⟩ 사이프러스 나무의 의미 42

2. 수난의 파사드(Passion Facade) 44

최후의 만찬 48 / 유다의 배신 52 / 오명을 뒤집어 쓴 빌라도 55 / 예수를 세 번 부인한 수제자 베드로 58 / 기둥에 묶인 채 학대당하는 예수 60 / 십자가를 메고 가는 예수와 베로니카 62 / 예수의 십자가를 대신 진 구레네 사람 시몬 64 / 십자가에 못 박힌 예수 66 / 롱기누스의 창 69 / 예수의 옷을 갖기 위해 주사위 던지기를 하는 로마 병사들 74 / 십자가에서 내리다 75

3. 성당 내부 78

자연을 담은 특이한 내부 장식 79 / 4대 복음서의 저자를 상징하는 장식 81 / 중앙 제단 85 / 네이브 87 / 스테인드글라스 88 / 자연을 담은 가우디의 건축 세계 소개 전시실 89

2장. 구엘 공원 Park Güell 91

1. 구엘 공원 정문 94

공원 정문의 철문에 새겨진 야자수 잎사귀 95 / 동화 속 과자의 집을 현실에 짓다 99

2. 중앙 계단과 구엘 공원의 상징 기념물 102

그리스 신화 속의 피톤 104 / 가우디의 사랑스러운 도마뱀 108

3. 시장으로 계획된 다주식 공간 111

그리스 신전을 닮은 시장 112 / 세상에서 가장 긴 벤치가 있는 광장 117 / 낙숫물받이 가고일 119

4. 가우디의 카리아티드 121

⟨Special⟩ 가우디의 집 125

3장. 구엘 별장 Finca Güell, Güell Pavillion 126

1. 구엘 별장의 정문 128

2. 구엘 별장의 경비실과 마구간 134

4장. 카사 바트요 Casa Batlló 137

1. 카사 아마트예르(Casa Amatller) 138
2. 카사 바트요의 아름다운 벽면 장식 142
3. 카사 바트요 내부 145
4. 카사 예오 모레라(Casa Lleó Morera) 151

5장. 카사 밀라 Casa Mila, La Pedrera 154

1. 카사 밀라 외관 156
2. 카사 밀라 내부 158
3. 카사 밀라 옥상 161

6장. 고딕 지구 Barri Gotic 168

1. 라몬 베렝게르 광장(Plaça de Ramon Berenguer el Gran) 172
   라몬 베렝게르 3세와 엘 시드 174 / 로마 성벽 178
2. 바르셀로나 대성당(Catedral de Barcelona) 183
   성녀 에우랄리아의 순교 185 / 노바 광장 188
3. 왕의 광장(Plaça del Rei) 192
4. 산 펠리프 네리 광장(Plaça de Sant Felip Neri) 196

7장. 람블라스 거리와 콜럼버스 기념탑
Las Ramblas & Monument a Cristòfor Colom 200

1. 람블라스 거리(Las Ramblas) 204
   카날레테스 샘 206 / 보케리아 시장 209
2. 조지 오웰 광장(Plaça George Orwell) 212
3. 콜럼버스 기념탑(Monument a Cristòfor Colom) 215
4. 벨 항구(Port Vell) 222

8장. 바르셀로나의 주요 광장 Plaçes de Barceloma 227

1. 카탈루냐 광장(Plaça de Catalunya) 228
   프란세스크 마시아 기념비 229 / 연못 안의 여신상 232 / 분수대 주변 조각품들 234 / 중앙 광장을 둘러싸고 있는 청동 조각상들 239
2. 에스파냐 광장(Plaça d'Espanya) 244
   아레나 247 / 매직 분수 250 / 카탈루냐 국립 미술관 253 / 카이사포룸 261

9장. 몬주익 언덕의 올림픽 스타디움과 그 주변
Monjuïc & Estadi Olímpic 264

1. 올림픽 스타디움(Estadi Olímpic) 266
승리의 여신상 268 / 성화 점화대 조형물 272

2. 스포츠 영웅을 기리는 방법 275

3. 황영조 선수를 기리는 조출한 공간 278

4. 칼라트라바의 송신탑(Torre Calatrava) 281

10장. 몬세라트 수도원 Santa Maria de Montserrat Abbey 283

1. 산 미구엘 십자가 286
⟨Special⟩ 몬세라트 가는 방법 293

2. 몬세라트의 푸니쿨라 역 296

3. 수비라치의 '산 조르디' 300

4. 산타 마리아 광장(Plaça de Santa Maria) 306

5. 몬세라트 바실리카(Basilica) 311
아트리움 바닥과 바실리카 파사드 312 / 검은 성모상 318 / 아베 마리아의 길 322 / 수태고지와 대천사 가브리엘 324 / 바실리카 내부 327 / 바실리카 아트리움 329

6. 몬세라트 박물관(Museu) 342

7. 아바트 올리바 광장(Plaça de l'Abat Oliba) 344

8. 십자가의 길(Via Crucis) 347

9. 라몬 율 기념비(Monument a Ramon Llull) 352

10. 카탈루냐 독립운동 기념비 355

11. 산티아고 순례길의 시작 358

12. 소년 성가대, 에스콜라니아(Escolania) 362

13. 수비라치의 돌 벽화 365

14. 산 호안(Sant Joan) 368

15. 산타 코바(Santa Cova) 370

참고 그림 목록 380
색인 381

*이 책에서 소개하는 바르셀로나 주요 명소 지도로 보기

1장

사그라다 파밀리아
(성 가족 성당)
Sagrada Família

바르셀로나를 세상 어떤 도시와도 비교할 수 없는 유일한 곳으로 만들어주는 명소인 사그라다 파밀리아. 바르셀로나에서 딱 한 군데밖에 볼 수 없다면 이곳으로 가야 하지 않을까. 가우디의 예술혼이 이보다 더 잘 표현된 건축물은 없다. 그러나 그의 사후 100년이 되는 2026년에도 완공된다는 보장은 없다. 우리는 이 건물의 완성을 끈기를 갖고 기다려야만 한다.

우리가 흔히 사그라다 파밀리아(Sagrada Familia)라고 부르는 성 가족 성당의 본래 이름은 Templo Expiatorio de la Sagrada Familia입니다. 영어식으로는 Expiatory Temple of the Holy Family라고 하는데, '성스러운 가족에게 봉헌된 속죄의 교회'라는 뜻이지요. 여기에서 성스러운 가족이라 하면, 예수(Jesus Christ)와 그의 어머니인 성모 마리아(Holy Virgin Mary), 그리고 아버지인 성 요셉(Saint Joseph)을 말합니다.

기독교 국가에서 예수의 어머니인 성모 마리아에게 봉헌된 건축물은 쉽게 찾아볼 수 있는데, 가장 대표적인 예가 파리의 노트르담 대성당(Cathedral of Notre-Dame de Paris)입니다. 그러나 예수의 아버지인 성 요셉을 기리는 건축물은 상대적으로 드문 편입니다. 또한 성모 마리아를 표현한 예술 작품은 수를 헤아릴 수 없을 정도로 많지만, 성 요셉은 특별한 관심을 갖고 찾아봐야 할 정도로 많지 않습니다.

성 가족 성당을 최초로 기획한 사람들은 처음부터 성 가족에서 요셉을 중요한 인물로 보았고, 그가 포함되는 성 가족 모두를 기리는 교회를 지으려고 계획한 것이 분명합니다. 왜냐하면 성

성 가족 성당을 기획한 사람들은 처음부터 요셉을 중요한 인물로 보았고, 그가 포함되는 성 가족을 기리는 교회를 지으려고 한 것이 분명합니다.

가족 성당의 공사가 시작된 날이 1882년 3월 19일인데, 기독교에서 3월 19일은 성 요셉 축일이기 때문입니다.

잘 알려져 있다시피, 성 가족 성당은 카탈루냐(Catalunya)의 위대한 건축가인 가우디(Antoni Gaudi i Cornet)가 맡아 혼신의 노력을 기울였지만 끝내 완공을 보지 못하고 죽었습니다. 그뿐만 아니라 그가 죽은 지 90년이 다 되는 지금도 계속 공사 중이며, 언제 마무리될지도 정확히 알 수 없는 건물입니다.

현재 공사 중이라서 어수선한 풍경을 보여주지만 성 가족 성당은 완공되면 탄생과 수난, 그리고 영광을 나타내는 총 3개의 파사드(Facade: 주된 출입구가 있는 정면)를 갖추게 되며, 각 파사드별로 4개씩의 종탑을 갖게 됩니다. 모두 열두 개가 될 종탑은 예수의 열두 제자를 상징하며, 그 밖에 예수를 상징하는 중앙 탑과 성모 마리아를 위한 첨탑을 갖추게 된다고 합니다. 현재는 탄생의 파사드와 수난의 파사드만 완성된 상태이고, 영광의 파사드는 공사가 진행 중입니다.

개별 관광객의 경우는 수난의 파사드 쪽으로 입장하게 되어 있지만, 성서의 내용을 고려하여 이 책에서는 탄생의 파사드를 먼저 살펴보고 수난의 파사드를 본 다음, 성당 내부로 들어가는 순서를 택하도록 하겠습니다.

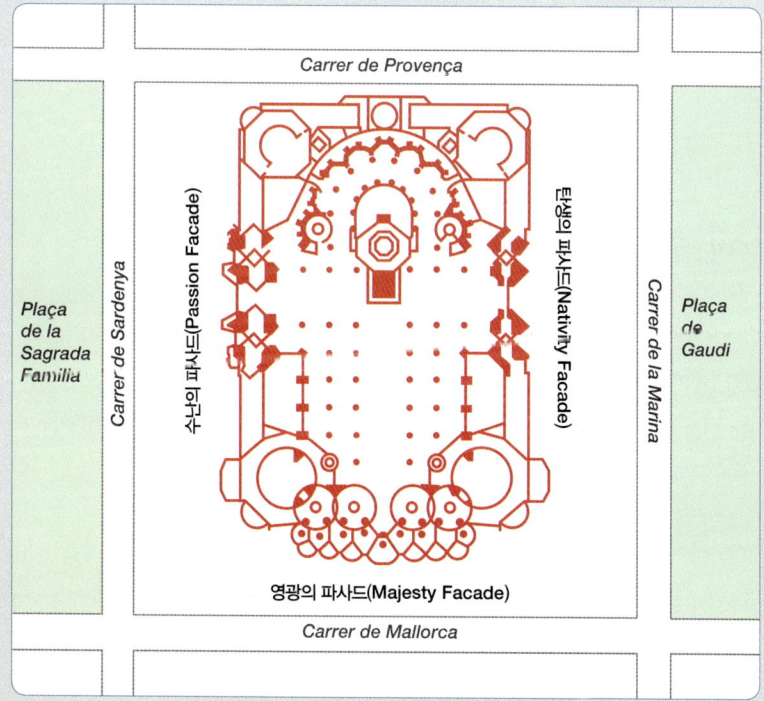

Special

Antoni Gaudi

안토니 가우디 / 우리나라 사람들이 즐겨 찾는 유럽의 도시들은 공통점이 있습니다. 마치 중세 시대로 돌아간 듯한 고풍스런 분위기의 도시라는 것이지요. 이탈리아의 도시들이 그렇고, 독일이나 프랑스의 도시들도 대개는 그렇습니다. 서울이나 별다를 바 없는 현대적인 도시를 보려고 멀리 유럽까지 가지는 않을 것입니다.

그에 비하면 바르셀로나는 가우디라는 천재가 남긴 특별한 건축물들이 관광객을 끌어들이는 도시입니다. 만약 바르셀로나에 사그라다 파밀리아나 구엘 공원, 카사 밀라, 카사 바트요 등이 없다면 어떨까요? 그래도 지금처럼 많은 사람들이 바르셀로나를 찾을까요?

가우디가 없는 바르셀로나는 생각할 수 없습니다. 가우디의 건축물이 없는 바르셀로나는 생각만 해도 핵심이 빠진 것처럼 허전합니다. 오죽하면 유네스코가 바르셀로나 소재의 가우디 건축물을 한데 묶어 세계문화유산으로 지정했을까 하는 생각이 들 정도입니다.

가우디는 1852년 바르셀로나 남부의 작은 도시인 레우스(Reus)에서 태어났으며, 1926년에 바르셀로나에서 교통사고로 세상을 떠났습니다. 살아 있는 동안 그는 건축만 생각했고, 죽을 때까지도 건축 이외에는 관심이 없었습니다. 보통 사람들의 눈에는 그가 대체 미치광이인지 천재인지 구별하기 어려울 정도였습니다.

그의 건축은 자연에서 모티브를 따왔습니다. 앞으로 그의 건축물을 소개할 때 다시 이야기하겠지만, 나뭇잎이나 꽃송이 등 작은 것들조차도 그에게는 소중한 영감의 원천이었습니다. 자연은 그에게 가장 위대한 스승이었던 것입니다.

그가 남긴 말들을 보면 그의 건축 철학을 짐작할 수 있습니다. 그는 이렇게 말했습니다.
"모든 것은 자연이라는 위대한 책에서 나온다. 인간이 창조한 그 어떤 것도 이미 자연에 존재한다."
"독창성이란 자연으로 돌아간다는 것을 의미한다."
그가 이 땅에 남긴 작품들을 보면서, 거기에 자연의 어떤 요소를 담고자 했는지 찾아보는 것도 바르셀로나를 여행하는 의미 있는 방법일 것입니다.

바르셀로나의 품격과 가치를 한 단계 업그레이드시킨 안토니 가우디 이 코르넷
(Antoni Gaudí i Cornet)

1장 **사그라다 파밀리아**(성 가족 성당)

탄생의 파사드 ①
Nativity Facade

 단체 관람객들이 입장하는 문인 탄생의 파사드는 옥수수 모양의 거대한 종탑 네 개가 하늘을 찌를 듯한 기세로 서 있고, 그 아래로는 정교하게 새겨진 조각들이 벽면을 가득 채우고 있습니다. 스페인 내전 당시 일부가 파괴되어 새로 제작하기는 했지만, 전반적으로 가우디의 의중이 반영되고 가우디의 손길이 닿은 원본입니다.
 사그라다 파밀리아의 건물 형태는 당시 사람들에게 기이한 느낌을 줄 정도로 독특한 것이었지만, 탄생의 파사드 조각은 당대의 보편적인 방식을 따르고 있습니다. 조각만 놓고 본다면, 다른 종교 건축물에서 볼 수 있는 형태와 비슷하다는 뜻입니다.
 기독교 초창기부터 교회 건물은 글을 모르는 신자들이 성서의 내용을 이해할 수 있도록 그림과 조각으로 장식하는 것이 관례였습니다. 즉, 교회 건물 자체가 성서의 역할을 했던 것입니다. 사그라다 피밀리아도 그런 관례를 충실히 따랐습니다. 그렇기 때문에 두 파사드는 물론이거니와 그 밖의 다른 건축 요소들도 모두 성서의 내용과 관련이 있다고 생각하면 되겠습니다. 성서를 알고 본다면 훨씬 이해하기 쉬울 것이고, 성서를 모르는 사람이 본다면 나중에 성서의 내용이 잘 이해될 것입니다.
 탄생의 파사드는 돌을 깎아서 만든 것이 분명한데도 막상 그 앞에 가서 보면, 마치 부드러운 나무를 가지고 조각한 것만 같습니다. 모난 데 없이 선이 부드러우며 매우 정교한데, 배경 부분까지 너무 정교하다 보니 오히려 좀 혼란스러운 면도 있습니다.

대개의 큰 교회 건물이 그러하듯이 탄생의 파사드도 세 개의 문을 갖고 있습니다. 정면에서 바라보았을 때 왼쪽 문은 '소망Hope의 문'인데, 요셉과 마리아의 정혼, 성 가족의 이집트 피난, 예수를 돌보는 요셉, 로마 병사에 의

사그라다 파밀리아 탄생의 파사드

한 유대인 영아 살해 등이 새겨져 있습니다. 중앙의 문은 '사랑Charity의 문'으로, 수태고지, 예수의 탄생과 천사들의 찬양, 동방박사와 목동들의 경배 등을 담고 있으며, 더 위쪽으로는 성모 마리아의 대관식 장면이 있습니다. 오른쪽 문은 '믿음Faith의 문'으로, 여기에서 가장 눈길을 끄는 것은 목수 일을 하는 예수를 표현한 조각입니다. 그 밖에 아기 예수의 성전 봉헌, 어린 예수가 안 보여 애타게 찾는 요셉과 마리아, 교회 안에서 학자들과 대화를 나누는 어린 예수, 마리아와 엘리사벳Elisabeth(세례 요한의 어머니)의 만남 등이 표현되어 있습니다. 이렇게 예수의 탄생과 성장기에 있었던 일들이 새겨져 있기 때문에 '탄생의 파사드'라고 하는 것입니다.

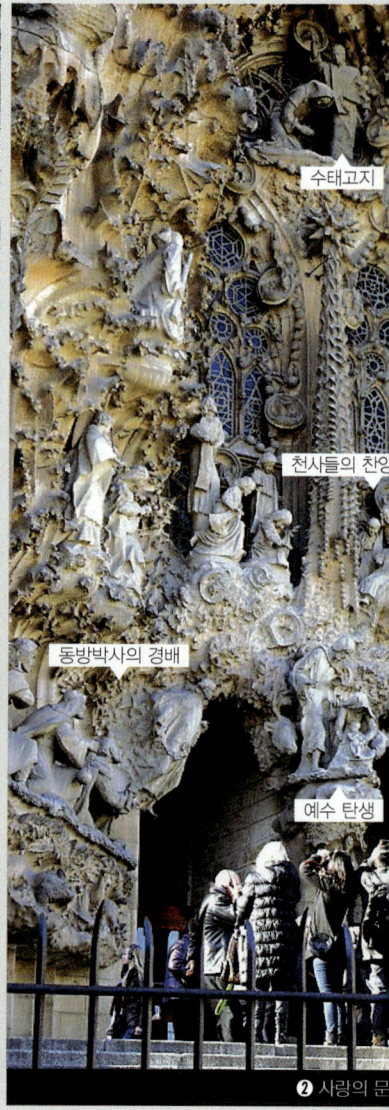

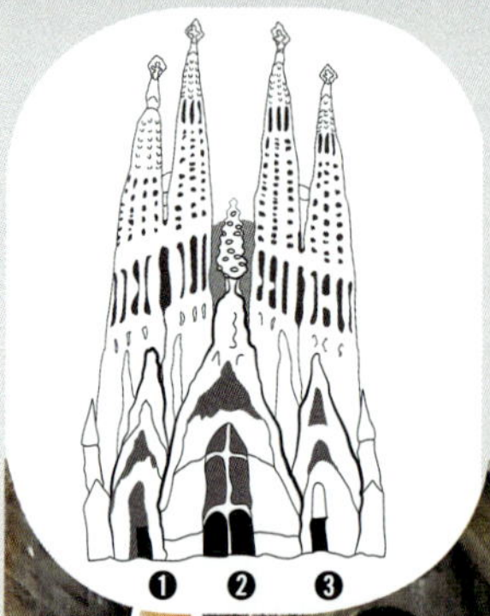
❶
❷
❸

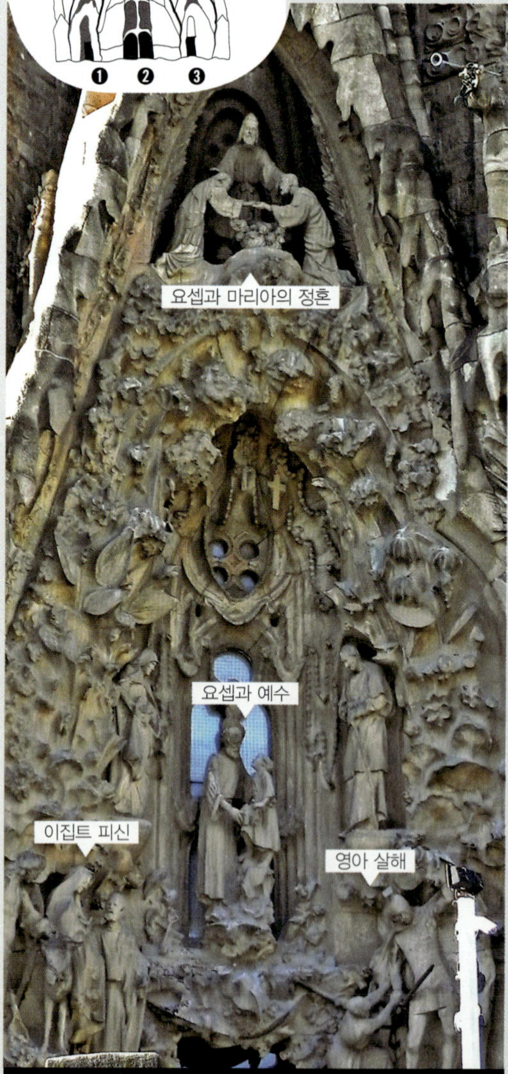
요셉과 마리아의 정혼
요셉과 예수
이집트 피신
영아 살해
❶ 소망의 문

수태고지
천사들의 찬양
동방박사의 경배
예수 탄생
❷ 사랑의 문

❸ 믿음의 문

마리아와
요셉의 정혼과
수태고지

　소망의 문 위쪽에는 마리아와 요셉의 정혼을 주제로 한 순결하고 엄숙한 분위기가 느껴지는 조각이 있습니다.
　앞서 성 요셉은 그다지 대우를 받지 못한다고 언급한 적이 있습니다. 기독교에서 성 요셉이 성모 마리아에 비해 다소 소홀한 대접을 받는 이유는, 그와 예수 사이에 생물학적인 혈연관계가 없다고 보기 때문 아닐까 생각합니다. 성서에 의하면, 마리아는 요셉과 결혼하기 전에 성령에 의해 잉태했다고 하니, 그가 예수의 친아버지는 아닌 셈입니다.
　물론 요셉은 의로운 사람이었으며, 하느님의 뜻에 따라 예수의 아버지로서 최선을 다해 살았다고 합니다. 그렇기 때문에 기독교에서 그를 성인으로 추앙하는 것일 테지요. 다만, 요셉이 그의 처자妻子와 함께 등장하는 장면을 떠올려보면 베들레헴의 외양간에서 예수가 태어난 순간이 거의 유일할 정도로 존재감이 미미한 것도 사실입니다. 그런데 성 가족 성당은 요셉을 포함하여 그들 가족 모두에게 봉헌된 것이니, 다른 곳에서 찾아보기 어려운 특징을 갖는 건 분명합니다.

　여기에서 마리아와 요셉의 가문을 한번 알아봅시다. 먼저 요셉은, 마태복음에는 다윗 왕의 28대손이며 야곱의 아들이라고 나오는 데 반해, 누가복음에는 다윗 왕의 42대손이며 엘리의 아들이라고 나옵니다. 그 부친이

마리아와 요셉의 정혼

누구인지 모호하지만, 다윗 왕의 후손이라는 점은 분명히 밝혀진 셈입니다. 이것은 나중에 예수가 '다윗의 후손'이라고 불리는 이유가 됩니다. 비록 그가 요셉의 혈통을 이어받은 친아들은 아니지만, 법적으로는 아들이었기 때문입니다. 이것이 왜 중요하냐면, 당시 유대인들은 이 세상의 종말이 올 때 다윗의 후손 중에서 메시아가 나타날 것이라고 믿었는데, 예수가 메시아가 되기 위해서는 다윗의 후손이란 걸 인정받아야 했기 때문입니다. 하느님이 요셉을 예수의 아버지로 점지한 데는 그런 이유도 있었을 것입니다.

1장 **사그라다 파밀리아**(성 가족 성당)

마리아는 요아킴Joachim과 안나Anna의 외동딸로 태어났습니다. 요아킴은 부유하고 명망 높은 사람이었으며, 베들레헴 출신의 안나는 신앙심이 깊었지만, 두 사람 슬하에는 늙도록 자녀가 없었습니다. 당시에는 자녀가 없다는 것이 큰 흠으로 여겨졌기 때문에 상심이 컸지만, 그래도 포기하지 않고 하느님에게 간절히 기도한 끝에 마리아를 잉태하게 되었던 것입니다.

마리아와 요셉이 성인이 된 다음에 두 사람은 약혼하게 됩니다. 그런데 나사렛에 살면서 목수 일을 하던 요셉은 약혼녀인 마리아가 누군가의 아이를 가졌다는 소문을 듣게 됩니다. 당시는 지아비가 있는 여인이 간음하면 돌팔매질을 당하는 것이 관례였기 때문에 요셉은 파혼하기로 마음먹습니다. 의로운 사람이었던 그는 아이의 아버지에게 마리아를 보내주는 것이 마리아와 아이를 위하는 길이라고 생각했기 때문입니다.

그러던 어느 날 그의 꿈에 천사가 나타나 "마리아는 하느님의 뜻으로 인류를 구원할 아기를 성령으로 잉태한 것이니 파혼하지 말라."고 일러주자 마음을 돌려먹고 마리아를 아내로 맞아들이기로 합니다.

약혼녀가 결혼도 하기 전에 아이를 가졌다는 소문을 들은 요셉도 당혹스러웠겠지만, 당사자인 마리아는 더욱더 혼란에 빠지고 맙니다. 어느 날 대천사 가브리엘Gabriel이 찾아와 마리아가 성령으로 잉태하였다고 일러주었기 때문입니다. 이를 수태고지受胎告知라고 합니다.

마리아는 그녀를 찾아온 천사 가브리엘에게 이렇게 반문합니다.

"이 몸은 아직 남자를 모릅니다. 그런데 어떻게 아기를 가질 수 있겠습니까?"

그러자 가브리엘은 "모든 것이 하느님의 뜻이며, 그대가 낳게 될 아기는 하느님의 아들로서 이 세상을 구원하기 위해 오는 것"이라고 설명해 줍니다. 마리아로서는 납득하기 어려운 이야기였지만, 본디 신심이 깊었던지라 "하느님의 뜻대로 이루어지기를 원합니다."라고 대답합니다. 수태고지는 기독교에서 매우 중요한 주제이므로, 많은 예술가들이 그와 관련된 작품을 남겼습니다.

  이런 과정을 거쳐 요셉은 예수의 아버지가 되어 어린 시절의 예수를 양육했고, 그 공으로 인하여 성스러운 인물로 추앙받게 됩니다. 그리고 하느님의 뜻을 순순히 받아들여 처녀의 몸으로 아이를 낳고 길러낸 마리아가 기독교 신자들의 신앙의 대상이 되는 것은 더 말할 나위가 없는 일입니다.

사랑의 문의 수태고지

레오나르도 다빈치의 수태고지

1장 **사그라다 파밀리아**(성 가족 성당)

마리아와 엘리사벳의 만남

믿음의 문 왼쪽에 새겨진 두 여인의 이름은 마리아와 엘리사벳입니다. 여기서 마리아는 예수의 어머니인 성모 마리아이며, 엘리사벳은 세례자 요한John the Baptist의 어머니입니다. 성서에 의하면 그들은 사촌 간이었다고 하는데, 아마도 나이 차이가 많이 나는 자매였을 것으로 짐작됩니다. 마리아는 요셉과 정혼한 젊은 처녀였고, 엘리사벳은 늙도록 자식이 없어 애를 태웠다고 하니 말입니다.

엘리사벳은 제사장 사가랴의 아내로, 두 사람 슬하에는 늙도록 자식이 없었습니다. 그런데 어느 날 대천사 가브리엘이 사가랴를 찾아와 "하느님의 뜻으로 엘리사벳이 아들을 낳을 것이니 이름을 요한이라고 하라."는 말을 전합니다. 사가랴는 그 말을 믿지 않았습니다. 자식을 낳기에는 자신들이 너무 늙었다고 생각했기 때문이지요. 이 일로 사가랴는 일시적인 벙어리 상태가 되고 맙니다. 아마도 하느님의 뜻을 의심한 죄로 가벼운 벌을 받은 것 같습니다.

그러나 엘리사벳이 아들을 낳을 것이라는 하느님의 약속은 유효해서 그들 사이에 늦둥이 아들이 태어났고, 그제야 사가랴는 대천사 가브리엘의 말을 기억하고는 이름을 요한이라고 지었습니다. 그가 바로 나중에 예수에게 세례를 주는 세례자 요한인 것입니다.

마리아가 사촌언니인 엘리사벳을 만나러 간 것은, 엘리사벳이 임신했다는 소식을 들었고 그 자신도 대천사 가브리엘을 통해 성령으로 잉태했다는 사실을 알았기 때문입니다. 기적 같은 언니의 임신을 축하해주러 갔을 수도 있고, 임산부라는 같은 처지에 서로 의지하고 싶은 마음에서 갔을 수도 있겠지요.

예수보다 먼저 태어나서 예수를 위해 준비할 사명을 맡은 요한은 어머니 배 속에 있을 때 이미 예수를 알아보고 기뻐하며 맞이했다고 하는데, 그래서인지 성화 중에는 어린 예수와 요한이 사이좋게 노는 장면을 그린 것이 많습니다. 둘은 또래였던 것입니다.

마리아와 엘리사벳의 만남   프란치아 '성모자와 세례 요한'

예수 탄생과 동방박사의 경배, 그리고 천사들의 찬양

앞에서 언급했듯이, 탄생의 파사드 중앙 문은 예수의 탄생과 그것을 축하하는 천사들의 찬양이 주제입니다. 그리고 장차 유대의 왕이 될 아기의 탄생을 알고 동방박사와 목동들이 찾아와 경배드리는 모습이 양쪽에 새겨져 있습니다.

이때의 상황은 따로 설명할 것 없이, 크리스마스 캐럴 한 편의 가사를 음미하면 충분히 이해할 수 있습니다. 다음은 '저 들 밖에 한밤중에(혹은 첫 성탄송)'라는 캐럴의 노랫말입니다.

저 들 밖에 한밤중에 양 틈에 자던 목자들
천사들이 전하여 준 주 나신 소식 들었네.
노엘 노엘 노엘 노엘 이스라엘 왕이 나셨네.

저 동방에 별 하나가 이상한 빛을 비추어
이 땅 위에 큰 영광이 나타날 징조 보였네.
노엘 노엘 노엘 노엘 이스라엘 왕이 나셨네.

그 한 별이 베들레헴 향하여 바로 오더니
아기 예수 누우신 집 그 위에 오자 멈췄네.

예수의 탄생(중앙)

노엘 노엘 노엘 노엘 이스라엘 왕이 나셨네.

동방박사 세 사람이 새 아기 보고 절하고
그 보배함 다 열어서 세 가지 예물 드렸네.
노엘 노엘 노엘 노엘 이스라엘 왕이 나셨네.

어떻습니까? 예수 탄생 장면을 이해하는 데 이 노래 한 편이면 충분하지요? 동방박사가 예루살렘에 온 뒤에 일어나는 사건은 뒤에서 자세히 설명하겠습니다.

동방박사들이 황금과 유향과 몰약을 바침(왼쪽)   목동들이 찾아와 경배드림(오른쪽)

1장 **사그라다 파밀리아**(성 가족 성당)

로마 병사에 의한 유아 살해

예수 탄생과 관련하여 성스럽고 기쁜 내용이 충만한 탄생의 파사드에 딱 한 군데 잔인한 장면이 나옵니다. 로마 병사들이 갓 태어난 어린 아기들을 살해하는 장면이 바로 그것입니다. 아기를 살려달라고 애원하는 아기 아버지와 냉혈한처럼 단호한 로마 병사, 그리고 아무런 저항도 못 하고 힘없이 죽어간 불쌍한 아기들의 모습을 보면, 마치 우리가 그 상황을 목격하는 것처럼 전율하게 됩니다. 그 정도로 조각이 생생하기 때문입니다. 가우디가 실제로 죽은 아기들을 모델로 제작하였다는 말이 전하는 것은, 너무도 사실적인 묘사 때문일 것입니다.

소망의 문 하단부 오른쪽에는 베들레헴에서 태어난 두 살 미만의 유아들을 잔인하게 살해하는 로마 병사의 모습이 보입니다.

그런데 로마 병사는 무슨 까닭으로 죄 없는 아기들을 이렇게 무참히 살해하는 것일까요?

성서에 의하면, 헤롯왕Herod은 동방으로부터 온 박사들이 "유대인의 왕으로 오신 분이 어디에 계십니까? 우리가 동방에서 그의 별을 보고 경배드리러 왔습니다."라고 하자, 장차 자신의 왕위를 위태롭게 할지도 모르는 그 아기를 죽이려고 결심합니다. 그런데 그 아기가 누구인지를 알 수 없기 때문에 그 무렵에 태어난 아기들을 모두 죽이라는 명령을 내리는 것입니다. 탄생의 파사드에 나오는 유아 살해 장면은 바로 그 상황을 묘사한 것이지요.

　물론 예수는 헤롯왕의 명령을 천사로부터 전해 들은 요셉과 마리아가 재빨리 피신한 덕분에 목숨을 구하지만, 예수와 비슷한 시기에 태어났다는 죄 아닌 죄로 수많은 아기들이 죽어간 것입니다.

　이 이야기에 대해 반론을 제기하는 사람들도 많습니다. 즉, 헤롯왕의 명령에 의해 베들레헴 지역에서 유아 살해가 자행되었다는 역사적 기록이 없는 것으로 보아 신빙성이 떨어진다는 주장이 그것입니다. 혹은 헤롯왕이 예수 탄생 전에 죽었다는 주장도 있고, 헤롯왕이 로마 황제의 허락 없이 많은 아이들을 죽이라는 명령을 내릴 수 있을 만큼 강력한 권력을 지지 못했다는 주장도 있습니다.

　워낙 오래전의 일이기 때문에 현대인들로서는 그 사건의 진위를 명확하게 판단할 수 없지만, 독실한 기독교 신자였던 가우디는 성서의 기록을 신뢰했고, 그래서 탄생의 파사드에 그것을 새겨놓았다고 생각할 수 있습니다.

로마 병사의 유아 살해

1장 **사그라다 파밀리아**(성 가족 성당)

성 가족의
이집트로의 피난

로마 병사의 모습 맞은편(왼쪽)에는 갓 태어난 아기 예수를 데리고 이집트로 피난 가는 마리아와 요셉의 모습이 보입니다.
  성 가족이 이집트로 피난하게 되는 일의 자초지종을 성서에 나오는 대로 설명하자면 다음과 같습니다.

  예수가 태어나던 순간에 동방의 세 박사는 하늘에서 밝게 빛나는 신비로운 큰 별을 발견합니다. 그들은 그 별이 훗날 유대의 왕이 될 아이가 태

성 가족의 이집트로의 피난

어났다는 증표로 알고, 예루살렘에 있는 헤롯왕을 찾아가 그 아이의 행방을 묻습니다. 아마도 장차 유대의 왕이 될 아이는 당연히 현재 유대의 왕인 헤롯왕에게서 태어났을 거라고 생각했기 때문일 겁니다.

헤롯왕은 그 말을 듣고 당황합니다. 그리하여 율법학자들을 불러서 유대의 왕이 될 아이가 어디에서 태어났을지를 묻는데, 학자들은 아마도 베들레헴에서 태어났을 거라고 대답합니다. 헤롯왕은 다시 동방박사들을 불러 그들이 신비한 별을 본 시기가 언제인지를 물어본 다음, "베들레헴에 가서 그 아이를 찾거든 나에게 알려 달라. 나도 찾아가서 그에게 경배드리겠다."고 말합니다.

헤롯왕을 만나고 나온 동방박사들은 베들레헴으로 가는데, 처음에 보았던 큰 별이 길을 안내해 무사히 아기 예수가 있는 곳을 찾아갔다고 합니다. 동방박사들은 갓 태어난 아기 예수에게 황금과 유향과 몰약을 바치며 경배를 드렸다는 것이 성서의 기록입니다. 성탄절을 전후해 가장 흔하게 볼 수 있는, 마구간에서 태어난 아기 예수에게 동방박사 세 사람이 찾아와 경배드리는 장면을 떠올려 보십시오.

여기서 잠깐, 동방박사들이 아기 예수에게 바쳤다는 세 가지 예물에 대해 알아봅시다. 황금은 모두 아는 것이니 설명을 생략하도록 하고, 유향과 몰약에 대해 이야기하겠습니다.

유향乳香은 홍해 연안에서 자라는 유향나무의 껍질에 상처를 내어 얻은 수액을 말린 것으로, 송진이나 고무를 얻는 것과 같은 방식으로 생산됩니다. 나무껍질에서 뿌연 액체가 흘러나오는 것이 젖乳과 같은데 향香이 나기 때문에 유향이라고 부릅니다.

이것은 혈액순환 장애, 통증, 피부 궤양 등을 다스리는 데 효과적이며, 특히 뇌혈관 질환이나 협심증 등에 효과가 뚜렷하다고 합니다. 의학이 발달하지 않았던 과거에 매우 귀중한 약재로 사용되었던 것이지요.

몰약Myrrha, 沒藥은 몰약나무의 껍질에서 얻은 수액을 말린 것으로, 일종의 고무 수지입니다. 그런데 이름에서 알 수 있다시피 고대에는 약으로 쓰였지요. 특히 이집트에서는 미라를 만들 때 방부제로 썼습니다. 소염 진통 효과가 탁월하며, 피부진균과 결핵균의 억제에도 효과가 있고 이 밖에도 혈액순환 개선, 관절 부종과 타박상으로 인한 울혈과 통증 개선 등에도 특효약이었다니 그야말로 만병통치약이었던 것입니다.

동방박사들이 아기 예수에게 황금과 유향과 몰약을 바친 까닭은, 그 당시에는 그것들이 가장 귀중한 것이므로 최대한 공경하는 마음을 표현하려고 했던 것으로 보입니다.

경배를 마친 동방박사들은 헤롯왕의 당부를 기억하고 예루살렘으로 가려 합니다. 하지만 천사가 나타나 헤롯왕에게 가서는 안 된다고 일러줘 다른 길을 이용해 자신들의 고향으로 돌아갔고, 기다리던 동방박사들이 돌아오지 않자 헤롯왕은 화가 나 별이 나타난 무렵에 베들레헴에서 태어난 아기들을 모조리 죽이라는 명령을 내렸다고 합니다. 그것이 앞에서 살펴본 유아 살해에 관한 전승입니다.

그렇다면 예수는 어떻게 죽음을 피할 수 있었던 것일까요?

동방박사들이 물러간 뒤 요셉의 꿈에 천사가 나타나 "헤롯왕이 아기를 죽이려 하니 빨리 이집트로 피하라."고 알려줘 요셉은 마리아와 예수를 데리고 이집트로 간 다음 헤롯왕이 죽을 때까지 이집트에서 살았다는 게 성서의 내용입니다. 탄생의 파사드에 새겨진 '성 가족의 이집트로의 피난'은 그런 내용을 표현한 것입니다.

성장기의 예수

예수의 탄생과 헤롯왕의 박해를 피하기 위해 성 가족이 이집트로 피난하여 살았던 얘기는 널리 알려져 있습니다. 예수가 세례자 요한으로부터 서른 살에 세례를 받고 전도 활동을 시작한 이후 십자가에서 죽을 때까지의 일, 심지어 죽은 지 사흘 만에 부활했다는 일도 잘 알려져 있습니다. 그런데 예수의 소년 시절과 청년 시절에 관해서는 잘 알려지지 않았습니다. 대체 그 시절의 예수에게는 어떤 일이 있었을까요?

탄생의 파사드 '믿음의 문'에 그 문제에 대한 답으로 볼 수 있는 중요한 내용 세 가지가 담겨 있습니다.

첫째, 요셉과 마리아가 모세의 율법에 따라 아기 예수를 예루살렘의 성전에 데리고 가 봉헌한 것인데, 이는 탄생 40일 후의 일이라고 합니다.

이것은 '믿음의 문' 사진에서는 미처 나오지 못한 더 위쪽에 위치한 조각으로, 아기

아기 예수의 성전 봉헌

예수를 안고 있는 제사장과 아기의 부모인 요셉과 마리아가 보입니다. 그리고 그들 앞에 놓인 것은 봉헌 예물로 바치는 비둘기 한 쌍일 것입니다.

예수를 안고 있는 이는 예언자 시메온Simeon으로, 그는 아기 예수를 보자마자 첫눈에 메시아이며 구세주인 것을 알아봤다고 합니다. 그리고 시메온 옆에서 아기 예수를 들여다보고 있는 이는 예언자 한나Hannah로 보입니다. 그녀 역시 아기 예수가 메시아임을 단번에 알아보았으며, 시메온이 아기 예수에 대해 한 말을 성전 바깥에 있는 사람들에게 알리는 역할을 했다고 합니다.

로마 가톨릭 교회, 성공회, 정교회, 루터 교회에서는 이를 기념하여 2월 2일을 '주의 봉헌 축일'로 기리고 있습니다.

둘째, 예수가 열두 살 되던 해 유월절 축제 기간에 예루살렘의 성전을 방문했을 때의 일입니다. 많은 사람들의 물결 속에서 그만 예수를 잃어버린 요셉과 마리아가 애타게 찾아 다녔는데, 나중에 찾고 보니 예수가 성전 안에서 제사장들과 대화를 나누고 있었다는 것입니다. 이때 예수의 말과 행동이 어찌나 슬기롭고 의젓했는지 듣는 사람들이 다 놀라고 감탄했다고 하는데, 탄생의 파사드에 그 내용이 기록되어 있습니다.

소년 시절의 예수

셋째, 예수는 목수였던 아버지 요셉을 도와 일을 했다고 합니다. 그래서 그를 일컫는 다른 이름이 '나사렛에서 온 목수 예수'였습니다. 예수가 묵묵히 나무 다듬는 일을 하는 모습은 예수를 애타게 찾는 요셉과 마리아의 뒤에 있습니다.

목수로서의 예수

사그라다 파밀리아가 요셉을 포함하는 성 가족에게 봉헌된 교회이기 때문인지, 탄생의 파사드 '소망의 문'에는 어린 예수가 요셉과 함께 있는 장면이 나옵니다. 이는 요셉이 하느님의 뜻에 따라 예수의 보호자로서 최선을 다했다는 사실을 알려주는 것 같습니다.

요셉과 어린 예수

1장 **사그라다 파밀리아**(성 가족 성당)

성모 마리아의 대관식

탄생의 파사드에서 가장 높은 위치에 해당하는 사랑의 문 꼭대기에는 '성모 마리아의 대관식'이란 제목의 조각상이 있습니다. 성모 마리아의 대관식이란, 마리아가 죽어 하늘나라에 간 뒤 하느님으로부터 '하늘의 여왕(즉, 지극히 존귀한 존재)'으로 임명받으면서 왕관을 받는다는 뜻입니다.

예수의 탄생과는 무관한 이런 주제의 조각을 탄생의 파사드에, 그것도 가장 높은 곳에 설치한 가우디의 뜻은 무엇일까요? 아마도 그 일이 하늘

성모 마리아의 대관식

나라에서 일어나기에 가장 높은 자리를 선택한 것 같고, 자신이 성당을 완공하지 못할 것이란 걸 알고 있었던 가우디가 성모 마리아의 대관식만큼은 꼭 자신의 손으로 제작하고 싶어서 서두른 게 아닐까 생각합니다. 내용만으로 보면 아직도 미완성인 영광의 파사드에 있어야 하는 작품이기 때문입니다.

사진을 살펴보면, 성모 마리아가 예수로부터 왕관을 받는데 요셉이 그것을 지켜보는 장면으로 보입니다. 성 가족 중에서는 마리아가 가장 늦게 죽으므로, 이때는 성 가족이 하늘나라에서 한자리에 모일 수 있는 시기이기 때문입니다.

그럼, 성모 마리아가 하늘나라에서 왕관을 받는다고 전제하고, 누구로부터 그것을 받는다고 생각하는 게 옳을까요?

그것은 성모 마리아의 대관식을 그린 많은 그림들을 통해 생각해 볼 수 있습니다. 그림들을 살펴보면 대부분 하느님과 예수가 함께 마리아에게 왕관을 씌워주고, 근처에 비둘기가 있는 걸 알 수 있습니다. 이것은 성부(하느님)와 성자(예수), 성령(비둘기가 성령을 상징함), 즉 삼위일체에 의해 마리아가 왕관을 받는다는 의미인

엘 그레코 '성모의 대관식'

디에고 벨라스케스 '성모의 대관식'   파올로 베로네세 '성모의 대관식'

것입니다.

　하느님은 보이지 않고, 예수가 마리아에게 관을 씌워주는 경우(오른쪽 페이지 두 그림)도 종종 보이는데, 이때는 예수가 하느님의 명을 받아 대신 수행하는 것으로 보면 될 것 같습니다.

　아들인 예수가 어머니인 마리아에게 관을 씌워주는 것이 어색하게 보일지도 모르겠습니다. 하지만, 마리아와 예수는 일반적인 모자母子 관계로 보기 어려운 점이 있습니다. 예수가 마리아의 아들로 태어난 것은 분명하지만, 그는 하느님의 뜻으로 이 땅에 온 하느님의 아들이며 마리아는 하느님의 뜻이 이루어질 수 있도록 협조한 것에 불과하기 때문입니다. 예수는

젠틸레 다 파브리아노 '성모의 대관식'　　　　안드레아 디 바르톨로 '성모의 대관식'

마리아에게 아들이면서, 한편으로는 믿음의 대상인 존귀한 존재였던 것입니다. 그러니 하늘나라에 올라간 다음에 하느님의 뜻을 대신하는 예수에게 관을 받는 것은 당연한 일이지요. 관을 씌워주는 예수는 당당한 자세인데, 마리아는 다소곳한 태도인 걸 보면 그들의 그런 관계가 짐작됩니다.

　가톨릭에서는 1월 1일을 '천주의 성모 마리아 대축일'로 정하여 기념하고 있습니다. 이는 431년 에페소 공의회에서 성모 마리아에게 '하느님의 어머니'를 뜻하는 '천주의 성모'란 칭호를 부여한 것에 바탕을 둔 축일인데, 그것을 그림으로 표현한 것이 바로 '성모 마리아의 대관식'입니다. 이 성모 마리아의 대관식은 가톨릭에서 중요하게 다루는 주제입니다.

Special

Cypresses

사이프러스 나무의 의미 / 탄생의 파사드 중앙에는 커다란 나무가 세워져 있습니다. 사이프러스 나무입니다.

수많은 이야기와 상징으로 가득한 사그라다 파밀리아에 가우디가 아무런 의미 없이 커다란 나무를 세워놓았을 리 만무합니다. 여기에는 어떤 의미가 있을까요?

사이프러스 나무는 고대 그리스와 로마 시대부터 죽은 이들을 애도하기 위해 묘지에 주로 심었다고 합니다. 이는 저승의 신인 하데스(Hades)의 궁전 주변에 사이프러스 나무가 있다고 믿었기 때문입니다. 그래서인지 지금도 남부 유럽의 공동묘지에서는 사이프러스 나무를 흔히 볼 수 있습니다. 또한 사이프러스 나무는 목질이 단단하여 관(棺)이나 배를 만들 때 주로 사용했고, 집을 지을 때도 많이 사용하는 나무입니다. 하지만 이런 점과 이 나무를 사그라다 파밀리아에 세워놓은 것은 별로 관련이 없어 보입니다.

책 후반에 소개될 몬세라트 수도원에도 사이프러스 나무가 많이 자라고 있습니다. 이 나무가 수도원에 심어진 것과 사그라다 파밀리아에 자리 잡은 것은 공통되는 이유가 있기 때문입니다. 바로 이 나무로 십자가를

탄생의 파사드 중앙의 사이프러스 나무

만들었다고 믿어지기 때문이지요. 십자가를 사이프러스 나무로 만든 이유 또한 이 나무가 죽음과 연관된다고 믿었기 때문일 테지만, 하여간 기독교에서 사이프러스 나무는 중요한 의미를 갖는 것입니다. 아마도 가우디는 그런 의미를 생각하며 탄생의 파사드 한가운데에 사이프러스 나무를 새겼을 것 같습니다.

몬세라트 수도원에 심어진 사이프러스 나무

수난의 파사드 ②
Passion Facade

가우디의 뒤를 이어 파사드 조각을 책임진 사람은 스페인의 조각가인 수비라치 Josep Maria Subirachs i Sitjar로, 그는 서쪽의 '수난의 파사드'를 완성했습니다(남쪽에 짓기로 계획된 '영광의 파사드'는 언제 완성될지 알 수 없습니다. 아마도 영광의 파사드가 완성되는 날, 사그라다 파밀리아가 완공되겠지요).

사그라다 파밀리아에 입장할 때 단체 관람객은 탄생의 파사드 쪽으로, 개별 관람객은 수난의 파사드 쪽으로 하게 되어 있습니다. 특히 수난의 파사드 쪽에 매표소가 있다 보니, 이곳은 표를 구입하여 입장하려는 관람객들로 항상 북적거리지요. 성서의 내용 전개를 고려하여 이 책에서는 탄생의 파사드를 먼저 소개했지만, 개별 여행자가 제일 먼저 만나는 것은 수난의 파사드입니다.

수난의 파사드 앞 입장권 판매소

탄생의 파사드를 먼저 보고나서 수난의 파사드를 보게 되면, 그 둘의 너무 다른 양식 때문에 어리둥절해질지도 모릅니다. 탄생의 파사드를 '고전적, 전통적, 섬세함, 부드러운 곡선' 등의 단어로 표현할 수 있다면, 수난의 파사드는 '파격적, 추상적, 단순함, 간결한 직선' 등의 단어로 표현할 수 있기 때문입니다. 아마도 가우디가 살아서 수비라치가 제작한 수난의 파사드를 본다면, 자신보다 더 파격적으로 작업한 후배를 보며 깜짝 놀라지 않을까 싶습니다.

수난의 파사드는 이름 그대로, 예수가 당하는 갖가지 수난을 담고 있습니다. 군중을 선동한다는 죄명으로 체포되어 재판을 받고, 십자가에 못 박혀 죽기까지의 일련의 과정이 파노라마처럼 펼쳐지지요.

수난의 파사드를 통해 사그라다 파밀리아 안으로 들어가려는 사람들에게 청동으로 된 육중한 문이 정문 역할을 합니다. 보수 공사 중이라 주변이 다소 어수선하지만, 그래도 이 부분을 예사로이 지나쳐서는 안 될 것입니다. 성서의 내용 중에서 중요한 이야기들이 벽면 가득 담겨 있으니까요.

수난의 파사드

수난의 파사드 전면

- 예수의 시신을 수습함
- 예수의 십자가를 대신 메고 가는 구레네 사람 시몬
- 예수를 부인하는 베드로
- 오명을 뒤집어 쓴 빌라도

1장 **사그라다 파밀리아**(성 가족 성당)

최후의 만찬

수난의 파사드에는 최후의 만찬을 다룬 조각이 있습니다. 수비라치식으로 해석된 이 작품은 사실적으로 묘사된 회화에 익숙한 사람들에게는 다소 낯설게 느껴지겠지만, 예수 수난을 주제로 한 파사드에서 빼놓을 수 없는 장면입니다.

예수와 열두 제자의 최후의 만찬은 많은 화가들이 다룬 주제이기도 합니다. 그중에서 레오나르도 다빈치의 작품이 가장 유명하지요.

밀라노의 산타 마리아 델라 그라치에 수도원 식당 벽에 그려진 이 유명

최후의 만찬

레오나르도 다빈치 '최후의 만찬'

한 그림은, 예수가 제자들에게 "너희들 중에서 한 사람이 나를 배신할 것이다."고 말하고 난 직후 제자들의 반응에 주목한 내용입니다. 제자들은 스승의 말에 깜짝 놀라 술렁거립니다. '대체 누가 스승을 배신한다는 거지?', '설마 나를 두고 하는 말은 아니겠지?' 하는 생각을 하며 당황해 하는 제자들의 모습이 흥미롭습니다. 이 그림 속에서 유다 Judas Iscariot는 예수의 오른쪽에 앉아 있는데, 손에 돈주머니를 움켜쥐고 있는 얼굴이 검은 사람이 그입니다. 그의 손에 들린 돈주머니는 그가 스승을 은화 30냥에 팔 것이라는 암시인 셈입니다.

그럼, 최후의 만찬은 언제 베풀어진 걸까요? 성서에 따르면 예수는 유월절 첫날(혹은 전날) 저녁에 제자들과 함께 식사를 하였고, 다음 날 새벽닭이 울기 전에 유다의 배신으로 체포되어 끌려간 것으로 되어 있습니다. 제자들과 마지막으로 함께 한 저녁 식사이기 때문에 최후의 만찬이라고 하는 것입니다.

그런데 여기에서의 유월절이란 무엇을 말하는 것일까요? 유대인들이 중요한 명절로 여기는 유월절逾越節은 과월절過越節이라고도 하는데, 逾와 越, 過는 모두 '넘어가다', '지나가다'는 의미를 갖습니다. 대체 뭐가 넘어가고, 지나간다는 말일까요?

유월절이란 유대인들이 노예 상태로 살던 이집트에서 해방된 날을 기리는 명절입니다. 이는 모세Moses와 연관이 있는 이야기인데, 간추려 설명하자면 다음과 같습니다.

이집트에서 가혹한 대접을 받으며 사는 유대인들을 구해 가나안 땅으로 돌아가라는 하느님의 명을 받은 모세는 파라오Pharaoh를 찾아가 신의 뜻을 전합니다. 물론 파라오가 그 말을 순순히 들을 까닭이 없었지요. 그 많은 노예가 한꺼번에 떠나면 이집트는 생산 활동이 크게 위축될 테니까요.

파라오가 말을 듣지 않자 신은 이집트 땅에 차근차근 재앙을 내립니다. 나일 강물이 피로 변하는 재앙을 시작으로 우박과 불덩이가 하늘에서 쏟아지고, 메뚜기 떼가 나타나 곡식을 모조리 먹어치우는 등 아홉 가지 재앙이 차례차례 일어나지만, 파라오는 유대인들을 풀어줄 생각을 안 했습니다.

그러자 신은 마지막으로 결정적인 재앙을 내립니다. 즉 이집트 땅에서 태어난 생명 중 첫째의 목숨을 거두어가는 것이었지요. 이때 파라오의 장남도 목숨을 잃는데, 그제야 파라오는 문제의 심각성을 알고 유대인들을 풀어주기로 합니다.

그러면 이집트 땅에서 태어난 유대인 가정의 첫째들은 어떻게 되었을까요? 신은 그 문제를 해결하기 위해 모세를 통해 유대인들에게 문설주에 어린 양의 피를 발라두라고 일러주었는데, 죽음의 사자가 그 집은 들어가지 않도록(즉 아이들이 죽지 않도록) 하려는 표시였습니다. 죽음의 사자가 그냥 지나갔기 때문에 '유월'이며 '과월'인 것입니다.

유대인들이 이집트로부터 노예 상태에서 벗어난 기쁨을 잊지 않기 위해 명절로 지내던 유월절에 제자들과 함께한 식사가 예수의 마지막 만찬이 되었으니 정말 기막힌 수난이 아닐 수 없습니다.

참고로, 유월절을 다른 말로 '무교절無酵節, 누룩으로 발효시키지 않은 빵을 먹는 명절'이라고 하는데, 유월절 기간에는 무교병無酵餠, 발효시키지 않은 빵만을 먹어야 해서 그렇게 부릅니다. 유월절에 딱딱하고 맛없는 빵을 먹어야 하는 이유는 무엇일까요?

이에 대해서는 몇 가지 이야기가 있는데, 한 가지는 하느님이 모세를 통해 유대 백성들에게 이집트를 벗어날 때 발효되지 않은 빵을 준비하도록 일렀기 때문이라는 것입니다. 급하게 이집트를 떠나야 하는 유대인들이 발효된 빵을 준비할 수 없을 것을 미리 알고 하느님이 그렇게 지시했다는 것이지요.

또 다른 이야기는 누룩이 도덕적, 종교적 부패를 상징하고, 누룩이 없는 것은 분별력과 거룩함을 상징하기 때문이라는 설명입니다. 전통적으로 하느님의 제단을 거룩하게 하거나 특별히 신성시해야 할 필요가 있을 때에는 누룩을 사용하지 않은 빵을 사용했다는 것입니다.

어느 주장이 더 타당한지는 모르겠지만, 지금도 유대인들은 유월절 기간에는 무교병을 먹으며 전통을 유지하고 있습니다.

유다의 배신

최후의 만찬을 본 후에 오른쪽으로 고개를 돌리십시오. 그러면 유다가 예수의 뺨에 입을 맞추는 장면이 보입니다. 수비라치는 유다의 뒤에 뱀을 새겨놓아 그의 행위가 사악한 것임을 알려주고 있군요.

유다는 잘 알려진 대로 예수의 열두 제자 중 하나였으며, 은화 30냥에 스승을 판 배신자로 성서에 이름이 남았습니다. 대체 그는 누구였으며, 왜 그런 행동을 하여 더러운 이름을 후세에 남기게 된 걸까요?

유다의 배신

가롯 마을 사람으로 알려진 유다는 셈이 빨라 사도단의 회계를 담당했는데, 더러 공금을 횡령하기도 할 정도로 재물을 탐했던 것으로 보입니다. 그래도 그가 오직 돈에 눈이 멀어 스승을 팔아넘겼다고 보는 것은 타당하지 못하며, 스승에게 불만이 있어 그런 행동을 한 것이 아닐까 생각합니다.

어떤 이는 유다가 스승을 메시아로 믿고 따랐는데 자신이

기대한 모습을 예수가 보여주지 않자 실망하여 배신했다고 하고, 또 어떤 이는 예수가 애초에 인류의 죄를 대신 지고 십자가에 못 박힐 운명이었으므로 유다는 그것이 이루어질 수 있도록 도운 것이라고 해석하기도 합니다. 어쨌든 유다는 스승을 배신하기로 작정하고 제사장들을 찾아가 흥정한 끝에 은화 30냥에 스승을 넘겨주기로 약속합니다.

유다가 예수의 뺨에 입을 맞추는 것은, 로마 병사('유다의 배신' 왼쪽 조각상)들이 예수를 잡으러 왔을 때 날이 어둑하여 누가 누군지 분간이 안 가므로 신호 삼아 그런 행동을 한 것이라고 합니다. 미리 그렇게 약속을 했다는 것이지요.

그날 유다의 배신으로 예수는 붙잡혀가고, 뒤늦게 자신이 한 짓이 얼마나 비열한 것인지를 깨달은 유다는 울면서 제사장들을 찾아가 은화 30냥을 돌려주고 목을 매어 자살했다고 합니다. 배신자의 처참한 말로를 보여주며 사람들에게 무슨 교훈을 주려고 했는지 생각해 보게 하는 비극적 결말입니다.

참고로, 유다에게 입맞춤 당하는 예수의 뒤로 숫자가 적힌 열여섯 칸짜리 숫자판이 보입니다. 이것은 마방진魔方陣, Magic Square의 일종입니다.

방진方陣은 원래 군사 용어로 '병사들을 사각형으로 배치하여 친 진陣'을 말합니다. 여기에 '마魔'가 붙으면 수학 용어

입맞춤 당하는 예수 뒤의 마방진

로 바뀌면서, '자연수를 정사각형 모양으로 나열하여 가로, 세로, 대각선으로 배열된 각각의 수의 합이 전부 같아지게 만든 것'이란 뜻을 갖게 됩니다. 숫자를 이용한 두뇌 게임인 셈이지요.

드라마 '뿌리 깊은 나무'에서 태종이 마방진 풀기에 몰두하는 충령대군(훗날의 세종)을 보고 한 말에 마방진의 뜻이 정확하게 담겨있습니다. 태종은 이렇게 말하지요.

"이래서 방진은 그냥 방진이라 하지 않고, 마귀 마魔자를 붙여서 마방진이라 하는 게지요. 마귀에게 홀린 듯 한번 빠지면 헤어 나올 수 없기 때문이지요."

가로 세로 3칸씩인 3차 마방진은 단순하여 풀기가 쉽지만, 칸의 숫자가 늘어날수록 고도의 계산 능력을 필요로 합니다. 9차 마방진쯤 되면 숫자 계산에 탁월한 재능을 가진 사람이 아니고선 풀기 어려운 문제가 됩니다. 그러니 이것에 한번 매달리기 시작하면 빠져나올 수 없다는 말이 나온 것이지요.

마방진이 그런 것이라면, 수비라치는 예수의 수난을 다룬 파사드에 왜 그것을 새겨 넣은 것일까요? 숫자판의 숫자를 살펴보면, 어느 방향으로 더하든지 33이 됩니다. 예수가 수난을 당할 때의 나이가 서른세 살이었다고 하니, 아마도 예수의 나이를 나타내려 한 것이 아닐까 싶습니다.

사실 예수의 뒤에 있는 숫자판은 '숫자가 중복되지 않도록 배열해야 한다.'는 마방진의 기본 요건에서 벗어납니다. 수비라치가 두뇌 게임을 즐기기 위해서가 아니라 예수의 나이를 나타내기 위해 마방진 형태를 빌린 것이라는 생각이 드는 것은 그 때문입니다.

오명을 뒤집어 쓴 빌라도

사도신경(그리스도교도가 믿어야 할 교의를 요약한 신앙고백)에 보면 예수가 '성령으로 잉태되어 동정녀 마리아에게서 태어났고, 본디오 빌라도에게 고난을 받아 십자가에 못 박혀 죽으셨다'라는 구절이 나옵니다.

예수의 수난을 다룬 파사드에 빌라도는 두 군데에 등장하는데, 군중들이 몰려와 예수를 죽이라고 요구하자 그 문제의 처리를 놓고 고민하는 모습과 예수에게 십자가형을 선고하고 난 뒤 "나는 이 사람의 죽음에 책임이

군중의 요구로 고민하는 빌라도   책임을 피하며 손을 씻는 빌라도

없다."고 선언하며 손을 씻는 모습이 그것입니다.

본디오 빌라도Pontior Pilatos, 로마식으로는 폰타우스 팔라투스, 그는 누구일까요? 그는 왜 그런 결정을 내려야 했고, 자신의 결정에 책임지지 않으려는 태도를 보였을까요?

그는 로마인으로 티베리우스 황제 때 사마리아와 이도메아, 유대 지역을 다스리는 총독이었습니다. 잔인한 성품이었으며, 유대인들을 탄압했다고 합니다.

유대 군중들이 예수를 끌고 와 십자가형을 내리라고 요구했을 때(당시 유대군중은 하나님의 아들인 예수가 그들이 바라는 것처럼 통치자 로마에 강경하게 맞선다든지 하는 정치적인 행동을 하지 않았기 때문에 예수에 대해 불만을 갖게 된 것으로 보입니다), 그는 예수에게서 그 정도로 심각한 죄를 찾지 못했기 때문에 석방하고자 했습니다. 마침 유월절에는 죄수 한 명을 석방하는 관례가 있었기에 빌라도는 예수를 석방하려고 했지만, 성난 군중들은 차라리 흉악범인 바라바Barabbas를 놓아주라고 요구하며 폭동을 일으킬 기세로 떠들었습니다. 빌라도는 일을 조용히 처리하고 싶었기에 할 수 없이 군중이 요구하는 대로 예수에게 십자가형을 내립니다. 그렇지만 그것이 옳지 않다는 것을 알고 있었기에 "너희가 알아서 처리하여라. 나는 이 사람의 피에 대해서는 책임이 없다."며 손을 씻었다고 합니다.

비록 그는 예수의 죽음을 바라지 않았고, 그의 죽음에 책임이 없다며 손까지 씻었지만, 예수에게 십자가형을 선고한 그의 이름은 지워지지 않았습니다. 기독교인들이 신앙을 고백하며 외우는 기도문에 이름이 들어감으로써, 주로 예수를 죽인 악인의 이미지로 사람들의 입에 가장 많이 오르내리는 로마인이 되었지요. 그리고 그런 그이기에 예수의 수난을 다룬 파사드에서 빠질 리가 없었을 것입니다.

빌라도는 예수의 처형에 관한 일로 처벌을 받거나 하지는 않았지만, 훗날 사마리아인들의 학살 사건 때문에 로마로 소환된 뒤 자살한 것으로 전해집니다. 스위스의 루체른에는 필라투스 산이 있는데, 빌라도가 자살한 뒤 그의 시체를 묻은 곳으로, 그의 악령이 깃들어 있어 악마의 산으로 여긴다는 말이 있을 정도로 그는 저주받은 이름의 대명사였습니다.

반면 그의 아내인 클라우디아는 빌라도에게 사람을 보내어 "당신은 그 무죄한 사람의 일에 관여하지 마십시오. 간밤에 저는 그 사람의 일로 꿈자리가 몹시 사나웠습니다."라고 당부했다는 기록이 있어, 기독교의 성녀로 추앙받았다는 사실이 흥미롭습니다.

예수를
세 번 부인한
수제자 베드로

다시 중앙 출입구 쪽으로 걸어와 오른쪽을 보십시오. 거기엔 벽면에 홰를 치는 닭 한 마리가 새겨져 있고, 그 앞에 세 사람이 서 있으며, 그들 앞에는 심각한 고뇌에 잠긴 듯한 한 남자가 앉아 있습니다. 그런데 잘 보니 여인 중의 한 명은 앉아 있는 남자를 손가락으로 가리키고 있군요. 마치 고자질하는 것처럼요.

고뇌에 빠진 남자, 고자질하는 여인, 홰를 치는 닭. 예수의 수난을 다루는 장면에 등장하는 이런 단어들은 베드로Peter the Apostle를 떠올리게 합

예수를 부인한 베드로

니다.

성서에 의하면, 최후의 만찬을 마친 예수는 제자들에게 이렇게 말합니다. "오늘 밤 너희들은 모두 나에게서 떨어져 나갈 것이다." 그러자 베드로는 결의에 찬 목소리로 말합니다. "저는 비록 죽는 한이 있어도 스승님 곁을 떠나지 않을 것입니다." 예수는 그런 베드로를 보며 조용히 말하지요. "내일 새벽닭이 울기 전에 너는 나를 세 번 부인하리라."

죽어도 스승을 배신하지 않겠다고 장담했던 베드로이지만, 막상 예수가 체포되고 자신조차 위험에 처하게 되자, 사람들 앞에서 예수를 모른다고 부인합니다. 자신을 가리키며 예수의 제자가 틀림없다고 고자질하는 여인을 향해 세 번째로 "나는 이 사람을 정말로 모릅니다."라고 말했을 때 닭이 울었다고 합니다. 그제야 "새벽닭이 울기 전에 너는 나를 세 번 부인하리라."던 스승의 말이 생각나 베드로는 통곡했지요.

스승을 부인하는 베드로의 고뇌에 찬 모습을 좀 더 가까이에서 들여다보면 이렇습니다.

베드로의 고뇌에 찬 모습

물론 그 이후로 베드로는 예수의 수제자로서 스승의 뜻을 세상에 널리 알리고 다니다가 로마에서 순교한 다음, 초대 교황으로 추존됩니다. 그의 무덤 위에 세운 교회가 바로 현재 바티칸에 있는 성 베드로 대성당인 것입니다.

기둥에 묶인 채 학대당하는 예수

빌라도의 법정에서 십자가형을 선고받은 뒤에 예수가 당한 수난에 대해서는 비교적 자세하게 알려져 있습니다. 수난의 파사드 정문 앞에 세워진 이 조각은 예수가 당한 끔찍한 수난을 사실적으로 표현하고 있습니다.

로마의 형법상 십자가형은 반역자나 노예 등의 하층민에게 선고하던 가장 잔인한 처형 방법이었습니다. 목을 베는 참형斬刑이 사형수의 고통을 줄여주는 데 비해, 십자가형은 숨이 끊어질 때까지 고통을 당해야 했기 때문입니다.

비록 빌라도가 예수에게서 사형에 처할 만큼 심각한 범죄 행위를 찾아내지는 못했지만, 군중의 요구에 따라 십자가형을 선고한 이상 예수는 흉악범에 준해 처리될 수밖에 없었습니다.

흉악범이 되어 버린 예수는 관례에 따라 옷이 벗겨진 채 광장의 기둥에 묶여 로마 병사들이 휘두르는 채찍질을 당해야 했습니다. 유대인들은 아무리 흉악범이라 해도 서른아홉 대 이상은 때리지 않았는데, 로마 병사들은 그런 기준도 없이 무자비하게 때렸기 때문에 예수는 이때 이미 탈진한 상태가 되었습니다.

로마 병사들은 매질하는 것으로 그치지 않고, 예수를 모욕하기 위해 갖은 방법을 다 동원합니다. 왕이 입는 자주색 옷을 입히고, 머리에 왕관 대신 가시로 만든 관을 씌운 다음 "유대인의 왕, 만세!"라고 외치며 조롱한 것입니다. 그런 다음, 십자가를 메게 하고 처형장으로 끌고 갔으니, 예수는 십자가에서 죽기 전에 이미 인격적으로 죽은 것이나 다름 없었습니다.

기둥에 묶인 예수

십자가를
메고 가는 예수와
베로니카

수난의 파사드에서 십자가에 못 박힌 예수 밑에는 중앙에 한 여인이 있고, 오른쪽으로 십자가를 지고 가는 예수의 모습이 보입니다. 이 여인이 바로 베로니카Veronica입니다. 그녀는 십자가를 지고 골고다 언덕으로 올라가느라 피땀으로 얼룩진 예수의 얼굴을 수건으로 닦아 주었는데, 그 수건에 예수의 얼굴이 찍혔다고 합니다. 그렇다면 이 여인이 들고 있는 커다란 수건에 찍힌 얼굴은 예수의 얼굴이겠네요.

더불어 사진에서 십자가를 지고 가다가 지쳐서 거의 쓰러지다시피 한 예수도 눈여겨 봐주세요. 특히 그의 허리띠에 주목해주세요. 다음에 이어질 '십자가를 대신 메고 가는 시몬' 조각에서 다시 확인할 수 있으니까요.

참고로 좌측 맨 끝에 옆모습으로 보이는 사람은 가우디를 존경해마지 않던 수비라치가 그(가우디)의 모습을 조각해 넣은 것이라고 합니다.

십자가를 메고 가는 예수와 베로니카

예수의 십자가를 대신 진 구레네 사람 시몬

베로니카와 십자가를 멘 예수의 오른쪽에 십자가를 메는 사람이 또 있습니다. 그런데 이 사람은 예수가 아닙니다. 예수는 이미 고통을 이기지 못하고 쓰러져 있습니다. 쓰러진 이가 예수라는 건 그의 허리띠를 보면 알 수 있지요. 쓰러진 예수를 대신하여 한 남자가 십자가를 지려고 하는데, 그는 비교적 건장해 보입니다. 이 사람은 누구일까요.

성서에는 예수의 십자가를 대신 져 준 사람의 이름이 '시몬 Simon of Cyrene'이며, 구레네(지금의 아프리카 리비아의 한 지역) 사람이라고 기록되어

십자가를 대신 진 시몬

있습니다.

　시몬이 예수의 십자가를 대신 진 것은 선행심 때문이 아니었습니다. 전혀 그럴 의사가 없었는데, 하필 지친 예수가 시몬 앞에서 쓰러졌고, 예수를 끌고 가던 로마 병사가 건장한 시몬을 지목하여 십자가를 지라고 명령했기 때문이었다고 합니다. 시몬은 그게 불만이었지만, 감히 로마 병사에게 대들 엄두가 나지 않아 울며 겨자 먹기로 무거운 십자가를 메고 골고다 언덕까지 가게 된 것이지요.

　비록 내키지 않는 선행을 베푼 셈이었지만, 이 일은 시몬과 그의 가족에게 중요한 변화의 계기가 되었습니다. 훗날 사도 바울이 시몬의 아내를 일컬어 "내 어머니 같은 분"이라고 했다는 기록으로 미루어볼 때, 그의 가족은 기독교인들에게 존경을 받았음을 알 수 있습니다. 시몬 또한 초기 기독교의 발전에 일정한 역할을 한 것으로 보이며, 그런 까닭으로 예수의 수난을 다룬 파사드에 등장한 것이라고 짐작됩니다.

　한 가지 더, 구레네 사람 시몬에 관한 흥미로운 전설이 전해지기에 소개합니다. 부활절에 달걀을 나누는 풍습이 구레네 사람 시몬과 관련이 있다는 이야기가 바로 그것입니다. 원래 그의 직업이 달걀 장수였는데, 예수의 십자가를 대신 져 준 후 집으로 돌아가 보니 암탉들이 낳은 달걀이 모두 무지개색으로 변해 있었다는 것입니다. 그 이후로 교회에서는 달걀을 부활의 상징으로 인식했고, 부활절에 예수의 부활을 기뻐하는 의미로 알록달록하게 꾸민 달걀을 서로 나누기 시작했다고 합니다.

십자가에 못 박힌 예수

수난의 파사드의 중앙 가장 높은 곳에는 십자가에 못 박힌 예수가 있습니다. 그리고 십자가에 매달린 예수의 발밑에 해골이 보입니다. 이는 예수가 처형당한 장소가 '해골산'이라고 불린 골고다 언덕임을 알려주는 것입니다. 골고다 언덕을 해골산이라고 부른 이유는 생김새가 해골 모양이기도 하고, 처형당한 시체들이 나뒹굴기도 하여 그렇게 불렀다고 합니다. 십

십자가에 못 박힌 예수

자가형을 받은 사체는 제대로 장례를 치러주지 않는 게 당시의 법이다 보니 골고다 언덕은 해골들의 언덕이기도 했던 것입니다.

수비라치가 작업한 수난의 파사드는 그 파격적인 인물 표현 때문에 사람들을 놀라게 했지만, 특히 예수가 십자가에 매달린 모습은 거의 충격에 가까운 것이었습니다. 예수의 나체가 적나라하게 드러났기 때문입니다.

기독교에서는 일반 모델의 경우도 나체는 불경스럽다 하여 치부恥部를 가급적 가리도록 합니다. 심지어 과거에 만든 작품조차 민망한 부분은 나뭇잎 등을 덧대는 방식으로 가리려 한 것을 볼 수 있습니다.

피렌체의 베키오 궁전Palazzo Vecchio 앞에 세워진 조각상이 그 예입니다. 신체의 일부를 나뭇잎으로 가렸지요. 왜 그랬는지는 충분히 짐작할 수 있을 것입니다.

일반 모델의 경우도 그러한데, 하물며 신성한 예수의 몸을 적나라하게 드러냈으니 사람들이 경악했을 것은 불을 보듯 뻔한 일입니다.

로마의 형법을 보더라도 예수가 십자가에 매달릴 때 완전한 나체가 되었을 것이라고는 볼 수 없습니다. 사형수의 옷을 벗기는 것은 관례였으나, 치부를 가릴 수 있도록 작은 천을 허리 아래에 두르는 것은 허용했다고 하니까요.

피렌체 베키오 궁전 앞 조각상

십자가에 못 박힌 예수(Christ on the Cross)

　예수의 최후를 다룬 미술작품들을 보면 공통적으로 하반신을 가린 것을 알 수 있습니다. 이것이 실제 상황과 가장 가까울 것으로 생각됩니다.
　그렇다면 수비라치는 왜 예수를 나체로 만든 것일까요? 그는 어차피 사람들의 평가를 염두에 두고 수난의 파사드 작업을 한 것이 아닙니다. 그는 자신만의 개성을 표현하고자 했고, 그것이 극단적으로 드러난 예가 바로 나체의 예수인 것입니다.

롱기누스의 창

예수에게 입맞춤하는 유다의 왼편으로 말을 탄 채 창을 치켜든 사람이 보입니다. 이 사람의 이름은 롱기누스Longinus로 알려져 있습니다. 롱기누스는 예수가 십자가에 못 박혔을 때, 그가 죽었는지 확인하기 위해 창으로 옆구리를 찌른 로마 병사라고 합니다. 즉, 기독교의 입장에서 볼 때는 예수를 죽인 사악한 자인 것입니다.

말을 탄 롱기누스

그때의 상황을 표현한 그림이나 조각을 서양 미술에서 종종 찾아볼 수 있는데, 대개 아래와 같은 식으로 나타납니다.

옆구리에서 피를 흘리는 모습은 바로 롱기누스의 창에 찔린 상처를 표현한 것이겠지요.

그런데 이상한 것은, 그런 그가 바티칸의 성 베드로 대성당에 네 명의 성인聖人 중 한 사람으로 모셔져 있다는 점입니다. 교황이 미사를 집전하는 제대祭臺 주변에 모셔져 있는데, 예수의 제자였던 성 안드레아Saint Andrew The Apostle, 예수의 얼굴이 새겨진 천을 들고 있는 성녀 베로니카Saint Veronica, 콘스탄티누스 황제의 어머니로서 동로마 제국의 기독교 공인에 이바지한 성녀 헬레나Saint Helena 등은 충분히 이해가 됩니다. 그러나 예수의 옆구리를 찔렀다는 롱기누스가 성인의 반열에 올라 버젓이 성 베드로 대성당 안에 한 자리를 차지하고 있는 것은 이해하기 어려운 점입니다.

한스 멤링 '십자가에 못 박힌 예수'   디에고 벨라스케스 '십자가에 못 박힌 예수'

오른쪽 사진이 성 베드로 대성당에 있는 롱기누스 상인데, 오른손으로 잡고 있는 창이 아마도 예수를 찌른 그 창일 겁니다.

그가 성인의 반열에 오르게 된 까닭은 예수의 죽음 이후 깊이 참회하고 기독교로 개종했기 때문이라고 하는데, 이런 설명은 사실 여부를 떠나 기독교 신자를 제외하고는 크게 흥미를 갖기 어렵습니다. 오히려 사람들의 호기심을 끄는 것은 롱기누스의 창에 얽힌 후일담입니다.

성 베드로 대성당에 성인으로 모셔진 롱기누스

롱기누스의 창은 예수의 피가 묻었다는 이유로 신성하게 여겨졌고, 그것을 손에 넣는 자는 세상을 얻는다는 전설이 따라붙게 되었습니다. 그것을 증명하기 위함인 듯, 실제로 그 창을 소유했었다고 믿어지는 사람들의 이름이 떠돌아다니는데, 한번 알아볼까요?

롱기누스의 창을 맨 처음 얻은 이는 콘스탄티누스 대제Constantinus the Great로, 그는 롱기누스의 후손으로부터 창을 얻었다고 하는군요.

"역사상 그 어느 지배자도 – 즉 알렉산더도, 알프레드도, 샤를마뉴도, 예카테리나도, 프리드리히도, 그레고리우스도 – 콘스탄티누스만큼 '대제'

라는 칭호에 완벽하게 어울리는 인물은 없다."(영국의 역사가 존 노리치, 《비잔티움 연대기》에서)라는 말을 들을 정도로 그는 명실상부한 위인이지요. 그가 그토록 위대한 인물이 될 수 있었던 것이 혹시 롱기누스의 창을 가졌기 때문일까요?

콘스탄티누스 대제 다음으로 롱기누스의 창을 가졌다고 믿어지는 사람은 카를 마르텔Karl Martell입니다. 프랑크 왕국의 실질적 지배자로서 서유럽을 넘보는 이슬람 세력을 격퇴하여 기독교 세계를 수호한 인물로 추앙받는 사람이지요.

카를 마르텔로부터 롱기누스의 창을 물려받은 사람은 그의 손자인 카롤루스 대제Carolus Magnus, 프랑스어로는 샤를마뉴라고 합니다. 서로마 제국 멸망 후 가장 넓은 영토와 가장 막강한 권력을 가졌던 사람으로, 독일, 프랑스, 이탈리아에서 모두 위대한 왕으로 인정하는 인물입니다. 재미있는 것은, 카롤루스 대제는 롱기누스의 창을 가지고 있는 동안에는 전쟁마다 승리를 거뒀는데, 실수로 창을 떨어뜨리고는 그만 전사했다고 합니다.

그다음은 하인리히 1세Heinrich I로, 동방으로부터 침입하는 이민족을 격퇴하여 왕국을 안정시켰다는 평가를 받는 인물입니다.

오토 1세Otto I 역시 롱기누스의 창을 가졌었다고 하는데, 그는 하인리히 1세의 아들로 신성로마제국을 건설하여 '오토 대제Otto the Great'란 이름을 얻었지요.

롱기누스의 창에 관한 이야기를 들은 나폴레옹Napoleon I은 그것을 손에 넣기 위해 노력했지만 실패했다고 합니다. 그래서인지 나폴레옹은 결국 역사의 패배자가 되어 세인트헬레나 섬으로 유배 가 쓸쓸한 죽음을 맞게 되었다는 거지요. 반면 히틀러Adolf Hitler는 오스트리아를 점령하면서 합스부르크 왕가의 박물관에 소장되어 있던 롱기누스의 창을 빼앗았고, 그 이후로 욱일승천의 기세로 유럽 대부분 지역을 장악합니다. 그러다 연합군에게 창을 빼앗긴 후 자살했다고 합니다.

　이런 이야기들은 근거가 명확한 역사적 사실은 아닙니다. 설령 롱기누스란 이름의 로마 병사가 창으로 예수의 옆구리를 찔렀고, 그 창이 후대에 전해졌다고 해도, 그것을 가진 자가 세계를 지배하게 된다는 것은 개연성이 부족한 이야기입니다. 또한 역사에 뚜렷한 발자취를 남긴 위인들마다 그 창을 소유했고, 위대했지만 결과적으로 실패한 영웅들은 롱기누스의 창을 갖지 못했기 때문이라는 해석도 억지스럽습니다.

　그러나 현재 오스트리아 호프부르크 박물관에 소장된 롱기누스의 창이 과학적 방법으로 제작 연대를 측정해본 결과 7세기경에 만들어져 예수 사망 당시의 진품이 아니라는 판명이 났어도, "히틀러가 자살하기 전 진품을 연합군 측에 넘겨주지 않으려고 모조품을 만들었으며, 진품은 아무도 찾을 수 없는 곳에다 숨겨 놓았다."는 소문이 그럴싸하게 퍼지는 것은, 신비로운 이야기를 찾는 인간들의 속성이 만든 현상일 것입니다.

예수의 옷을 갖기 위해 주사위 던지기를 하는 로마 병사들

창을 든 롱기누스의 위쪽으로 이런 장면이 있습니다. 로마 병사들이 머리를 맞대고 뭔가 골똘히 의논하는 것처럼 보이는데, 이들이 누구이며 무엇을 하고 있는지 신약성서의 마태복음에 이렇게 기록되어 있습니다.

'그들은 예수를 십자가에 못 박고 나서 주사위를 던져 예수의 옷을 나누어 갖고, 거기 앉아 예수를 지키고 있었다.'

로마 병사들이 사형수의 옷을 나누어 갖는 것은 당시의 관습이었다고 하는데, 예수의 옷을 네 조각으로 자른 다음 나누었다고 하는 걸 보면 입기 위한 용도는 아니었을 것으로 짐작됩니다. 아마도 사형 집행의 임무를 완수했다는 증거물로 가지려 한 게 아닐까 하는 생각이 듭니다.

아무튼, 예수를 십자가에 매단 후 로마 병사들이 예수에게서 벗겨낸 옷을 서로 가지려고 경쟁하는 이 장면은, 예수의 죽음이 얼마나 비정하고 잔혹한 일인지를 말없이 증언하는 것입니다.

예수의 옷을 가지려는 로마 병사들

074

십자가에서 내리다

'플랜더스의 개 A Dog of Flanders'라는 동화에는 주인공 네로가 안트베르펜 성당에 걸린 그림 하나를 몹시 보고 싶어 하는 장면이 나옵니다. 그러나 그 그림을 보기 위해서는 돈을 내야 하는데, 가난한 네로는 돈이 없어 볼 수가 없지요. 결국 네로는 죽으면서 마지막으로 그 그림을 볼 수 있었고, 행복한 심정으로 죽어갑니다.

그 작품 속에서 네로가 그토록 보고 싶어 한 그림이 바로 루벤스Peter Paul Rubens의 '십자가에서 내리다'로, 그림의 주제는 십자가에서 죽은 예수의

루벤스 '십자가에서 내리다'

십자가에서 내림

시신을 내리는 장면이었습니다.

　이 장면 역시 많은 화가들이 관련된 작품을 남겼으며, 수난의 파사드를 제작한 수비라치도 빠뜨리지 않았습니다. 다만 십자가에서 내리는 순간을 표현한 것이 아니라, 내려진 상태를 표현한 것이 약간 다를 뿐입니다. '예수의 십자가를 대신 지고 가는 구레네 사람 시몬'의 바로 위에 있는 것이 바로 그 장면입니다.

　그런데 예수의 시신을 수습하여 장례를 치른 사람은 누구일까요?

　성서에 따르면, 아리마테아 사람인 요셉Joseph of Arimathea이 빌라도를 찾아가 예수의 시신을 내줄 것을 요청했고, 빌라도가 이를 수락하자 시신을 수습하여 깨끗하고 고운 베로 싸서 바위 무덤에 안장했다고 합니다.

　한편, 이 설명에서 약간 이상한 점이 발견됩니다. 예수에게는 가족도 있었고 제자들도 있었는데, 장례는 왜 요셉이라는 사람이 치르게 된 걸까요?

　이 문제를 이해하기 위해서는 당시의 로마법을 알아야 합니다. 로마의 형법에 따르면, 십자가형은 흉악범에게 내려지는 가장 엄한 처형법이었으며, 따라서 십자가형을 받은 죄수의 시신은 정식으로 장례를 치르는 것이 금지되어 있었습니다. 심지어 땅에 묻을 수조차 없었다고 합니다. 당시 예수에 대한 여론이 좋지 않았기 때문에 누구도 예수의 장례를 치르겠다고 나설 수 없었던 것입니다. 수제자였던 베드로조차 예수를 모른다고 부인

했을 정도로 그 문제는 위험했던 것입니다. (다만 사도 요한은 달아났다가 돌아온 뒤, 죽은 스승의 곁을 지킵니다.)

그런데 아리마테아의 부자이며 명망 있는 인사였던 요셉은 평소 예수에게 우호적이었던 것으로 보입니다. 드러나지 않았을 뿐, 실제로는 예수의 제자였다는 설도 있습니다. 그렇기 때문에 빌라도를 찾아가 예수의 시신을 내어줄 것을 요청했고, 빌라도로서는 지역 유지인 그의 말을 무시하기 어려웠던 것입니다. 하여간 그런 이유로 예수의 시신은 가족이나 제자들이 아닌, 요셉에 의해 수습됩니다.

참고로, 요셉과 함께 장례를 치른 사람들은 더 있습니다. 아래 사진을 기준으로 보면 맨 오른쪽부터 아리마테스의 요셉, 사도 요한, 알페오의 아늘 야고보의 어머니 마리아, 막달라 마리아, 세베대의 아들 야고보의 어머니 살로메, 니고데모입니다. 이들은 십자가형을 받고 숨진 예수의 장례를 치른 의로운 사람들로 성서에 이름이 남았습니다.

예수의 장례를 치른 사람들

성당 내부 ③

이제 성당 내부로 들어가 보겠습니다. 사그라다 파밀리아는 잘 알려진 것처럼 아직도 미완성이며, 공사가 진행 중인 상태입니다. 오로지 후원금과 입장료 수입만으로 공사를 진행하다 보니 좀처럼 진척이 안 되는 거라고 합니다. 한쪽에서는 공사가 진행 중이고, 다른 한쪽에서는 100년 전에 지어진 부분의 보수 작업이 이루어지고 있으며, 또 다른 쪽에서는 관람객들이 몰려와 감탄사를 터뜨리는 기묘한 상황이 계속되고 있지요.

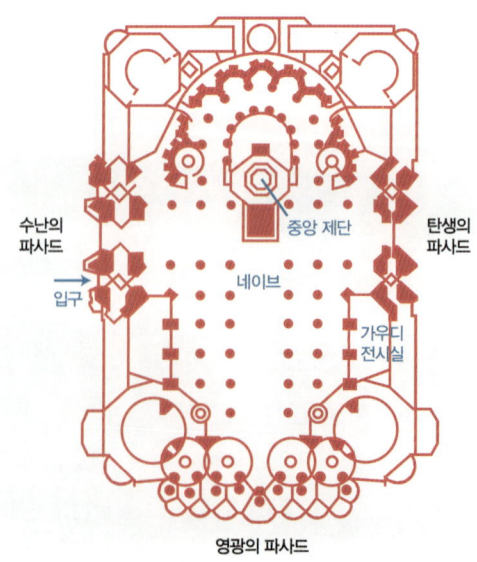

성 가족 성당 내부 평면도

자연을 담은 특이한 내부 장식

사그라다 파밀리아의 예배당 안으로 들어서는 순간, 사람들은 누가 먼저라 할 것 없이 "아!" 하는 탄성을 토하고 맙니다. 세상 어디에서도 본 적이 없는, 한없이 아름답고 독특한 내부 구조 때문입니다.

스페인을 여행하는 사람이라면 누구나 엄청난 규모의 대성당들을 볼 때마다 기가 질리기 마련입니다. 단순히 거대하기만 한 것이 아니라, 화려하면서도 기품 있고, 웅장하면서도 섬세한 장식으로 가득한 성당이 도시마다 있는 걸 보면서 스페인의 영화로웠던 과거를 짐작하기도 합니다.

그런데 가우디의 사그라다 파밀리아는 전통적인 성당과는 외부 모양도, 내부 시설도 매우 다릅니다. 특히 울창한 숲에 들어온 것 같은 느낌을 주는 우람한 기둥들은 독특하면서도 보는 사람을 압도하는 묵직한 힘이 있습니다.

자신의 건축물에 자연을 최대한 끌어들이고 싶어 했던 가우디는, 심지어 나무에 생긴 옹이조차도 예사로 보아 넘기지 않았습니다. 내부 사진을 잘 들여다보면 공간을 지탱하는 기둥들은 나무 기둥과 옹이를 표현하고 있고, 천장은 나뭇가지와 잎사귀, 꽃송이 등의 이미지가 뒤섞여 있습니다. 사그라다 파밀리아는 건축으로 표현된 자연이며, 가우디란 한 천재가 이 땅에 구현한 낙원인 것입니다.

본당 내부 천장

4대 복음서의 저자를 상징하는 장식

사그라다 파밀리아의 내부를 가득 채우고 있는 우람한 기둥들에서 자연의 이미지를 찾아냈다면, 이번엔 그 안에 담긴 상징적 의미들을 알아봅시다.

눈썰미가 있는 사람이라면, 많은 기둥들 중 네 개의 기둥이 다른 것들과 색이 다르다는 걸 알 수 있을 것입니다. 연한 보라색을 띠고 있거든요. 그뿐만 아니라, 나무 기둥의 옹이에 해당하는 부분에 다른 기둥에는 없는 특별한 장식이 있다는 것도 알 수 있습니다.

그렇다면 보라색 기둥의 옹이에 있는 장식은 무엇이며, 어떤 의미를 담고 있는 것일까요?

네 개의 보라색 기둥은, 기독교의 4대 복음서인 마태복음, 마가복음, 누가복음, 요한복음의 저자를 의미합니다. 그리고 유리 장식에 새겨진 형상은 그들의 상징물로, 사람(혹은 천사)은 마태 Matthew를, 사자는 마가 Mark를, 황소는 누가 Luke를, 독수리는 요한 John the Apostle을 나타냅니다.

신약성서의 첫머리를 장식하는 4대 복음서의 중요성이야 굳이 말할 나위가 없을 테고, 그렇게 중요한 복음서의 저자들 또한 기독교에서 각별한 위치를 차지한다는 점 또한 새삼스러울 게 없습니다. 그러니 가우디가 자신이 심혈을 기울인 사그라다 파밀리아 안에 그들을 상징하는 조형물을 세운 뜻은 충분히 이해할 수 있습니다.

마태 상징 기둥　　마가 상징 기둥　　　　　누가 상징 기둥　　　　　　　요한 상징 기둥

　그런데 여기에서 한 가지 의문이 생깁니다. 어째서 하고많은 사물들 중에서 하필 그 네 가지가 복음서의 저자들을 상징하게 된 걸까요? 이 질문에 대해 똑 떨어지는 정답을 말해 줄 수 있는 사람은 없을 것 같습니다. 왜냐하면 아주 오래전부터 그렇게 사용해 왔기 때문이지요. 다만, 각 복음서의 시작 부분과 상징물의 속성을 연관 지어 생각하려고 노력한 사람들 덕분에 대체로 수긍할 만한 이론이 있기에 소개합니다.

　마태복음은 '아브라함과 다윗의 자손 예수 그리스도의 계보라.'로 시작하여, 아브라함에서 예수에 이르기까지의 혈맥을 끈기 있게 나열합니다. 유대 민족의 역사이자 아브라함 가문의 역사이니, 이는 곧 사람들에 관한 이야기인 것입니다. 그래서 마태복음의 저자인 마태의 상징을 사람으로 정했다고 봅니다.

　마가복음은 '세례자 요한이 광야에서 사람들에게 회개하라고 외치니, 사람들이 그 앞에 나아가 자기 죄를 뉘우치고 세례를 받았다.'는 이야기로 시작합니다. 아마도 사람들은 광야에서 큰소리로 외치는 요한의 이미지에서 포효하는 사자를 연상하였고, 그 이야기를 전하는 마가에게서도 같은 것을 연상하여 사자를 그의 상징으로 정한 듯합니다.

누가복음에는 제사장 사가랴와 그의 아내 엘리사벳에 관한 일화가 나옵니다. 의로운 사람들이었던 이들 부부 슬하에 늙도록 자식이 없는 것을 안쓰럽게 여긴 하느님이 대천사 가브리엘을 보내어 혈육을 갖게 되리라는 소식을 전하는 것입니다. 하느님의 뜻에 따라 이들은 아들을 낳는데, 그가 바로 세례자 요한 John the Baptist이라는 설명은 탄생의 파사드 '마리아와 엘리사벳의 만남' 편에서 했습니다. 하여간 그 이야기를 전하는 누가의 상징물로 소를 선택한 것은, 이야기 속의 사가랴가 제사장이었기 때문이 아닐까 생각합니다. 소는 희생 제물로써, 제사장의 임무와 밀접한 관련이 있으므로 누가에게서도 같은 연상을 했을 거라고 짐작하는 것입니다.

요한복음은 '태초에 말씀이 계시니라.'라는 유명한 구절로 시작됩니다. 이 '말씀'은 곧 하느님이요, 세상 만물은 하느님으로부터 비롯된 것이라고 합니다. 하늘로부터 땅으로 내려오는 '말씀'을 구체적인 이미지로 표현하자면, 독수리와 같은 새가 가장 적절할 것입니다. 또한 요한복음에는 세례자 요한이 "하느님을 대신하여 예수가 오리라."고 세상에 알리는 장면이 있는데, 예수 또한 하늘로부터 내려왔다가 다시 승천했다고 하니, 그 이야기를 전하는 요한의 이미지를 동물로 표현하자면 독수리가 적절할 듯싶습니다.

이러한 해석은 앞서 이야기했듯이 명확한 근거가 있는 학설은 아니고, 복음서 저자들의 상징물에는 어떤 의미가 있을까 하는 궁금증을 풀기 위해 끌어다 붙인 것에 불과할 수 있습니다.

그러나 그들의 상징물을 아는 것이 서양 미술을 이해하는 데 도움이 되

페테르 루벤스 '네 명의 복음서 저자들'

므로 사족 같은 이야기를 덧붙인 것입니다. 예컨대 루벤스의 그림 '네 명의 복음서 저자들'에는 각각의 인물을 짐작할 수 있는 힌트가 숨어 있는데, 맨 오른쪽의 사람이 바라보고 있는 독수리, 그 옆의 사람이 깔고 앉아 있는 사자, 또 그 옆의 사람에게 뭔가를 일러주는 날개 달린 사람, 맨 왼쪽의 사람이 깔고 앉아 있는 황소 등이 그것입니다. 앞에서 설명한 상징물을 참고하여 인물을 파악한다면, 누가 누구인지를 쉽게 알 수 있으리라 생각합니다.

중앙 제단

눈길을 끄는 화려한 내부 장식을 둘러보았으니 이제 제단祭壇 쪽을 살펴보겠습니다. 제단은 미사를 집전하는 사제가 자리하는 곳으로, 성당 내부에서 핵심이 되는 시설입니다.

스페인의 여러 큰 성당들의 제단 장식은 호화스러움의 극치를 달리고 있습니다. 하시만 사그라다 파밀리아의 제단은 독특하되 간결하고 수수한 편입니다.

수수한 사그라다 파밀리아의 중앙 제단

화려한 그라나다 대성당의 중앙 제단

1장 **사그라다 파밀리아**(성 가족 성당)

성 베드로 대성당의 천개 　　　　　사그라다 파밀리아의 천개와 파이프 오르간

　제단 위의 천개天蓋도 눈여겨 볼 필요가 있습니다. 천개란 신상神像을 보호하기 위해 설치하는 것으로, 큰 양산이나 작은 집처럼 생긴 시설입니다. 사그라다 파밀리아의 경우는 양산처럼 생겼으며, 십자가에 매달린 예수를 보호하는 역할을 합니다.

　참고로, 바티칸의 성 베드로 대성당에 있는 천개는 집 모양으로 생겼습니다. 이것은 교황의 옥좌玉座와 천개 아래 지하실에 있는 성 베드로의 묘를 보호하는 기능을 합니다.

　마지막으로 천개 뒤의 파이프 오르간도 살펴보십시오. 유럽의 성당들은 나름대로 명물이라고 할 수 있는 파이프 오르간을 갖고 있는데, 성당마다 규모와 생김새가 각각 달라 구별하며 보는 재미가 있습니다. 사그라다 파밀리아의 파이프 오르간은 크지 않은 규모에 현대적 느낌을 주는 것이 특징입니다.

네이브

양쪽으로 측랑이 붙어 있는, 뒤에서 제단 부분까지 이르는 중앙의 긴 공간을 '네이브Nave'라고 하는데, 이곳에 사람들이 모여 앉아 미사를 보는 신자석이 놓입니다. 사그라다 파밀리아는 아직 건축이 완료된 것이 아니어서인지 간이 의자를 놓았습니다.

그곳에 앉아 있으면 느껴지는 것이 있는데, 바로 성당 안이 울창한 숲속에 들어온 것 같으면서도 의외로 환하다는 것입니다.

다른 성당을 다녀본 경험이 있다면 성당 안은 조명을 밝혀도 매우 어둡다는 것을 알고 있을 것입니다. 그런데 사그라다 파밀리아는 자연 채광을 최대한 끌어들여 별도의 조명 없이도 내부가 환합니다. 자연 친화적인 건축을 추구했던 가우디의 철학이 반영된 까닭일 것입니다.

밝은 사그라다 파밀리아 / 어두운 세비야 대성당

스테인드글라스

스테인드글라스에 대한 이야기도 간략하게 할까 합니다. 가톨릭 성당은 내·외부 장식이 굉장히 웅장하면서 화려합니다. 건물 자체가 성서 역할을 하도록 그림과 조각으로 꾸미는 전통 때문이기도 하고, 신의 영광을 드러내기 위해 최대한 아름답고 호화스럽게 꾸미기 때문이기도 합니다.

유리창을 하나 내더라도 단순히 빛을 들이는 기능에 그치지 않고, 거기에 성서의 내용을 섬세하면서도 아름답게 담는 것이 기존 성당의 스테인드글라스입니다. 그에 비해 사그라다 파밀리아의 스테인드글라스는 아름다운 색채의 조화를 더욱 중요하게 생각한 듯합니다. 특별히 성서의 내용을 담고자 노력한 흔적이 보이지 않으니까요. 그래도 성당 내부를 화사하게 만들어주는 역할을 하는 건 다른 성당과 같습니다.

사그라다 파밀리아의 스테인드글라스   마드리드 알무데나 대성당의 스테인드글라스

자연을 담은 가우디의 건축 세계 소개 전시실

탄생의 파사드에서 예배당 안으로 들어가자면 복도 같은 공간을 지나게 되는데, 가우디의 건축 세계를 이해할 수 있는 자료들이 일목요연하게 전시되고 있는 곳입니다.

가우디는 평소 "나의 영원한 스승은 자연의 순수함이다.", "자연은 가장 완전한 구조이다. 나는 다만 그것을 재현해 내려고 애쓸 뿐이다."라고 말할 정도로 자연 예찬론자였습니다. 당연히 그의 건축에는 자연의 여러 요소들이 다양하게 반영되어 있는데, 그것을 이해하기 쉽도록 사진 자료를 통해 설명하고 있습니다.

가우디 건축 소개 전시실

예를 들어, 카사 밀라 옥상의 굴뚝이나 사그라다 파밀리아의 나선형 계단이 달팽이에게서 그 형태를 빌려왔고, 또한 사그라다 파밀리아의 독특한 지붕 장식은 꽃봉오리를 모방한 것이며, 사그라다 파밀리아 부속학교 건물의 지붕은 나뭇잎을 모방한 것이라는 점도 전시물을 보면서 이해할 수 있습니다.

또한, 앞서 살펴보았던 사그라다 파밀리아의 기둥에 대한 설명도 있고, 사그라다 파밀리아의 외부 벽면에 달팽이나 뱀을 조각하여 붙였다는 사실을 실물로는 확인하기 어려운데, 사진 설명을 통해 알 수 있네요.

파사드 장식과 예배당 내부 장식이 워낙 특별하다보니 이곳은 무심코 스쳐 가기 쉬운데, 이렇듯 가우디 건축 이해에 여러모로 도움이 되는 공간이니 놓치지 마세요.

카사 밀라 옥상 장식 설명도　　사그라다 파밀리아 지붕 장식 설명도

사그라다 파밀리아 부속학교 지붕 장식 설명도　　사그라다 파밀리아 기둥 장식 설명도　　사그라다 파밀리아의 기둥

2장

구엘 공원
Park Güell

구엘의 요청을 받은 가우디가 주택 단지로 설계했지만,
재정 문제로 공사가 중단되고 말았다.
그러나 이렇게 아름답고 쾌적한 공원으로 다시 태어났으니,
그의 불운이 우리에겐 행운이 된 셈이다.
시 외곽에 위치해 있어 접근성이 다소 떨어지지만,
빠뜨리면 후회할 테니 꼭 찾아가도록 하자.

구엘 공원은 바르셀로나 도심에서 약간 떨어진 곳에 있습니다. 대부분의 관광 명소가 카탈루냐 광장 주변에 모여 있어 도보 투어가 가능한 바르셀로나에서는 다소 접근성이 떨어진다고 할 수 있지요. 그렇다고 해서 바르셀로나까지 가서 구엘 공원을 빠뜨릴 사람은 없을 것입니다. 구엘 공원은 가우디란 천재가 우리에게 남긴 가장 아름답고 친절하며 따뜻한 공간이니까요.

구엘 공원이 들어선 자리는, 가우디의 후원자였던 에우제비오 구엘(Eusebio Güell)이 영국의 전원도시에서 영감을 받아 부유한 고객들에게 분양할 택지로 조성하려 한 땅이었습니다. 1900년에 구엘로부터 설계를 의뢰받은 가우디는 원래의 자연을 가급적 훼손시키지 않는 범위에서 쾌적한 생활환경을 두루 갖춘 주택 단지를 건설하려고 노력했지만 미완성에 그치고 맙니다. 시내와의 거리가 멀다는 약점과 재정적 어려움, 구엘의 죽음 등이 복합적으로 작용한 결과였습니다. 결국 구엘의 죽음과 함께 미완성 상태의 주택 단지는 그의 아들에게 상속되었고, 구엘의 아들은 1918년에 이 땅을 바르셀로나 시에 기증하지요. 그리고 1922년부터는 공원으로 용도 변경되어 누구나 자유롭게 이용할 수 있게 되었으니, 후대인들에게는 가우디의 작업 중단이 전화위복이 된 셈입니다.

구엘 공원은 뒤쪽으로 펼쳐진 산자락 때문에 아늑한 느낌을 주는 한편, 앞으로 펼쳐진 드넓은 풍경 때문에 눈과 마음이 다 후련해집니다. 바르셀로나 시내와 지중해가 함께 내려다보이기 때문입니다. 구엘 공원이 평지보다 높은 곳에 위치해 있기 때문에 그런 것인데, 언덕길을 올라갈 때는 비록 힘이 들어도 그곳에서 바라보는 경치가 시원스럽다 보니 찾아가느라 느낀 피로가 눈 녹듯 사라진답니다.

구엘 공원은 녹지 공간까지 포함하면 그 면적이 5만여 평에 이르는데, 관광객으로서 보아야 할, 가우디가 만들어 놓은 기념비적인 조형물들이 있는 곳은 입장료를 내고 들어가야 합니다. 그 면적이 넓은 만큼 출입구가 여러 곳이지만, 우리가 주로 감상할 곳은 정문 근처이므로 여기서는 정문으로 입장할 경우를 기준으로 설명하겠습니다.

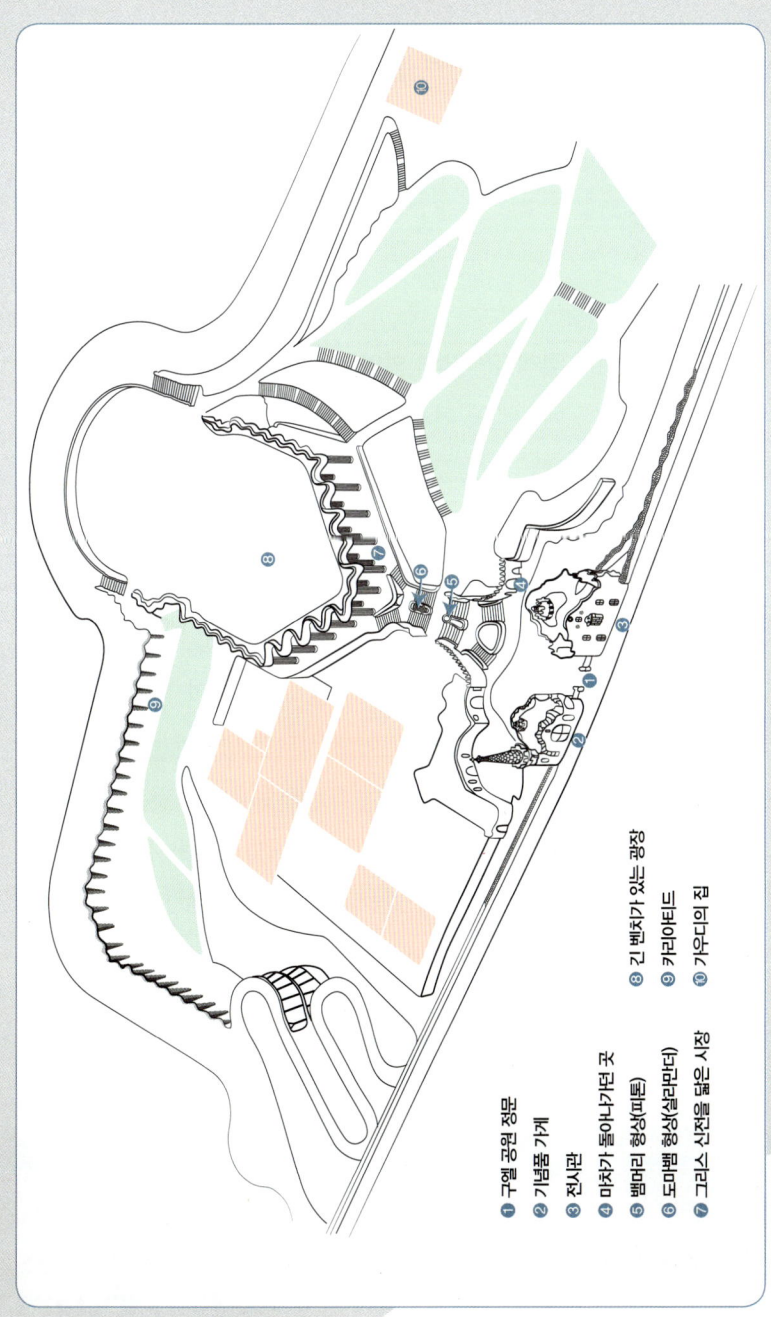

① 구엘 공원 정문
② 기념품 가게
③ 전시관
④ 마차가 돌아나가던 곳
⑤ 뱀머리 형상(파토)
⑥ 도마뱀 형상(살라만다)
⑦ 그리스 신전을 닮은 시장
⑧ 긴 벤치가 있는 광장
⑨ 카리아티드
⑩ 가우디의 집

2장 **구엘 공원**

구엘 공원 정문 ①

정문을 들어서기 전에 양쪽으로 이어진 공원 담장을 둘러보십시오. 담장조차도 알록달록 예쁘네요. 이 예쁜 담장 위쪽에는 구엘 공원임을 알려주는 표지가 있습니다.

재미있는 것은, 공원을 영어식 표기인 'park'로 썼다는 점입니다. 카탈루냐어에 대한 자부심이 큰 바르셀로나 사람들은 중요한 시설에는 스페인어도 안 쓰려고 하는데, 영어를 썼다는 점이 특이합니다. 왜 그랬을까요?

앞서 이야기했듯이 구엘 공원은 영국식 전원도시에서 영감을 받아 조성하기 시작한 곳입니다. 구엘 공원이 조성되던 당시에는 픽처레스크 Picturesque라고 하는, 영국식 정원 설계가 유행했습니다. 그것은 자연과 건축의 조화를 중시하고, 인공적으로라도 자연스러운 회화적 정경을 만들어 내려는 노력을 말하는데 이는 가우디의 건축 철학과 일맥상통하는 것이었습니다. 그래서 가우디는 구엘 공원을 조성하며 최대한 자연적으로 보이도록 노력했지요. 이러한 점을 고려하여 바르셀로나 사람들은 그들의 자랑인 구엘 공원에 카탈루냐어인 'parc'를 포기하고 'park'를 쓰는 것입니다.

담장 위 표지 'Park'　　　담장 위 표지 'Güell'

공원 정문의 철문에 새겨진 야자수 잎사귀

구엘 공원의 정문에는 그의 건축 세계를 이해하는 데 중요한 요소 두 가지가 담겨 있어 주목할 필요가 있습니다. 즉, '자연'과 '철물'이 그것이지요. 먼저, 가우디 건축에 있어서의 자연에 관해 생각해 보기로 합시다.

가우디는 어려서 허약한 체질이었다고 합니다. 그러다 보니 또래 친구들과 어울려 활발하게 뛰노는 대신, 혼자 사색하고 관찰하는 걸 좋아했지요. 그의 주된 관찰 대상은 자연이었고, 그러한 어린 시절의 체험은 이후 그의 건축 철학에 중요한 영향을 미칩니다.

"신이 일찍이 자연을 만들었고, 건축가는 그것을 계승한다."라고 말할 정도로 자연을 중요하게 생각했던 그는 건축에 다양한 형태로 자연을 끌어들였는데, 구엘 공원의 정문 또한 예외가 아닙니다.

가우디는 공원의 철문에 야자수 잎사귀를 그대로 빌려왔습니다. 이러한 사실은 앞서 소개한 사그라다 파밀리아의 전시실에도 분명히 나와 있죠.

구엘 공원 철문

사그라다 파밀리아의 가우디 건축 세계 설명 전시실에 있는 자료

카사 비센스의 철문

　야자수 잎사귀를 모방한 철문은 사실 구엘 공원보다 카사 비센스Casa Vicens에 먼저 설치되었습니다. 가우디의 초기 작품인 카사 비센스는 1878년~1888년에 지어졌고, 구엘 공원은 1900년~1914년에 공사가 진행되었으니 선후 관계를 알 수 있습니다.
　카사 비센스의 담장과 철문에는 철로 된 야자수 잎사귀가 가득한데, 거기에는 이런 이유가 있다고 합니다. 가우디가 카사 비센스의 건축 부지를 답사할 때, 그곳에 커다란 야자수가 자리 잡고 있었다는 것입니다. 그리고 그 안에는 벌레를 잡으려고 몰려든 새들이 가득했다니, 자연주의자인 가우디에게 그것이 얼마나 인상적인 장면이었을지 짐작할 수 있지요. 그래서 담장과 철문을 만들 때 야자수 잎사귀의 이미지를 충분히 활용했다는 것입니다.

구엘 궁전 입구의 철문과 벽장식

　가우디는 평소 "내게 쇠를 다루는 남다른 재주가 있다면, 그건 나의 아버지, 할아버지, 증조할아버지가 모두 대장장이였기 때문이다.", "쇠를 가지고 어떤 물건이든 만들어내던 나의 선조들은 공간 지각능력이 탁월한 편이었다."라고 했다고 합니다. 그의 집안은 대대로 쇠를 다루는 일을 해왔고, 어린 시절 가우디도 자연스럽게 대장간에서 놀면서 쇠를 다루는 기술을 보고 배웠을 것입니다.

　사실 구엘 공원의 정문에 나타난 그의 쇠 다루는 솜씨는 구엘 궁전Palau Güell에서 볼 수 있는 것에 비하면 대수롭지 않을 정도입니다. 구엘 궁전의 입구에서 볼 수 있는 철문과 벽장식은 마치 얇은 종잇장을 구부리고 오려서 작업한 것처럼 솜씨가 현란하여 감탄사가 절로 터져 나옵니다.

이야기가 나온 김에 구엘 궁전에 대해 잠깐 설명을 덧붙이자면, 이것은 에우제비오 구엘의 요청으로 1886년~1889년에 작업한 건물입니다.

구엘과 가우디의 관계는 일반적인 건축주와 건축가로 볼 수 없을 정도로 친밀했습니다. 두 사람 사이의 깊은 유대 관계는 구엘 공원Park Güell, 구엘 궁전Palau Güell, 구엘 별장Finca Güell, 콜로니아 구엘 성당의 납골당Cripta Colonia Güell, 가라프의 구엘 포도주 저장고Bodegas Güell 등을 낳게 했지요. 참으로 아름다우면서도 생산적인 만남이었습니다.

구엘 궁전은 은행업으로 막대한 재산을 모은 구엘이 가우디에게 "건축비를 아끼지 말라."고 특별히 당부하면서 공사를 맡긴 건물입니다. 그러니 왕족이나 귀족의 거처와 다를 바 없이 호화스럽고 웅장할 수밖에 없지요. 겉에서 보는 철제 장식의 천의무봉天衣無縫한 솜씨도 놀랍지만, 내부 장식의 화려함과 섬세함은 더욱 보는 이의 찬탄을 불러일으킨답니다.

구엘 궁전 내부 장식

동화 속 과자의 집을 현실에 짓다

천재와 어린이는 서로 통하는 면이 있는 것 같습니다. 어린이들의 순수함이 기발한 발상으로 연결된다든지, 천재들에게서 의외로 어린 아이의 순진무구함이 발견될 때면 그런 생각을 하게 됩니다.

가우디가 설계한 구엘 공원의 경비실 건물을 볼 때도 그런 생각이 듭니다. 영락없이 동화 속에서 튀어나온 것 같은 두 채의 건물은 어린 아이와 같은 천진난만함을 지닌 천재가 아니라면 생각할 수 없었을 것입니다.

정문 양쪽으로 보이는 건물들은 동화 속의 과자의 집을 모델로 한 것이라고 합니다. 과자로 만든 집이 등장하는 가장 유명한 동화라면 '헨델과 그레텔'이 있지요. 가우디가 실제로 그 작품을 읽고 이 건물들을 지은 것이라면, 다소 의아한 점이 있기는 합니다. 동화 속에서 과자의 집은 마녀가 사는 곳인데, 그런 음흉한 공간을 가우디가 현실에 짓고자 했을까 하는 의문이 생기는 것입니다. 아마도 가우디는 '과자로 만든 집'이라는 달콤한 상상력만 빌려왔을 가능성이 높습니다. 그곳은 아이들을 잡아먹는 마녀가 있는 곳이 아니라, 들어간 사람은 누구나 맛있는 과자를 맘껏 먹으며 행복해지는 공간이겠지요.

가우디의 의중을 정확히 파악할 수는 없지만, 구엘 공원 정문을 양쪽에서 지키고 있는 두 채의 예쁘장한 건물은 보는 이를 즐겁게 합니다. 처음 설계할 때는 관리실 겸 주택 단지를 지키는 경비원들을 위한 숙소였다고

구엘 공원 정문의 두 건물

하는데, 지금은 전시관과 기념품 가게로 이용되고 있습니다. 정문을 들어서기 전 밖에서 봤을 때 오른쪽의 건물이 전시관이며, 왼쪽 건물이 기념품 가게입니다.

타일을 이용한 아기자기한 장식, 직선을 배제한 부드러운 곡선 등 가우디 건축의 특성이 여기에서도 예외 없이 나타나고 있음을 알 수 있습니다.

여기서 잠깐, 기념품 가게의 지붕 꼭대기를 올려다보십시오. 가우디의 건축물에서 종종 발견되는 '가우디 십자가 Cruz Gaudi'를 볼 수 있습니다. 가우디가 즐겨 사용한 십자가 형태라서 그렇게 부르는데, 사방 어디에서 보든지 십자가로 보이는 구조물을 말합니다. 카사 바트요의 지붕에서도 똑같은 것을 볼 수 있는데, 독실한 가톨릭 신자였던 가우디는 자신의 깊은 신심을 그렇게 표현하기도 했던 것입니다.

전시관의 다락방 창문에 보이는 십자가는 가우디 십자가를 평면적으로 표현한 것으로 보이고, 지붕 위의 앙증맞은 굴뚝도 낯설지 않습니다. 물론 가우디의 굴뚝 장

가우디 십자가

식은 카사 밀라의 우주인 형상이 가장 유명하지만, 도토리를 엎어놓은 모양(혹은 버섯 모양)의 굴뚝도 더러 눈에 띕니다. 구엘 별장의 경비실 지붕에서도 비슷한 것을 볼 수 있지요.

중앙 계단과 구엘 공원의 상징 기념물 ②

정문을 지키는 두 채의 건물을 이 정도로 살펴본 다음, 공원 안쪽으로 발걸음을 옮겨봅시다. 공원으로 들어서면 양쪽으로 펼쳐진 계단과 중앙의 알록달록한 조각상에 가장 먼저 시선이 갑니다. 구엘 공원의 마스코트라고 할 수 있는 도마뱀 조각상이 있어 항상 사람들로 북적거리는 곳이죠.

그 대열에 참여하기 전에 잠시 계단 오른쪽으로 고개를 돌려보세요. 마치 동굴처럼 보이는 구조물이 보이는데, 이곳은 방문객들을 내려놓은 다

조각상이 있는 중앙 계단의 붐비는 사람들

음, 마차(이쯤 되면 공원을 언제 짓기 시작했는지 다시 떠올려야겠죠? 무려 100년 전입니다)가 돌아나갈 수 있도록 만든 곳이라고 합니다. 요즘 식으로 말하면 U턴 할 수 있는 공간인 셈이지요. 그런 것까지 고려하여 아름답게 만든 가우디의 치밀함에 다시 한 번 감탄하게 됩니다.

그곳의 내부 공간은 좁은 편입니다. 마차가 돌아나갈 수 있을 정도의 공간이니, 본래의 기능에 충실한 곳이라고 할 수 있지요. 그리고 벽면은 공사 중에 나온 돌들을 쌓아 만들었는데, 매우 튼튼해 보이면서도 자연의 느낌이 물씬합니다. 구엘 공원 전체에서 느껴지는 분위기와 일치하는 것입니다.

외부의 벽은 타일을 조각내어 장식한 것으로, 비교적 규칙적이면서 정돈된 패턴을 갖고 있습니다. 또한 중앙 계단 왼쪽의 벽과 통일성을 갖고 있어 안정감을 주는 것도 특징이라고 할 수 있습니다.

마차가 돌아나가는 공간

그리스 신화 속의 피톤

구엘 공원의 마스코트인 도마뱀을 향해 계단을 오르다 보면 도마뱀 바로 아래쪽에 뱀의 머리가 보입니다. 끊임없이 입에서 물을 흘려보내고 있는 이 시설은 일종의 배수구라고 할 수 있습니다. 상류에서 흘러내린 빗물이 저수조에 모였다가 이곳을 통해 배출되는 것이지요.

그런데 이 뱀의 머리 뒤쪽으로 방패 모양의 문양이 보입니다. 노란색과 빨간색 선이 세로로 그어진 것을 확인할 수 있지요? 바로 카탈루냐 기에

구엘 공원 중앙 계단의 구조물들
(아래: 뱀의 머리, 위: 도마뱀)

뱀 머리 형상을 확대한 모습

서 가져온 이미지입니다.

  카탈루냐 사람들은 스페인으로부터의 독립을 열망하며 스페인 국기보다 이 카탈루냐 기를 더 소중하게 여깁니다. 바르셀로나에서는 스페인 국기보다 카탈루냐 기를 더

카탈루냐 기

흔하게 볼 수 있는 것이 그 증거이지요. 그럼, 노란색과 빨간색이 교대로 그려진 이 기에는 무슨 의미가 담겨 있는 것일까요?

  예전에 카탈루냐가 아라곤 연합 왕국의 일원이었을 때 아라곤 연합 왕국은 이웃 나라인 카스티야 왕국과 자주 충돌이 있었습니다. 거칠고 횡량한 땅이 대부분인 카스티야 왕국의 입장에서는 온화한 기후와 기름진 땅을 가진 아라곤 왕국이 탐날 수밖에 없었기 때문입니다.

  두 나라 사이에 잦은 전쟁이 벌어지던 그 무렵에 아라곤 왕국의 국왕이 카스티야 군의 화살을 맞고 쓰러졌습니다. 왕은 그때 노란색 갑옷을 입고 있었는데, 피를 흘리고 죽어가며 가슴을 움켜쥐었다고 합니다. 죽은 왕의 노란색 갑옷 위에 선명하게 새겨진 붉은 핏자국을 잊지 않기 위해 아라곤 사람들은 자신들의 국기로 삼았는데, 아라곤 왕국이 역사에서 사라진 뒤에 카탈루냐가 그대로 계승한 것이 바로 카탈루냐 기인 것입니다.

  그런 가슴 쓰라린 유래를 알면서 자신들의 기를 소중하게 생각한다는 것은 그들의 독립 의지가 그만큼 단단하다는 방증이 될 것입니다. 또한 사소하다면 사소할 수 있는 공원 배수구를 만들면서 굳이 카탈루냐 기를 표현하고자 한 가우디는 뼛속까지 카탈루냐 사람이었다는 것을 알 수 있습니다. 바르셀로나 사람들의 가우디 사랑에는 아마 그런 이유도 포함되어 있을 것 같습니다.

그럼, 이제는 배수구 역할을 하는 뱀에 대해 알아봅시다. 가우디는 배수구를 멋지게 만드는 데 그치지 않고 거기에 흥미진진한 이야기까지 담았답니다.

이것은 그리스 신화에 나오는 피톤Python이란 커다란 뱀을 형상화한 것입니다. 피톤은 아폴론Apollon과의 악연으로 죽음을 맞게 되는데, 그 사건의 전말은 다음과 같습니다.

피톤은 대지의 여신 가이아Gaia의 자식으로 큰 산을 뒤덮을 정도로 거대했으며, 어머니인 가이아로부터 델포이Delphi, 그리스의 고대도시로 현재 이름은 '델피'의 신탁소를 물려받아 사람들에게 신탁을 전해주며 공물供物을 받았습니다. 그런데 델포이 신탁소의 샘물을 먹으러 오는 사람들을 해치는 일이 많아 원성이 자자했어요. 그렇지만 피톤이 워낙 덩치가 크고 성정이 사나운지라 누구도 없앨 엄두를 내지 못하고 있었습니다. 결국 피톤을 해치운 건 궁술의 신인 아폴론이었지요.

피톤을 없앰으로써 아폴론은 사람들에게 큰 공덕을 베푼 셈이 되었지만, 사실 그가 피톤을 없애게 된 동기는 따로 있었습니다. 바로 그의 어머니인 레토Leto 여신의 출산을 피톤이 방해한 것에 대한 보복이었던 것입니다.

피톤이 아폴론과 아르테미스Arthemis의 어머니인 레토의 출산을 방해한 이유에 대해서는 두 가지 설이 있습니다. 하나는, 제우스Zeus의 아들로부터 죽임을 당하고 신탁소를 빼앗기리라는 신탁을 피톤이 들었기 때문에 아폴론이 태어나는 걸 막으려고 했다는 설입니다. 다른 하나는, 시앗(남편의 첩)이라면 치를 떨 정도로 투기가 심했던 헤라Hera 여신이 제우스의 아이를 가진 레토를 괴롭히기 위해 피톤을 보냈다는 설입니다. 어느 쪽이 맞는지는 모르겠지만, 레토 여신은 아폴론 남매를 낳을 때 무척 고생합니다.

만삭의 몸으로 거대한 뱀인 피톤에게 쫓겨 다니랴, 헤라의 협박을 받은 땅들이 출산할 땅을 내어주지 않아 떠돌아다니랴, 이중의 고통을 겪었지요.

나중에 그 사실을 알게 된 아폴론은 어머니의 원수를 갚기 위해 피톤을 죽입니다. 가이아의 아들인 피톤도 만만치 않았겠지만, 제우스의 아들로서 태양신이자 궁술의 신이었던 아폴론을 피톤이 당해낼 수 없었던 것입니다. 결국 피톤이 아폴론의 손에 죽임을 당함으로써 '제우스의 아들에게 죽게 된다.'는 신탁이 실현되며, 피톤을 죽인 아폴론이 델포이 신탁소를 차지함으로써 두 번째 신탁도 실현됩니다.

바티칸 박물관 '벨베데레의 아폴론'

참고로, 바티칸 박물관에 있는 '벨베데레의 아폴론'은 아폴론이 피톤을 죽이기 위해 활을 쏘는 모습을 표현한 것이라고 합니다.

그리스 신화 속의 피톤을 가우디가 구엘 공원에 되살려낸 까닭은, 그가 그리스 문화, 특히 신화에 큰 관심을 가졌기 때문으로 보이며, 피톤의 입에서 물이 흘러내리도록 설계한 것은 피톤이 델포이 신탁소의 샘 주변에 살았다는 신화 속 내용을 고려한 것으로 짐작됩니다.

가우디의
사랑스러운
도마뱀

구엘 공원의 마스코트는 단연 이 도마뱀입니다. 더 나아가 바르셀로나의 마스코트라고 해도 크게 틀리지 않을 것입니다. 이것을 카멜레온이라고 하는 이도 있는데, 그거야 중요한 문제가 아닙니다. 하여간 구엘 공원에서는 이곳이 사람들마다 사진을 찍으려고 줄을 서는, 가장 포토제닉한 공간입니다.

어떤 이는 이것이 아폴론에게 죽임을 당한 피톤이라고 하는데, 이렇게 귀엽고 사랑스러운 도마뱀을 거대하고 포악했다는 피톤과 연결시키는 것은 무리가 있습니다. 피톤은 이 도마뱀의 아래쪽에 있는 괴물이 맞습니다.

혹은 공주를 제물로 요구하다가 산 조르디성 조지(이에 대해서는 몬세라트 편 '수비라치의 산 조르디' 참조)에게 죽임을 당한 악룡惡龍이라고 보는 이도 있는데, 이 또한 이 도마뱀의 천진난만해 보이는 이미지와는 거리가 있습니다.

다만 이것을 살라만더Salamander라고 하는 주장에는 일리가 있다고 봅니다. Salamander는 도롱뇽이란 뜻도 있지만, 그보다는 '불 속에 산다고 알려진 도마뱀 모양의 정령'이라는 뜻이 있기 때문입니다. 플리니우스Gaius Plinius Secundus의 『Naturalis Historia(博物誌)』에는 살라만더가 반점으로 뒤덮인 도마뱀 모습을 하고 있다고 했으니, 생긴 모습만 놓고 보면 구엘 공원의 귀염둥이 도마뱀과 매우 흡사합니다.

살라만더에 대해서는 불 속에 산다고 믿어지는 상상의 동물로 연금술사

구엘 공원의 마스코트, 도마뱀

들은 이것을 불의 정령으로 믿었다는 설명이 지배적입니다. 살라만더의 껍질로 만든 옷은 아무리 더러워져도 불 속에 던져 놓으면 깨끗해진다고 믿었으며, 불에 강한 그 속성에서 연상하여 석면을 살라만더의 껍질로 만들었다고 생각했다는 설명도 있군요. 그런데 불과 연관되는 이러한 살라만더의 속성은 배수구 역할을 하는 도마뱀과는 거리가 있어 다소 혼란스럽습니다.

그래서 자료를 더 찾아보았는데, 의문을 해결해줄 수 있는 실마리가 위에서 언급한 플리니우스의 『박물지』에 있었습니다. 거기에는 살라만더가 비 오는 날에만 나타나는 동물로, 아주 차가워서 불이 닿기만 해도 꺼져버린다고 되어 있습니다. 일반적인 설명과는 정반대의 뜻이지요. 만약 가우디가 『박물지』의 해석을 믿고 자신이 조성하는 주택단지 앞에 살라만더를 만들어 세운 것이라면, 그 의중을 짐작할 수 있을 듯합니다. 그러니까 이것은 화재를 억누르는 역할을 하는, 우리나라로 치면 해태(혹은 해치)와 같은 존재인 것입니다. 입에서 끊임없이 흘러내리는 물은 바로 방화수防火水의 역할을 하는 것이지요. 광화문 앞에 해태 상을 세워 관악산의 화기火氣로부터 경복궁을 보호하려고 했듯이, 가우디는 살라만더를 세워 주택단지를 화재로부터 보호하려고 했던 것 같습니다.

3 시장으로 계획된 다주식 공간

이제 북적거리는 계단을 올라 그리스 신전 기둥 모양을 하고 있는 건축물을 만나러 가겠습니다. 북적거리는 사람들 틈을 비집고 올라오느라 힘들었다면 잠시 기둥 아래쪽 의자에 앉아 숨을 돌리는 게 어떨까요? 가우디는 이런 일을 예견했는지, 잠깐 쉴 사람들을 위해 이렇게 멋진 의자를 만들어 놓았답니다. 이런 곳이라면 일부러 시간을 내서라도 앉아보고 싶지 않은가요?

북적거리는 계단에서 잠시 쉴 수 있는 공간

그리스 신전을 닮은 시장

가우디는 고대 그리스 신전 건축의 장식과 색채로부터 영향을 받았다고 고백한 적이 있습니다. 그것을 가장 잘 알 수 있는 공간이 구엘 공원에 있습니다. 멀리서 봐도 그리스 신전이 연상되는 이곳이 바로 그곳입니다.

그리스 신전 분위기를 물씬 풍기는 이곳은 사실 시장 자리로 조성된 것이라고 합니다. 워낙 구엘 공원이 들어선 자리가 시내 중심으로부터 외떨어진 곳이고, 하나의 독립된 주택 단지를 조성하려고 했던 것이니 따로 시장이 필요했을 것입니다.

그런데 시장이라면 흔히 탁 트인 넓은 공간에서 많은 사람들이 물건을 사고파는 모습을 연상하는데, 이렇게 아늑하고 은밀해 보이는 공간을 시장으로 설계했다니 뜻밖입니다.

이 의문에 대한 답은 고대 그리스의 도시국가들에 있었던 '아고라Agora'에서 찾아봐야 할 것 같습니다. 아고라란, '시장에 나오다', '물건을 사다'란 의미를 갖는 아고라조Agorazo에서 온 말로, 처음엔 시장을 가리켰지만 나중에는 '사람들이 모이는 곳'이나 '사람들의 모임' 자체를 의미하게 되었습니다. 아고라의 시장 기능은 그것의 다양한 용도를 생각할 때 극히 일부에 불과하며, 오히려 정치, 경제, 문화, 예술 등 시민들의 생활 전반에 걸쳐 중요한 일들이 이루어지는 도시의 핵심 공간이었던 것입니다.

그런데 아고라는 광장의 형태도 있기는 했지만, 대체로 기둥과 벽으로

그리스 신전을 닮은 시장터

이루어진 주랑柱廊, Colonnade을 세우고 그곳에 상점이 들어서는 경우가 많았다고 합니다. 그렇다면 구엘 공원의 시장터는 아고라의 형태를 그대로 재현한 것이라고 할 수 있습니다. 그러니까 가우디는 그리스 문화에 대한 이해를 바탕으로 주택단지 안에 아고라를 건설하려고 했던 것입니다. 만약 처음의 계획대로 주택단지가 완공되었다면, 그리스 신전을 닮은 이곳이 주민들의 커뮤니티 공간으로 활발하게 이용되었을 것이 분명합니다.

이곳은 많은 기둥들이 늘어선 모양의 콜로네이드Colonnade 양식으로 건축되었는데, 콜로네이드란 기둥들이 늘어선 회랑回廊을 말합니다. 바티칸의 성 베드로 광장을 둘러싸고 있는 회랑을 보면 쉽게 이해할 수 있을 것입니다.

가우디는 여기에 자신의 장기인 트렌카디스 기법으로 천장과 기둥 밑부분을 꼼꼼하게 장식하여 특색을 살렸습니다. 트렌카디스Trencadis는 돌

바티칸의 성 베드로 광장 회랑   구엘 공원 시장 공간 내부

트렌카디스 기법으로 장식한 천장   트렌카디스 기법으로 장식한 벤치

이나 벽돌, 회반죽 등을 이용해 벽을 만들고, 그 위에 깨진 타일 조각으로 문양을 만드는 기법을 말합니다. '자연'이 가우디의 건축을 지탱하는 대들보라면, '철물'과 '타일'은 튼튼한 두 기둥입니다. 따라서 타일을 이용하는 이 기법은 가우디를 설명하는 데 빼놓을 수 없는 대표적인 표현 방식이지요.

　가우디는 트렌카디스 기법을 활용하여 물결치듯 부드러운 곡선이 돋보이는 천장에 해와 달, 별 등을 연상시키는 무늬를 새겨 넣어 신비스러운 느낌을 주었고, 또한 뒤에서 만나게 될 지상의 벤치도 트렌카디스 기법을 이용해 장식하였습니다.

　가우디가 그의 건축에 타일을 폭넓게 사용한 것은 카사 비센스Casa Vicens를 건축할 때부터였습니다. 카사 비센스를 의뢰한 건축주가 타일공장 사장이라 타일을 맘껏 사용할 수 있었기 때문에 가능한 일이었습니다.

카사 비센스의 타일로 꾸민 벽면

    카사 비센스에서 보이는 타일 사용의 특징은 자연 문양이 그려진 타일을 온전한 형태로 이용하는 것으로, 특히 금잔화 문양의 타일이 주로 사용되었음을 알 수 있습니다. 이는 가우디가 카사 비센스의 건축 부지를 답사할 때 그곳에 노란 아프리카 금잔화가 양탄자처럼 깔려있었기 때문이라고 전해집니다. 그러나 후기로 갈수록 가우디는 타일을 깨뜨린 다음 하나하나 조각을 맞추어 문양을 완성하는 방식을 선호했는데, 구엘 공원에 그러한 작업 방식이 드러나 있습니다.

    가우디는 디자인이 결정되면 미장공들과 함께 타일을 조각내어 붙이는 작업을 끈기 있게 했는데, 마음에 안 들면 뜯어내고 처음부터 새로 시작해야 해서 인부들의 불만이 컸다고 합니다. 구엘 공원의 경우 이런 방식으로 작업한 공간이 매우 넓기 때문에 특히 고생스러웠을 것 같습니다. 그러나 그런 장인 정신이 있었기에 우리는 세상 어디에도 없는 특별한 공원을 가질 수 있게 된 것입니다.

세상에서 가장 긴 벤치가 있는 광장

그리스 신전을 닮은 곳이 시장으로 설계된 일종의 아고라란 설명을 앞에서 했습니다. 그럼, 그 위에는 무엇이 있을까요? 이곳에는 구엘 공원에서 가장 유명한 공간이 있습니다. 바로 세상에서 제일 긴 벤치가 있는 광장이지요. 이곳이 원래 시장 자리였고, 아래에 있는 신전 닮은 공간은 비 올 때를 대비한 곳이라는 설명도 있습니다. 가우디의 의도와는 상관없이, 시장의 본래 기능을 생각한다면 이 설명도 설득력이 있어 보입니다.

시장 지붕 위 광장

세상에서 가장 긴 벤치

 만약 이곳에 벤치가 없다면 그저 넓은 운동장에 불과할 것입니다. 거리 예술가들이 공연을 펼치고, 바르셀로나 시민들이 운동하러 오는 평범한 공원이었을 테지요. 그런데 가우디는 이곳에 아름다울 뿐만 아니라 실용적이며, 독특하면서도 편안한 벤치를 만들어 놓은 것입니다. 수많은 타일 조각을 맞추어 그린 문양은 하나하나가 예술 작품이며, 먼 곳까지 오느라 수고한 이들에게는 편안한 쉼터가 되는 곳이 바로 여기입니다.
 "직선은 인간의 선이며, 곡선은 신의 선이다."라고 할 정도로 곡선을 사랑했던 가우디는 벤치를 만들면서 물결처럼 유연한 곡선을 살려 설계했습니다. 그래서 더욱 인상적이며 특별한 가치를 얻게 된 공간이지요.

낙숫물받이 가고일

세상에서 가장 길 것이라는 구엘 공원 벤치의 뒷부분을 한번 봅시다. 맹수의 모습을 한 조각이 일정한 간격으로 놓여 있습니다.

그런데 왜 이 멋진 조각품을 사람들이 볼 수 있는 앞쪽에다 설치하지 않고, 벤치 뒤에다 설치한 것일까요? 왜냐하면 이것은 감상용으로 만든 예술품이 아니라, 실용적 목적으로 만든 낙숫물받이이기 때문입니다. 비가 와서 고인 물이 빠져나갈 수 있도록 만든 장치라는 뜻입니다.

옛날부터 교회 건물 등에서는 낙숫물받이로 추악한 형상의 괴물을 만들어서 설치하는 경우가 많았는데, 그것을 가고일Gargoyle이라고 했습니다. 파리의 노트르담 대성당에서 전형적인 가고일을 볼 수 있지요.

그런데 가고일은 무엇일까요? 그리고 왜 하필이면 교회 건물에 그런 추악한 형상의 괴물을 설치한 것일까요?

가고일은 생긴 모습에서 짐작할 수 있는 것처럼, 저승 세계에 속하는 존재입니다. 빗물을 모으는 괴물이라는 설도 있습니다. 그런 흉측한 괴물을 신성한 교회 건물에 두는 까닭은, 그것이 악령을 쫓아낼 거라고 믿었기 때문입니다. 동양에서 궁궐 지붕에 잡상雜像, 추녀마루에 놓는 사람 같기도 하고 동물 같기도 한 작은 장식물을 세우는 것과 똑같은 목적에서 말이죠. 또 다른 이유로는 교회에 오는 사람들에게 '죄를 지으면 저렇게 생긴 괴물이 잡아먹는다.'는 위협을 하기 위해서일 수도 있습니다. 절 입구에 무시무시한 인상의 사천왕상四天王像을 세우는 것과 비슷한 이유에서죠.

구엘 공원의 낙숫물받이는 가고일로 보기에는 생김새가 너무 준수합니다. 어쩌면 가우디는 가고일에서 영감을 얻어 자신만의 멋진 예술 작품을 만들었는지도 모르겠습니다. 낙숫물받이라는 원래의 기능을 충실히 해내면서 보는 즐거움까지 주는 작품을 말입니다.

4 가우디의 카리아티드

그리스 신전을 닮은 건물의 왼편으로는 얼핏 마감한 솜씨가 거칠어 보이는 돌멩이를 쌓아 올려 만든 기둥들이 있습니다. 어느 곳에서도 보기 힘든 구엘 공원의 명물 중 하나지요.

이 기둥들은 구엘 공원을 조성하는 과정에서 나온 돌멩이들을 쌓은 것이라는데, 금방이라도 와르르 무너질 것 같은 부분도 보이지만 놀랍게도

돌로 쌓은 기둥

조성한 지 100년이 지나는 동안, 완벽하게 원형을 보존하고 있다고 합니다. 매끈하게 마감할 수 있는 솜씨가 없어서 대충 만든 것이 아니라, 치밀한 계산을 통해 일부러 자연스럽게 보이도록 만든 것이기 때문이지요. 당시 건축계의 트렌드였던 픽처레스크의 영향을 받은 것 같습니다. 어쨌든 자연을 자신의 가장 위대한 스승이라고 말했던 가우디의 의중이 읽히는 공간입니다.

그러나 이곳에서 딱 한 군데, 인공적인 느낌이 물씬한 기둥이 하나 있습니다. 사진의 맨 오른쪽 기둥이 그것입니다. 명백히 이것은 여인의 형상을 하고 있고, 가우디의 특별한 의도를 드러내는 부분입니다. 가우디는 이것을 통해 무엇을 표현하고자 한 것일까요?

그리스 신전에서는 지붕을 받치는 기둥을 여인의 모습으로 조각하는

여인의 형상을 한 기둥

경우가 있었습니다. 예를 들어 아테네 아크로폴리스에 있는 에렉테이온Erechtheion 신전에서는 여섯 명의 여인이 건물을 떠받치고 있습니다.

이렇게 여인의 형상을 한 돌기둥을 카리아티드Caryatid라고 하는데, 이 명칭에는 유래가 있습니다.

기원전 5세기 말에 그리스와 페르시아가 전쟁을 할 때의 일입니다. 그 당시 페르시아는 대제국을 건설하고 약소국인 그리스를 위협하는 상황이었지요. 그러니 누가 보아도 전세는 페르시아 쪽이 단연 유리했습니다. 오죽하면 마라톤 평원에서 치러진 1차전에서 그리스가 승리했을 때, 믿을 수 없는 그 승전보를 아테네 시민들에게 한시바삐 알리기 위해 연락병이 죽을 정도로 쉬지 않고 달렸겠습니까? 당연한 승리였다면 그렇게까지는 안 했겠지요. 마라톤 경기의 유래가 된 그 사건은 역설적으로 그리스의 처지가 위태로웠다는 것을 말해 줍니다.

그리스 아테네 에렉테이온 신전

객관적인 군사력은 페르시아가 우세했지만, 죽기를 각오하고 전투에 임하는 그리스 병사들의 힘은 놀라운 것이었습니다. 두 차례에 걸친 전쟁을 그리스가 모두 승리하니까요.

그런데 그리스의 도시국가 중 하나인 카리아이Caryae의 시민들은 한 치 앞을 내다보지 못했어요. 당연히 페르시아가 승리할 것이라고 믿어 적국인 페르시아에 협조한 것입니다. 전쟁이 끝난 후, 그리스군은 카리아이를 정복한 뒤 남자들은 모두 살해하고, 여자와 아이들은 노예로 끌고 갔다고 합니다. 배신자를 절대 용서하지 않겠다는 단호한 뜻을 보여준 것이지요.

기원전 4세기 초, 아테네에 최초의 나라를 세운 에렉테우스 왕을 기리는 신전을 아크로폴리스에 지을 때 카리아이의 여인들이 지붕을 받치고 서 있는 형상으로 지었습니다. 그리고 그 돌기둥을 카리아티드라고 했지요. 배신자였던 카리아이 사람들이 영원히 고통을 당하도록 하겠다는 뜻이었을 것입니다. 그 이후로 지붕을 받치는 여인 형상의 돌기둥을 카리아티드라고 부르게 된 것입니다.

아무튼 인공의 느낌을 가급적 배제하려고 노력한 가우디가 돌기둥 터널의 딱 한 군데에다 카리아티드를 만들어 놓음으로써, 그의 그리스 문화에 대한 동경을 넌지시 보여주고 있는 것입니다.

Special

Casa Museo Gaudi

가우디의 집 / 가우디는 생전에 구엘 공원에 큰 애착을 가졌다고 합니다. 자연 친화적인 자신의 건축 철학을 마음껏 발휘한 공간이어서였을 겁니다. 그래서 아버지와 죽은 누이가 남긴 조카딸과 함께 구엘 공원 안에 지은 집에서 생활했다고 하지요. 1906년~1925년에 이곳에서 살았으니 말년의 거의 대부분을 보낸 셈입니다.

구엘 공원 안 가우디가 거주 했던 가우디의 집

그러나 이곳에서 아버지를 여읜 다음에는 사그라다 파밀리아로 거처를 옮기고 죽을 때까지 오로지 성당 건축 일에만 파묻혀 지냈다고 합니다. 그는 위대했지만, 외로운 사람이었습니다.

구엘 공원 안에는 가우디가 생전에 살았던 집이 있습니다. 지금은 가우디 박물관(Casa Museo Gaudi)으로 사용되는 곳인데, 주로 그가 디자인한 가구와 생전에 사용하던 물건들을 전시하고 있습니다.

가우디의 집 내부

3장
구엘 별장
Finca Güell, Güell Pavillion

황금 사과나무를 지키고 있는 용을 만나러 가는 곳.
가우디의 용은 사나운가 하고 보면 익살스럽고, 귀여운가 하고 보면 용맹스럽다.
경비실과 마구간의 벽과 지붕도 눈여겨보자. 벽면의 문양은 독특하면서 아름답고,
지붕의 굴뚝은 트렌카디스 양식으로 꼼꼼하게 장식되었다.

구엘 별장의 정문 ①

 구엘 별장은 구엘 가문의 여름 별장으로, 후안 구엘 페레Juan Güell Ferre가 후안 마르토렐 몬테예스Juan Martorell Montells에게 건축을 맡겨 지은 건물입니다. 후안 구엘 페레는 가우디의 절친한 친구이자 후원자였던 에우제비오 구엘Eusebio Güell의 아버지이지요.
 아버지로부터 별장을 물려받은 에우제비오 구엘은 기존의 별장을 확장하기로 마음먹고, 1884년에 가우디에게 정문과 경비실, 마구간 등의 공사를 맡깁니다. 이 부분이 가우디가 공사를 맡아 완성한 곳입니다.

구엘 별장 정문

구엘 별장은 비교적 초창기 작품인 데다가 별장 전체를 가우디가 책임진 것이 아니기에 다른 가우디 건축물들에 비해 유명세는 덜하지만, 그래도 그의 손길이 닿은 부분만이라도 보려는 관람객들이 심심치 않게 찾아드는 곳입니다. 다만 시내 중심으로부터 외곽에 치우쳐 있어 접근성이 떨어지고, 내부를 공개하지 않으므로 힘들여 찾아간 사람들은 허탈감을 느낄 수 있다는 점을 미리 밝혀둡니다.

구엘 별장의 정문에는 헤라클레스Heracules와 관련되는, 가우디가 나름대로 해석한 그리스 신화가 있습니다. 그 이야기를 알아보기 위해서는 두 가지를 눈여겨보아야 합니다.

먼저, 난폭한 용이 새겨진 '용의 문'입니다. 여기서 하려는 이야기는 이와 관련된 그리스 신화이지만, 이 훌륭한 작품을 대충 훑어볼 수는 없으니 잠시만 세심하게 들여다보도록 하죠.

앞서 구엘 공원에서 가우디의 철을 다루는 현란한 솜씨에 대해 언급하

용의 문

였지만, 이곳의 철문 또한 그의 현란한 솜씨를 칭송하지 않을 수 없게 만듭니다.

사납게 부릅뜬 눈과 크게 벌린 입, 그리고 그 속에 드러난 적나라한 이빨이 가장 먼저 시선을 끌고, 용수철을 휘감은 몸체, 돋을무늬로 세공한 비늘이 덮고 있는 다리와 커다란 날개까지 자세히 관찰하다 보면 어떻게 철로 이런 장식물을 만들 수 있는지 감탄사가 절로 나오는 섬세한 공예품이라고 할 수 있지요.

황금 사과나무

다음은 문의 오른쪽에 우뚝 솟은 벽돌 기둥 꼭대기의 황금 사과나무를 봅시다. 사과나무에 대해서는 이설異說이 있는데, 가우디가 사과나무 대신 지중해 지역에서 흔히 볼 수 있는 오렌지나무로 바꾸어 표현했다는 주장이 그것입니다. 어쨌든 원래 그리스 신화 속에서는 사과나무가 맞습니다.

이것들이 상징하는 바를 이해하기 위해서는 먼저 그리스 신화 속에서 헤라클레스가 완수해야만 했던 열두 가지 과업을 알아야 합니다.

잘 알려진 대로, 헤라클레스는 제우스가 암피트리온Amphitryon의 아내인 알크메네Alcmene에게서 낳은 아들입니다. 올림포스 최고의 바람둥이였던 제우스는 여신과 요정, 인간의 여자들 사이에서 수많은 자식을 낳았는데, 그 가운데서 가장 위대한 인물이 헤라클레스였습니다. 심지어 헤라가 낳은 자식들보다도 더 위대했습니다. 이 말은 제우스의 강짜 심한 아내인 헤라에게 참을 수 없는 분노를 불러일으켰다는 뜻이지요.

헤라는 헤라클레스가 어렸을 적에 죽이려고까지 했습니다. 커다란 독사 두 마리를 요람 안으로 보

대영박물관 소장, '헤라가 보낸 뱀을 목 졸라 죽이는 어린 헤라클레스'

낸 것입니다. 보통의 아이였다면 당연히 죽었겠지만, 제우스의 특별한 총애를 받고 태어난 헤라클레스가 그렇게 쉽게 죽을 리는 없지요. 헤라가 보낸 독사 두 마리를 어린 헤라클레스는 목을 졸라 죽여 버렸습니다. 그것은 헤라의 분노에 기름을 확 끼얹는 일이었지요.

이 이야기는 대영박물관에 있는 독사를 죽이는 어린 헤라클레스를 표현한 작품을 통해서도 확인할 수 있습니다.

실상 헤라클레스는 자신의 탄생에 죄가 없었지만, 헤라는 끝까지 헤라클레스를 괴롭혔습니다. 그가 신도 해결하기 어려운 열두 가지의 과업을 떠맡게 된 것도 헤라의 농간 때문이었지요.

헤스페리데스Hesperides에 있는 황금 사과나무에서 사과를 따오라는 것이 헤라클레스가 받은 열한 번째의 과업이었습니다. 세상의 끝인 그곳에 황금 사과나무를 심은 이는 제우스로 알려졌는데, 헤라와 결혼할 때 가이아에게서 선물로 받은 것이었다고 합니다. 그러니 무척 소중한 나무였지요. 제우스는 거기에서 열리는 사과를 아무도 따가지 못하도록 사나운 용 '라돈Ladon'에게 지키게 했습니다. 라돈은 머리가 100개인 용龍으로 사나운 것은 말할 것도 없거니와 결코 잠드는 법이 없었다고 합니다. 그러니 어느 누구도 사과를 훔쳐갈 수 없었지요.

그렇게 하고도 마음을 못 놓았는지 제우스는 아틀라스Atlas의 세 딸들에게도 황금 사과를 지키도록 했는데, 하필 그것을 따오라는 것이 헤라클레스가 받은 열한 번째 과제였던 것입니다.

헤스페리데스가 어디에 있는지조차 모르는 헤라클레스는 오랜 세월 방황한 끝에 간신히 위치를 알아냈지만, 라돈을 처치할 방법이 없었습니다.

진퇴양난의 곤혹스러운 처지에 놓인 그를 구해준 이는 프로메테우스Prometheus였습니다. '먼저 아는 자'라는 뜻의 이름을 가진 그는 인간을 위해 불을 훔쳐다 준 죄로 제우스로부터 코카서스 산의 바위에 묶인 채 날마다 독수리에게 간을 쪼여 먹히는 벌을 받고 있었습니다.

영원히 끝나지 않을 것 같았던 프로메테우스의 벌을 끝내준 것이 바로 헤라클레스였습니다. 천하장사인 그가 독수리를 죽임으로써 프로메테우스는 고통에서 해방된 것입니다. 그 일로 인해 헤라클레스에게 고마움을 느낀 프로메테우스가 곤경에 빠진 헤라클레스를 찾아와 귀띔해준 것은, 헤스페리데스의 세 요정이 아틀라스의 딸들이니 그를 찾아가 부탁해 보라는 것이었습니다. 프로메테우스와 아틀라스는 형제간이니 내막을 잘 알고 있었던 것이지요.

헤라클레스는 그 말을 듣고 아틀라스를 찾아갔어요. 그때 아틀라스는 제우스로부터 또 다른 벌을 받고 있었는데, 그 연유는 이러합니다. 올림포스의 신들과 티탄Titan 신들이 전쟁을 벌일 때 티탄 신이었던 아틀라스는 올림포스 신들과 맞서 싸웠고, 전쟁이 올림포스 신들의 승리로 끝난 뒤 괘씸죄에 걸린 아틀라스는 하늘을 떠받치고 있어야 하는 벌을 받고 있었던 것입니다.

헤라클레스는 아틀라스를 찾아가 자신이 대신 하늘을 떠받치고 있을 테니, 헤스페리데스의 황금 사과를 구해다 줄 수 없느냐고 물어봅니다. 아틀라스는 하늘을 떠받치고 있는 일이 너무나 고역스러웠던 나머지, 그 벌을 면할 생각에 얼른 승낙합니다.

아틀라스는 자신의 딸들에게 부탁하여 황금 사과를 쉽게 구하지만, 그것을 헤라클레스에게 넘겨줄 생각은 없었습니다. 다시 하늘을 떠받치는 벌을 받고 싶지는 않았던 것이지요. 그

런던 자연사박물관 소장, '천공(天空)'을 메고 있는 아틀리스'(복제품)

것을 눈치챈 헤라클레스는 기지를 발휘하여 이렇게 말합니다.

"나한테 이까짓 하늘을 떠받치는 일쯤은 식은 죽 먹기다. 다만, 처음 해보는 일이라서인지 자세가 영 불편한데, 당신은 오랫동안 해왔으니 편한 자세를 알 것 아니냐? 그것만 알려준다면 내가 이 일을 맡겠다."

순진한 아틀라스는 헤라클레스의 말을 곧이듣고는 편안한 자세를 보여주겠다며 하늘을 넘겨받지요. 그러자 헤라클레스가 냉큼 황금 사과를 빼앗은 다음 줄행랑을 놓았기 때문에, 지금도 하늘은 아틀라스가 떠받치고 있다고 합니다.

구엘 별장 정문의 황금 사과나무와 그것을 지키는 용은 바로 헤라클레스의 열한 번째 과업과 관련이 있는 것들입니다. 입을 한껏 벌리고 있는 용은 왜 그러고 있는 것인지, 그 용이 지키려고 하는 것은 무엇인지, 헤라클레스는 어떻게 황금 사과를 구할 수 있었는지 등을 알고 보면 더 재미있을 것 같아 소개했습니다.

구엘 별장의 ❷
경비실과 마구간

구엘 별장은 물론 그리스 신화의 한 장면을 재현한 철문 때문에 유명하고, 사람들은 대부분 그것을 보러 갑니다. 그런데 애써 찾아간 그곳에서 철문만 보고 돌아서기엔 아깝습니다. 지붕이나 난간의 장식, 솜씨가 발휘된 독특한 벽돌쌓기 등도 충분한 볼거리가 되기 때문입니다. 특히 가우디 건축의 한 특징인 트렌카디스Trencadis, 깨진 타일 조각을 이용한 모자이크 장식가 처음으로 시도된 지붕 위 장식은 더욱 눈여겨볼 필요가 있습니다.

그리고 한 가지 더, 보는 이에게 즐거움을 주는 건물 벽의 아름다운 문양은 그곳까지 찾아가느라 수고한 것을 보상해 주는 듯합니다.

내부를 공개하지 않는 상황에서 관광객이 볼 수 있는 것이라

정문을 바라보았을 때 왼쪽에 있는 경비실

트렌카디스가 처음으로 시도된 지붕 위 장식

정문을 바라보았을 때 오른쪽에 있는 마구간   건물 벽면을 확대한 모습

는 별장의 경비실과 마구간에 해당하는 조촐한 건물뿐이니, 작은 것도 놓치지 말고 꼼꼼히 보는 게 좋을 듯합니다.

그런데 이 건물 벽의 문양을 보다 보면 세고비아Segovia가 문득 떠오릅니다. 세고비아는 집집마다 독창적인 문양으로 건물 외벽을 장식해, 여행자에게 색다른 재미를 느끼게 해주기 때문입니다. 같은 모양은 하나도 없다는 생각이 들 정도로 제각각 개성 있는 문양으로 장식된 집들을 보며 '이런 것도 훌륭한 관광 자원이 될 수 있겠구나.' 하는 생각을 했는데, 구엘 별장에서 또다시 그런 생각을 하게 됩니다.

세고비아 편에서 다시 설명할 기회가 있을 것입니다만, 이러한 외벽 장식은 이슬람 건축의 영향으로 보입니다. 이슬람교에서는 우상 숭배를 금지하는 교리에 따라 동물의 형상을 그리거나 새기지 못하게 합니다. 그래서 식물의 문양이나 기하학적인 문양으로 건물을 장식하는 전통이 있는데, 세고비아의 외벽 장식도 그와 일맥상통하는 것입니다.

이런 추측이 가능한 이유는, 이베리아 반도는 유럽에서 가장 늦게까지 무슬림Muslim, 이슬람교도의 지배를 받았고, 따라서 이슬람교의 영향을 많이

세고비아 주택의 외벽 장식

받았기 때문입니다. 특히 무데하르Mudéjar 양식이라고 하여 기독교 건축물에 이슬람 양식이 가미된 독특한 건축 양식이 스페인에서 발달한 것을 고려하면, 세고비아 건물 외벽에서 발견되는 기하학적 문양의 장식은 아무래도 이슬람교의 영향으로 보는 것이 타당할 것입니다.

위 사진은 세고비아 건물 벽의 다양한 문양들입니다. 물론 이것은 극히 일부에 불과하며, 훨씬 다양하고 아름다운 문양들이 도시 전체에 넘쳐난답니다.

카사 바트요
Casa Batlló

> 4장

평범한 건물도 가우디가 손을 대면 예술 작품이 된다.
가우디가 리모델링한 후, 그라시아 거리의 대표 선수가 된 카사 바트요.
동화 속에서 튀어나온 듯한 외관은 아기자기하면서 사랑스러운데,
지붕은 산 조르디가 무찌른 악룡을 형상화한 것이라고들 한다.
카사 아마트예르와 카사 예오 모레라와 함께 비교하면서 보자.

카사 아마트예르 ①
Casa Amatller

카탈루냐 광장Plaça de Catalunya을 출발하여 그라시아 거리Passeig de Gràcia를 10분쯤 걷다 보면 왼쪽에 유명한 건물이 보입니다. 사람들이 모여서서 카메라를 들이대고 있는 이 건물이 바로 가우디의 또 다른 걸작으로 평가받는 카사 바트요입니다.

카사 바트요에 대해 알아보기 전에 잠깐 그 옆에 서 있는 멋진 건물로 시선을 옮겨 보죠. 이것은 '카사 아마트예르Casa Amatller'라는 집으로 카사 바트요의 유명세에 밀려 다소 섭섭한 대접을 받는 신세가 되었지만, 카탈루냐 모더니즘 건축의 거장인 호셉 푸이그 이 카다팔츠Josep Puig i Cadafalch의 작품으로 중요한 가치를 갖는 건물입니다. 이와 관련된 카탈루냐 모더니즘 건축에 대해서는 뒤에서 다시 설명하도록 하겠습니다.

초콜릿 공장을 운영하던 부유한 기업가인 아마트예르는 자신의 위상을 과시할 생각에서 당대의 유명한 건축가인

카사 바트요 옆의 카사 아마트예르

카사 아마트예르의 지붕 모양   브뤼헤 길드 하우스의 지붕 모양

호셉 푸이그 이 카다팔츠에게 건축을 의뢰합니다. 20세기 전후의 바르셀로나에서는 그런 풍조가 유행했으며, 그라시아 거리에는 그런 이유로 들어선 멋진 건물들이 즐비합니다.

1898년에 카사 아마트예르가 완성되자 옆집 주인인 바트요가 자기 집이 너무 초라해 보여 가우디에게 리모델링을 부탁했다는 이야기가 전해질 만큼 당시로서는 획기적인 집이었습니다. 특히 섬세하고 화려한 장식이 눈길을 사로잡는데, 카탈루냐 고딕 양식에 아르누보Art Nouveau 양식이 결합된 것이란 평을 듣습니다.

먼저, 계단 모양의 박공지붕은 플랑드르 지방북프랑스, 벨기에, 네덜란드에 걸친 지역의 건축 양식에서 영향을 받은 것으로 보입니다. 하지만 창틀의 모양이라든가 외벽의 정교하고 규칙적인 기하학적 문양에서는 이슬람 건축의 특징이 느껴집니다.

이 집의 건물 입구 기둥에는 에우제비 아르나우Eusebi Arnau의 조각 작품

외벽의 기하학적 문양   창틀

이 몇 점 새겨져 있는데, 그중에 악룡惡龍을 무찌르는 산 조르디Sant Jordi, 성 조지가 있기에 소개합니다. 에우제비 아르나우는 카탈루냐 광장에 '항해'란 작품이 있고, 카탈루냐 음악당에도 뮤즈들을 새긴 조각 작품이 있는 유명한 작가입니다.

바르셀로나를 여행하다 보면 악룡을 퇴치한 산 조르디를 종종 볼 수 있는데, 그것은 카탈루냐 사람들이 4월 23일을 '산 조르디의 날'로 정해 기념할 정도로 그를 사랑하기 때문입니다. 바르셀로나의 건축가들이 그의 설화를 즐겨 다룬 까닭 또한 거기에 있을 테지요. 산 조르디에 관해서는 몬세라트 편의 '수비라치의 산 조르디'를 참고하시기 바랍니다.

카사 아마트예르의 내부를 보면, 둥근 아치형의 기둥과 벽면의 타일

에우제비 아르나우의 '악룡을 무찌르는 산 조르디'

장식 등에서 이슬람 건축 양식이 연상됩니다. 이러한 요소는 지금도 안달루시아 지방에서 쉽게 발견할 수 있으며, 그 밖의 다른 지역에서도 심심치 않게 찾아볼 수 있는데, 이는 711년~1492년까지 780년 동안 스페인을 지배한 무어인의 흔적이라고 할 수 있습니다.

앞에서 카사 아마트예르에는 19세기 말을 풍미한 아르누보 양식이 반영되었다고 했는데, 다시 이슬람 양식이 연상된다고 설명하면 그 둘이 서로 충돌하는 것 아닌가 생각할 수도 있습니다. 그러나 이슬람 건축의 한 특징인 아라베스크(아라비아풍이라는 의미로, 이슬람 사원 등에서 볼 수 있는 장식 무늬) 문양이 아르누보 양식에 적극적으로 활용되었다는 점을 주목한다면, 그 둘은 중복되는 부분이 분명히 있습니다. 따라서 카탈루냐의 건축가들이 자신의 작품에 당대의 유행이던 아르누보 양식을 적용하면서, 자신들의 문화 깊숙이 젖어 있는 이슬람 건축 양식의 특징을 반영한 것은 당연한 일이라고 할 수 있습니다.

카사 아마트예르 내부

카사 바트요의 ❷
아름다운 벽면 장식

 카사 바트요는 직물 공장을 운영하며 막대한 재산을 모은 호셉 바트요이 카사노바 Josep Batllo i Casanovas가 가우디에게 "카사 아마트예르를 능가하는 집으로 만들어 달라."고 요청하여 새롭게 태어난 집Casa는 '집'이라는 뜻, 따라서 Casa Batllo는 '바트요의 집'이라는 뜻이 된다으로, 동화 속에서 튀어나온 것 같은 아기자기한 외양이 돋보이는 건물입니다.
 '새롭게 태어났다'는 표현을 쓴 까닭은, 이 건물이 원래는 주변에서 흔히 볼 수 있는 평범한 외양이었는데 가우디가 전면적으로 리모델링하며 전혀 다른 모습으로 바뀌었기 때문입니다.

 카사 바트요를 외부에서 볼 때 제일 중요한 특징 두 가지는 타일을 활용한 벽면 장식과, 인체의 일부를 떠올리게 만드는 발코니 장식입니다.
 건물 정면의 벽에는 푸른색, 연한 자주색, 초록색 등의 타일이 점점이 흩뿌려져 문양을 만들어내고 있습니다. 그런데 그것들이 구체적인 사물의 형상을 나타내지는 않습니다. 화려하지도 웅장하지도 않지만, 건물 벽을 도화지 삼아 차분하면서 깔끔한 추상화 한 점이 그려졌습니다. 어떤 이는 모네의 '수련'을 떠올린다고 말하기도 하지요.
 타일 사용 방식도 눈여겨볼 만합니다. 카사 바트요의 타일 사용 방식은, 카사 비센스의 '그림이 그려진 타일을 온전한 상태로 사용하는 것'과, 구엘 공원에서 보이는 '조각낸 타일 조각을 맞춰 문양을 만드는 것트렌카디스'의 중간 단계에 해당합니다. 이는 카사 비센스가 1878년~1888년의 작품이고, 카사 바트요는 1904년~1906년의 작품이며, 구엘 공원은 1900년~1914년의 작품인 것과 관련지어 생각해 볼 수 있습니다. 즉, 가우디는 타일을 완성품 그대로 사용하

카사 바트요 타일 장식

그림이 그려진 타일을 온전한 상태로 사용

조각낸 타일 조각을 맞춰 만드는 방식

는 얌전한 방식에서 조각낸 다음 조립하는 과감한 방식으로 전환한 것입니다. 그런 측면에서 볼 때 1887년 작품인 구엘 별장의 굴뚝 장식은 가우디의 트렌카디스 방식이 처음으로 나타나는 예라고 할 수 있습니다.

인체를 모방한 건물 장식도 외부에서 찾아볼 수 있는 가우디만의 기발한 방식입니다.

창문 발코니의 문양에서 해골을 연상한 사람들은 한때 카사 바트요를 '해골집'이라는 섬뜩한 별명으로 불렀습니다. 그러나 다른 관점에서 본다면 가면무도회에서 쓰는 가면을 닮기도 했습니다. 그리고 발코니를 지탱하는 기둥을 보면 명백히 동물의 무릎뼈를 닮았기 때문에 '뼈로 만든 집'이라고도 했지요.

가우디는 인체도 자연의 일부라고 생각했기 때문에 인체를 닮은 건축 요소들은 자연을 중시하는 그의 건축 철학과 잘 부합하는 것이었습니다.

동물의 무릎 뼈를 닮은 발코니 기둥

3 카사 바트요 내부

건물 외부를 다 살펴보았으면, 이제 건물 안으로 들어가 볼까요?

건물 안에서 제일 먼저 눈여겨보았으면 하는 것은 2층으로 올라가는 계단의 난간과, 그 끝에서 발견할 수 있는 주홍빛 둥근 물체입니다.

가우디 건축에서 반복적으로 나타나듯이 이곳 계단의 선은 부드러운 곡선으로 되어 있습니다. 여기에서 특이한 것은 계단 난간의 생김새가 동물의 등뼈를 닮았다는 점입니다. 마치 척추 마디마디를 새겨놓은 것 같은 모양입니다.

계단 난간   계단 끝의 주홍빛 물체

계단 끝의 주홍빛 물체도 불을 밝히거나 아름답게 보이도록 장식한 것 이상의 의미심장한 뜻을 담고 있는 것 같습니다.

사람들은 이것을 이렇게 해석합니다. 카사 바트요의 지붕은 산 조르디가 해치운 악룡을 표현한 것인데, 집 안 계단의 난간은 악룡의 등뼈이며, 계단 끝의 주홍빛 물체는 악룡의 심장이라고 말이죠. 그렇게 생각하고 보면 악룡의 심장은 산 조르디의 칼에 찔린 것처럼 보입니다.

카사 바트요를 산 조르디와 연결시키려고 애쓰는 사람들은 지붕 옆의 굴뚝이 바로 그가 용을 찌른 칼을 형상화한 것이라고 설명하기도 합니다. 이 설명 역시 일리가 있다고 생각하고 보면 굴뚝이 칼을 닮은 것 같기도 하니 재미있습니다. 또한 지붕 옆의 십자가는 가톨릭의 성인으로 추앙받는 산 조르디를 상징하는 것이라고도 하지요.

산 조르디 설화로 해석되기도 하는 카사 바트요 지붕

어쨌든 카탈루냐 사람들의 각별한 산 조르디 사랑을 생각한다면, 그리고 가우디가 뼛속까지 카탈루냐 사람이었다는 점을 생각한다면 근거 없는 해석은 아닌 듯합니다.

2층으로 올라가면 흔히 살롱 Salon이라고 부르는 공간이 나오는데, 이곳은 특히 아름답습니다. 기교를 부리지 않아 천진난만하게 보이는 아치를 이용하여 발코니와 실내를 형식적으로 구분하고 있는데, 이는 자연 채광을 충분히 활용하기 위해 가우디가 전략적으로 선택한 방식이었습니다. 알록달록한 스테인드글라스가 눈길을 끄는 이곳은 밖에서 볼 때 제일 먼저 눈길이 가고, 안에서는 그라시아 거리를 조망할 수 있어 여행자들이 제일 오래 머무르는 곳이지요.

살롱의 조명등도 무심히 지나칠 수 없습니다. 태양을 형상화한 것으로 보이는 이것은 사그라다 파밀리아의 천장, 혹은 구엘 공원 시장 건물의 천장에서 보이는 해와

카사 바트요 살롱 안

밖에서 본 살롱

살롱의 조명등

살롱의 벽난로

가우디의 천재성을 확인할 수 있는 카사 바트요의 굴뚝

달, 별 등과 일맥상통하는 것입니다. 그리고 조명등 주위로 부드럽게 소용돌이치는 선들은 나뭇잎이 맴돌며 떨어지는 모습과 달팽이의 나선형 모양에서 영감을 받은 것이라고 하니, 이 또한 자연에서 온 곡선인 것이지요.

살롱으로 들어가는 문 옆에는 벽난로가 있습니다. 벽난로는 온돌을 모르는 유럽의 가옥 구조에서 필수적인 난방시설이므로, 벽난로 자체가 신기하지는 않습니다. 그리고 평범한 것을 거부하는 가우디의 특성과 직선을 배제하고 곡선만으로 원하는 형태를 만들어낸 가우디의 솜씨를 생각할 때, 카사 바트요에서 이런 벽난로를 발견했다고 해서 깜짝 놀랄 것까지는 없을 것입니다.

벽난로보다는 벽난로와 연결되는 굴뚝을 가우디가 어떻게 만들었는지 확인할 때 비로소 그의 천재성에 놀라게 되고, 그 굴뚝이 얼마나 아름다우면서도 실용적인지를 알게 될 때 다시금 감탄하게 되는 것입니다.

참고삼아 런던의 굴뚝을 보여드리겠습니다. 둘을 비교해 보면 카사 바트요의 굴뚝이 얼마나 대단한 작품인지 실감할 수 있을 것입니다. 단언컨

대, 가우디의 굴뚝은 굴뚝이 아닙니다. 설치 예술입니다. 가우디 건축에서 옥상이 때로 주거 공간보다 더 큰 주목을 받는 이유는 바로 굴뚝 때문인 것입니다.

카사 바트요의 건물 중앙 통로 쪽은 동화 속 궁전처럼 아름답고 환상적입니다. 특히 푸른색 타일을 사용하여 꾸민 이곳은 깊고 푸른 바닷속을 떠올리게 합니다. 현실에 구현한 용궁이라고나 할까요. 그래서 카사 밀라를 산(채석장)을 주제로 한 집이라고 하는 반면, 카사 바트요는 바다를 주제로 한 집이라고 합니다.

더 재미있는 것은, 의도적으로 굴곡이 많은 유리를 이용하여 난간을 만들었는데, 이는 마치 깊은 물 속에서 세상을 보는 듯한 착각을 일으키려 한 것이었습니다.

옥상으로 올라가기 전에 볼

런던 아파트먼트의 굴뚝

푸른 바닷속을 연상시키는 타일

물속에서 보는 듯한 착각을 일으키는 난간

포물선 모양의 아치

수 있는 공간은 포물선 모양의 아치가 아름다운데, 이런 구조는 카사 밀라에서도 발견됩니다. 다만, 카사 밀라의 아치가 붉은 벽돌을 사용하여 단단하고 중후한 느낌을 주는 반면, 카사 바트요는 눈부시게 하얀 색을 사용하여 경쾌하면서도 동화적인 느낌을 준다는 점이 다릅니다. 아마도 채광을 고려하여 이런 선택을 한 것이 아닐까 합니다.

카사 바트요의 내부에서 발견할 수 있는 특징 중에서 가장 중요한 것은, 직선을 찾아볼 수 없을 정도로 온통 곡선의 세상이라는 점입니다. 가우디는 원래 직선은 인간이 만들어낸 불완전한 선이고, 곡선은 신이 만들어낸 완전한 선이라고 생각했습니다. 그리고 곡선은 자연에서 왔으며, 독창성이란 자연으로 돌아가는 것이라고 생각했지요. 자연예찬론자였던 가우디의 건축에는 그런 그의 철학이 반영되어 곡선이 많이 나타나는데, 카사 바트요는 곡선이 특히 풍부하게 사용된 예라고 할 수 있습니다.

그런데 가우디는 카사 바트요를 완성한 후, 바르셀로나의 건축가들과 더욱 멀어지게 되었다고 합니다. 동화에나 어울릴 법한 건물을 현실에 지어놓은 가우디가 당시의 건축가들에게는 영 납득이 안 되었던 모양입니다. 그랬는데 지금은 세상 사람들이 가우디는 기억해도, 그의 건축을 비판하던 당시의 건축가들은 알지 못하니 역시 '인생사 새옹지마 人生事 塞翁之馬'란 말이 맞는 것 같습니다.

4 카사 예오 모레라
Casa Lleó Morera

카사 바트요에서 카사 아마트예르 방향으로 조금 걷다 보면 옥상에 멋진 구조물이 있는 건물이 모퉁이 쪽에 위치해 있습니다.

이 건물은 우리에게 가우디만큼 친숙하지는 않지만, 그래도 당대의 유명한 건축가였던 유이스 도메네크 이 몬타네르Lluís Domènech i Montaner의 작품인 카사 예오 모레라Casa Lleó Morera입니다.

성공한 기업가였던 알베르트 예오 모레라Albert Lleó Morera는 카탈루냐 모더니즘의 거장으로 인정받고 있던 몬타네르에게 그의 저택을 기술적으로나 미적으로 완전히 변신시켜달라고 요청합니다. 몬타네르는 훗날 유네스코가 세계문화유산으로 지정하는 카탈라나 음악당Palau de la Música Catalana과 산 파우 병원Hospital de Sant Pau을 건축한 사람으로, 당시에는 가우디보다 더 실력을 인정받았다고 할 수

카사 예오 모레라 벽면의 꽃무늬 장식

카사 예오 모레라

있습니다. 실제로 1905년에 바르셀로나 정부로부터 '올해의 건축물'로 선정된 것은 가우디의 작품이 아닌 카사 예오 모레라였지요.

이 건물은 아기자기하고 화려한 꽃무늬 장식이 보는 즐거움을 느끼게 하므로 주위의 다른 건물들과 비교하면서 감상하면 좋을 것입니다.

그런데 앞에서 말한 카탈루냐 모더니즘이란 말은 무슨 뜻일까요? 이에 대해 간략하게나마 설명할 필요가 있을 것 같습니다.

건축에 있어서의 모더니즘은 1900년대 전후에 대두되는데, 불필요한 장식이나 복잡한 구조를 배제하고, 본래의 용도에 충실한 실용성을 중시하는 형태로 나타났습니다. 스페인에서의 모더니즘 건축은 경제적으로 윤택했던 카탈루냐 지방에서 활발히 전개되었는데, 이 지역은 고딕 양식, 이슬람 양식, 르네상스 양식, 로마네스크 양식, 비잔틴 양식, 바로크 양식 등으로부터 복합적인 영향을 받았습니다. 이것을 카탈루냐 모더니즘 건축이라고 합니다.

카탈루냐 모더니즘을 대표하는 건축가로는 안토니 가우디, 루이스 도메네크 이 몬타네르, 호셉 푸이그 이 카다팔츠 등이 있는데, 바로 앞에서 살펴본 대로 그라시아 거리에 걸작을 남긴 그 사람들입니다.

그들의 명성만큼이나 뚜렷한 개성을 가진 카사 예오 모레라, 카사 아마트예르, 카사 바트요가 어깨를 나란히 하고 서 있는 그라시아 거리를 '만사나 데 디스코디아Manzana de Discordia'라고 하는데, 이는 '부조화의 블록'이라는 뜻입니다. 같은 모더니스트들의 작품이건만, 워낙 개성이 강해 공통점을 찾아볼 수 없어 그런 이름을 얻은 것이지요. 그 정도로 카탈루냐 모더니즘은 한 마디로 규정할 수 없는 다양한 특징을 지니고 있었습니다. 그 중에서도 가장 개성이 강한 사람이 가우디였고, 바로 그 점이 그를 불후의 건축가로 만든 것 아닐까요.

5장

카사 밀라
Casa Mila, La Pedrera

물결치는 회색 벽 때문에 채석장이란 의미의 '라 페드레라'란 이름을 얻은 건물. 부드러운 곡선으로 이루어진 외관과 실용적이면서 기품 있는 실내도 훌륭한 볼거리이지만, 이 건물의 참된 가치는 옥상에 있다. 우주인 형상의 독창적인 굴뚝을 보면서, 우리는 가우디가 건축을 예술의 경지로 승화시켰다는 사실을 알게 된다.

카사 밀라 외관 ①

그라시아 거리에 새롭게 모습을 드러낸 카사 바트요를 본 페드로 밀라 이 캄프스Pedro Mila i Camps는 큰 감동을 받았습니다. 그래서 친구인 호셉 바트요 이 카사노바에게 가우디를 소개해 달라고 부탁했지요. 가우디를 만난 페드로 밀라는 다른 곳에서는 볼 수 없는 특이하고 새로운 형태의 건물 신축을 요구했습니다. 그렇게 하여 세상에 태어난 건물이 바로 카사 밀라Casa Mila, 혹은 채석장이라는 의미의 라 페드레라La Pedrera입니다. 카사 바트요와 함께 그라시아 거리에 있으면서 도보로 10분쯤 걸릴 정도로 가깝기 때문에 동시에 볼 수 있습니다.

이 건물의 외형상 가장 큰 특징은, 파도가 치는 것처럼 일렁이는 곡선입니다. 마치 부드러운 회반죽을 가지고 작업한 것처럼 유연한 곡선인데, 채석장이란 별칭에서 알 수 있다시피 이것은 돌을 깎아서 만들어낸 선입니다. 자연은 가장 완벽한 구조이며, 건축가의 몫은 그것으로부터 필요한 곡선을 찾아내는 것이라고 주장했던 가우디가 자신의 소신을 마음껏 발휘한 작품이 바로 카사 밀라인 것입니다.

그러고 보면 가우디의 건축 세계는, 후기로 갈수록 곡선의 사용이 두드러집니다. 초기 작품인 카사 비센스1888년 완성가 비교적 평범하고 직선적인 모습인 데 비해 가장 후기의 작품인 사그라다 파밀리아1926년 사망 시까지 작업는 건물 외부와 내부 어디에서도 직선을 찾아보기 어려울 정도로 파격적

리듬감이 느껴지는 난간 장식

인 모습입니다.

먼저 외관부터 살펴봅시다. 건물 벽면과 발코니 장식 모두 곡선이 난무하는데, 특히 두꺼운 철판을 오린 다음 이리저리 구부려 만든 난간 장식에서는 리듬감이 느껴지기까지 합니다. 흡사 바위를 타고 올라가는 덩굴식물, 혹은 바닷속에서 물결에 흔들리는 해초를 표현한 것처럼 여겨집니다. 대장장이 가문의 자손다운 그의 쇠 다루는 솜씨가 여기에서도 유감없이 발휘되고 있습니다.

카사 밀라 내부 2

가우디의 쇠 다루는 솜씨를 볼 수 있는 것은 발코니 난간뿐만이 아닙니다. 건물 안으로 들어서자마자 눈길을 사로잡는 것도 쇠로 만든 것들입니다. 한결같이 유연한 곡선이 살아 있는 것을 알 수 있습니다.

건물 입구의 문을 비롯하여, 계단 아랫부분의 장식, 계단의 난간 등이 모두 그의 능수능란하면서도 미적 감각이 충만한 쇠 다루는 솜씨를 보여 줍니다. 다만 구엘 궁전의 정문에서 보는 것보다는 가볍고 경쾌한 느낌을

곡선을 이루는 쇠로 꾸며진 계단의 난간

건물 입구의 쇠로 꾸민 문

계단 아랫부분

곡선을 이루는 벽
곡선을 이루는 문
화사한 벽과 천장

준다는 것이 필자의 생각입니다.

　카사 밀라의 외부에서 발견한 곡선 또한 건물 내부에 넘쳐흐릅니다. 계단, 벽, 천장, 문 등 모든 곳에서 그가 추구했던 아름다운 곡선이 분명하게 드러나지요. 물 흐르듯 자연스러운 선들이 만들어내는 독특하면서도 편안한 공간, 카사 밀라를 이렇게 한 문장으로 요약할 수 있지 않을까 합니다.

　그런가 하면, 카사 밀라의 벽과 천장은 더없이 화사하고 아름다운 그림으로 장식되어 있어 유서 깊은 궁전에 들어선 것 같은 분위기입니다. 이것은 바르셀로나가 경제적으로 번영을 구가하던 20세기 초반 상류층의 취향을 반영한 것으로 보입니다.

　그런데 화사한 벽과 천장을 보니 문득 한 가지 궁금증이 생깁니다. 벽과 천장 사진에서 기둥의 생김새를 한번 살펴보십시오. 사그라다 파밀리아의 수난의 파사드에 있는 기둥과 매우 흡사하지 않나요? 수비라치가 제작한,

카사 밀라 내부의 기둥　　　　　　사그라다 파밀리아 수난의 파사드 기둥

기둥에 묶인 채 채찍질 당하는 예수를 묘사한 부분 말입니다.

　물론 이 둘은 우연의 일치일 수도 있습니다. 그러나 수비라치가 카사 밀라 옥상의 조형물 이미지를 가져다 수난의 파사드에 사용한 것을 보면, 의도적으로 기둥의 형태를 모방했다고 생각할 수도 있습니다. 물론 이때의 모방은 표절의 의미가 아니라, 위대한 선배 건축가에 대한 경외의 마음을 담은 오마주라고 봐야겠지요.

3 카사 밀라 옥상

뭐니뭐니해도 카사 밀라의 명성은 옥상의 굴뚝 장식에서 비롯되었다고 말할 수 있습니다. 세상에서 가장 독창적인 굴뚝, 가장 해학적이며 장난기 넘치는 굴뚝, 그러면서 가장 예술적인 조형미를 갖춘 굴뚝이라고 해도 과언이 아닐 겁니다. 카사 밀라에 대해서 잘 모르는 사람도 이런 굴뚝 사진은 한두 번 본 적이 있을 테니까요.

카사 밀라의 옥상

구엘 궁전 옥상   사그라다 파밀리아 탑 장식

카사 바트요 옥상   구엘 공원 정문 건물의 지붕

　비단 카사 밀라뿐만 아니라 가우디의 다른 건축물도 모두 아름답고 개성 넘치는 옥상을 갖고 있습니다. 평범한 옥상을 찾기가 오히려 어려울 정도이지요.
　구엘 궁전 옥상이며 카사 바트요 옥상, 구엘 공원 정문에 있는 건물의 지붕이며 사그라다 파밀리아의 탑 장식까지 모두 놀라울 정도로 독특하며 아름답습니다.
　카사 밀라의 옥상에서 볼 수 있는 우주인을 닮은 굴뚝을 수비라치는 로마 병사로 표현하여 수난의 파사드 곳곳에 새겨놓았습니다. 고뇌하는 빌라도와 손을 씻는 빌라도의 뒤에 서 있는 로마 병사가 그러하고, 예수를 체포하기 위해 유다와 함께 온 로마 병사가 그러합니다. 예수의 옆구리를 창으로 찔렀다는 롱기누스, 예수의 옷을 갖기 위해 주사위 던지기를 하고 있는 병사들도 마찬가지이지요. 또한 예수의 얼굴이 새겨진 수건을 들고 있는 베로니카의 뒤에 서 있는 로마 병사도 같은 모습입니다.

아마도 수비라치는 카사 밀라 굴뚝이 매우 획기적인 발상이라고 생각했던 것 같습니다. 그러한 놀라운 창의력의 산물을 자신의 작품에 인용함으로써 선배 건축가에 대한 존경의 마음을 표현하고자 한 게 아닐까 싶습니다. 특히 베로니카가 있는 장면의 왼쪽에 서 있는 인물이 가우디라고 하니, 수비라치의 뜻이 더욱 분명하게 전해집니다.

카사 밀라는 특히 옥상에 이야깃거리가 풍부합니다. 옥상에 올라온 김에, 나머지 이야기도 마저 하겠습니다.

전하는 이야기에 따르면, 독실한 가톨릭 신자였던 가우디는 카사 밀라

카사 밀라 옥상의 우주인을 닮은 굴뚝   사그라다 파밀리아의 로마 병사와 가우디

카사 밀라 옥상 조형물

의 옥상에 성모 마리아상을 설치하려고 했다 합니다. 카사 바트요 지붕에 십자가를 설치한 것처럼, 카사 밀라에도 종교적인 상징물을 남기고 싶었던 것입니다. 그런데 건축주인 페드로 밀라는 그것을 반대했습니다.

 고집 센 가우디는 거의 완성 단계에 이른 건물의 공사를 중단해 버립니다. 그러자 페드로 밀라는 공사 대금을 지급하지 않는 것으로 대응했지요. 이들의 대립은 결국 법정 다툼으로 이어졌고, 가우디가 승소해 공사 대금을 받아냈다고 합니다.

 결과적으로 페드로 밀라는 종교적 상징물을 설치하지 않으려 한 자신의 뜻도 관철하지 못하면서 공사비는 약속대로 모두 지급해야 했습니다. 가우디가 원래의 계획대로 성모 마리아상을 설치하지는 못했지만, 그에 준하는 조형물을 옥상에 남겼기 때문입니다.

아래 사진을 보면 이 사실이 좀 더 분명해집니다.

옥상 조형물 중에서 우주인을 연상시키는 굴뚝 장식을 제외한 나머지 작품들인데 이것들은 옆에서 보면 십자가의 모습이 보이고, 위에서 보면 장미꽃을 닮았습니다.

장미꽃, 바로 여기에 가우디의 비밀이 숨겨져 있습니다. 가톨릭에서 성모 마리아에게 바치는 기도를 할 때 사용하는 묵주를 '로사리오Rosario'라고 하는데, 이는 '로사리움성모님께 영적인 장미꽃다발을 바친다는 뜻'에서 유래된 말입니다. 즉, 장미꽃은 성모 마리아를 상징하는 것입니다. 그러니 가우디는 자신의 고집대로 기독교 상징물을 카사 밀라의 옥상에 설치한 셈이고, 페드로 밀라는 실속 없이 소송에 휘말려 경제적 부담만 지게 된 것이지요. 그래서인지 모르지만 카사 밀라의 소유권은 밀라 가문에서 카이사 은행으로

카사 밀라의 옥상 조형물을 옆과 위에서 본 모습

깨진 유리로 장식된 굴뚝

넘어갔다고 하니, 우여곡절이 많은 건물입니다.

카사 밀라의 굴뚝에서는 독특한 형태뿐만 아니라 재료 사용 면에서도 눈여겨볼 만한 것이 있는데, 가우디가 유리 조각도 자유자재로 활용했다는 점입니다. 이 굴뚝의 윗부분을 장식한 재료를 살펴보면 깨진 유리병이라는 걸 알 수 있는데, 하찮은 유리 조각조차도 이렇게 멋스럽게 활용한 그의 발상과 안목이 감탄스럽습니다. 진정한 거장은 대수롭지 않은 것에서 특별한 가치를 발견해 내는 능력을 가진 사람이 아닐까 하는 생각을 카사 밀라의 굴뚝을 보면서 하게 됩니다.

참고로, 옥상 바로 아래층에는 카사 바트요에서 봤던 것과 같은 구조의 공간이 있습니다. 포물선 모양의 아치가 천장을 떠받치고 있는 곳이지요. 이런 형태의 아치는 가우디 건축에서 자주 보이는데, 두 벽을 세운 다음 반원형으로 연결하는 기존의 아치보다 공간 활용이 자유로운 장점이 있습

가우디 스페이스

니다. 이곳은 원래 추위와 더위를 막기 위한 완충 공간으로 남겨두었다고 하는데, 현재는 가우디의 건축 세계를 이해할 수 있는 자료를 전시하는 가우디 스페이스로 활용되고 있습니다.

　카사 밀라는 100년 전에 지어진 건물임에도 불구하고 두 대의 엘리베이터가 설치되었고, 지하 주차장과 온수 보일러, 경비실과의 인터폰, 비데 등의 첨단 시설을 갖춘, 당시로서는 매우 혁신적인 건물이었습니다. 가우디는 이 건물을 마지막으로 상업적인 건축 활동을 완전히 중단하고 오로지 사그라다 파밀리아에만 전념하게 됩니다. 결국 카사 밀라는 개인의 거주 공간으로서는 가우디 최후의 작품이며, 가우디의 건축 철학을 엿볼 수 있는 가장 대표적인 작품이 되는 것입니다.

> 6장

고딕 지구
Barri Gotic

바르셀로나가 시작된 곳. 바르셀로나가 가장 영화로웠던 때를 증언하는 곳. 바르셀로나를 여행하는 사람들이 반드시 찾는 곳. 그곳이 바로 고딕 지구이다. 오래된 포도주가 맛이 깊듯이, 오래된 골동품이 가치 있듯이, 고딕 지구는 바르셀로나가 고이 품고 있는 보물이다. 고딕 지구를 구석구석 걸어본 다음에야 비로소 바르셀로나를 여행했다고 말할 수 있다.

고딕 지구(Barri Gotic)는, 고딕 양식의 건축물들이 많이 보존된 지역이라서 그렇게 부르는데, 사실상 바르셀로나에서 가장 역사가 오래된 역사 지구(Historic District)라고 생각하면 됩니다. 그러니 당연히 낡은 건물과 좁은 골목길이 특징이지요. 그러나 그 '낡음'은 남루함이 아니며, '좁음'은 옹색함이 아닙니다. 골동품이 오래될수록 가치를 인정받듯이, 고딕 지구는 고풍스런 멋과 무르익은 시간의 향기로 인해 높은 평가를 받고 있습니다. 골목길을 가득 채우는 관광객의 물결이 그것을 증명해 주지요.

그럼, 현재 고딕 지구에 남아 있는 건물들은 언제 지어진 것들일까요?

12~13세기의 아라곤 왕국(Reino de Aragón)은 강력한 해군력을 바탕으로 지중해를 장악하고 무역을 통해 막대한 부를 쌓았는데, 그 무렵에 현재의 고딕 지구에 많은 건물들이 세워졌습니다. 그런데 그 당시의 유행이 고딕 양식이었기 때문에 건물 대부분이 유행을 따라 고딕식으로 지어졌고, 그래서 이 지역을

골동품이 오래될수록 가치를 인정받듯이, 고딕 지구는 고풍스런 멋과 무르익은 시간의 향기로 인해 높은 평가를 받고 있습니다.

지금도 고딕 지구라고 부르는 것입니다. 고딕 지구의 중요한 상징인 바르셀로나 대성당(Catedral de Barcelona)이 바로 12~13세기에 지어진 고딕 양식의 교회 건물이니, 고딕 지구의 특징을 온몸으로 보여준다고 하겠습니다.

고딕 지구는 주요 볼거리가 밀집해 있어 바르셀로나 여행의 핵심 포인트가 되는 곳이며, 이 책에서는 바르셀로나 대성당, 로마 성벽, 왕의 광장, 산 펠리프 네리 광장 등에 대해 설명하겠습니다.

라몬 베렝게르 광장 ①
Plaça de Ramon Berenguer el Gran

하우메 1세 Jaume I역에서 라이에타나 대로 Via Laietana 쪽으로 걷다 보면 라몬 베렝게르 광장 Plaça de Ramon Berenguer el Gran이라는 작은 광장을 만나게 됩니다. 광장 중앙에는 동상이 하나 서 있고 그 뒤편으로는 중세시대를 연상시키는 고풍스러운 건축물이 있는데, 앞으로 설명하게 될 바르셀로나 대성당과 왕의 광장이 이 건물 뒤쪽에 있습니다. 라몬 베렝게르 광장과 대성당 사이에 왕의 광장이 위치하고 있는 것이죠.

라몬 베렝게르 광장은 그곳에 세워진 동상의 주인이 바르셀로나 백작으로 봉해졌던 라몬 베렝게르 3세 Ramon Berenguer III이기 때문에 그렇게 이름 붙여진 것으로 보입니다.

사실 라몬 베렝게르 3세는 그 자신의 업적보다는 엘 시드 El Cid의 사위였다는 점이 더 후대인의 관심을 끕니다. 장인이 워낙 유명인사이기 때문이지요. 엘 시드는 탁월한 군사적 능력을 지닌 중세 스페인의 명장으로, 실존 인물이면서 영웅 서사시의 주인공인 특이한 존재입니다.

라몬 베렝게르 광장에서는 이왕 엘 시드가 언급된 김에 그 유명하다는 엘 시드가 누구인지 알아보고, 광장과 면해 있는 건축물에 남아 있는 로마 성벽 흔적을 살펴보도록 하겠습니다. 이곳에 남아 있는 로마 성벽을 통해서는 바르셀로나 땅에서 어떻게 로마 제국의 역사가 시작되었는지 알 수 있습니다.

라몬 베렝게르 광장

라몬 베렝게르 3세와 엘 시드

흔히 엘 시드(이슬람어로 '군주', '전사'를 의미)라고 불리는 로드리고 디아스 데 비바르Rodrigo Díaz de Vivar는 탁월한 무용담으로 사람들을 열광시키는 전설 속의 인물인 아서 왕(아서 왕과 원탁의 기사'의 주인공)이나 롤랑('롤랑의 노래'의 주인공)과 같은 존재이면서 한편으로는 스페인 역사의 한 페이지를 장식하는 유능한 군인입니다.

그는 유년 시절 유력한 귀족 가문이었던 외가의 도움으로 왕궁에서 왕자들과 함께 공부할 수 있었는데, 특히 나중에 카스티야의 왕이 되는 산초 2세Sancho II와 각별한 사이였습니다. 산초 2세가 즉위한 후, 엘 시드는 출세가도를 달리게 됩니다. 충성심과 용맹함이 그의 재산이었지요. 만약 산초 2세의 치세가 지속되었다면 엘 시드의 운명은 평온했을 것입니다. 그런데 산초 2세는 형제들과의 영토 분쟁 끝에 암살당하고, 카스티야는 엘 시드와 적대 관계였던 알폰소 6세Alfonso VI, 산초 2세의 동생의 차지가 되고 맙니다. 엘 시드로서는 매우 곤란한 상황이 된 것이지요.

알폰소 6세는 엘 시드를 적으로 돌리기보다 회유하려고 합니다. 자신의 조카딸과 결혼시키는 등 후대厚待했지요. 하지만 엘 시드의 환심을 사는 데 실패하고 오히려 갈등을 겪게 됩니다.

결국 엘 시드는 카스티야를 떠나 방랑길에 오릅니다. 이런 이유로 엘 시드의 일생은 탁월한 능력을 지녔지만 시대와 화합하지 못해 세상을 떠도

라몬 베렝게르 광장의 라몬 베렝게르 3세 동상

는 불우한 기사騎士의 이야기로 사람들의 흥미를 끌었나 봅니다.

그는 약소국이었던 사라고사Zaragoza의 요청을 받고 그곳에 머무는 동안 국경을 튼튼히 해주었고, 혼란에 빠진 발렌시아Valencia를 정복한 뒤에는 직접 통치하기도 하면서 자신의 군사적 능력을 마음껏 발휘하였습니다. 이때 보여준 그의 눈부신 활약상이 그를 영웅으로 만드는 결정적 이유가 되었지요. 그가 죽은 뒤 발렌시아가 이슬람교도의 공격에 힘없이 무너졌다는 것은, 그의 존재가 얼마나 막중했는지를 역설적으로 말해준다고 하겠습니다.

게다가 엘 시드는 자기를 버린 카스티야의 알폰소 6세에게 발렌시아의 왕관을 바침으로써 군주에의 충성을 과시했다고 하니, 용맹함은 물론 주군에 대한 변치 않는 충성심이라는 당시 중세 기사의 정신을 대표한다고

세비야에 있는 엘 시드 동상

하겠습니다.

　사람들은 이러한 엘 시드를 소재로 용맹성, 주군에 대한 충성심, 가족에 대한 사랑과 부하를 배려하는 따뜻한 마음까지 중세 기사의 전형이라 할 만한 이야기를 만들어냈는데 이것이 바로 '엘 시드의 노래El Cantar de Mïo Cid'라는 서사시입니다. '엘 시드의 노래'는 엘 시드의 모험을 노래한 것으로 사실과 전설을 교묘하게 혼합시켰는데(실제 엘 시드의 업적과 서사시 속의 엘 시드는 완전히 일치하지 않고 어느 정도 미화되어 있겠지요), 매우 오래된 내용임에도 전문이 거의 남아 있고 작품 속에 등장하는 인물들과 지명이 실제로 존재하는 등 그 내용이 사실적이고 현실적이어서 매우 가치가 높다고 합니다.

　지금도 스페인의 여러 도시에서는 그의 동상을 볼 수 있습니다.

엘 시드의 위세가 하늘을 찌를 때, 그의 두 딸은 결혼을 합니다. 큰딸은 아라곤의 왕자와 결혼했고, 작은딸은 바르셀로나의 백작인 라몬 베렝게르 3세와 결혼했으니, 마치 조선 세조 때의 한명회가 두 딸을 왕비로 만들며 세상을 뒤흔들었던 일이 연상됩니다.

사실 라몬 베렝게르 3세 입장에서는 엘 시드가 껄끄러웠을 겁니다. 엘 시드가 이전에 발렌시아에 영향력을 행사하려는 바르셀로나의 기를 꺾어 놓기 위해 라몬 베렝게르 3세의 숙부인 베렝게르 라몬 2세_{라몬 베렝게르 3세의 아버지인 라몬 베렝게르 2세의 쌍둥이 동생}를 테바르란 곳에서 격파한 적이 있었으니 말입니다.

그런데도 엘 시드의 딸과 결혼한 까닭은, 탁월한 전략가인 그의 도움이 필요했기 때문일 겁니다. 또한 엘 시드의 입장에서는 딸을 유력한 가문에 시집보냄으로써 자신의 위상을 드높이려 한 것이겠지요.

라몬 베렝게르 광장에서 만난 라몬 베렝게르 3세 때문에 그의 장인인 엘 시드에 대해 생각해 보는 시간을 가졌습니다. 여행은 이처럼 생각지도 않은 곳에서 역사의 뒤안길을 만나게 해주는 기회를 제공해 주기도 한답니다.

로마 성벽

바르셀로나는 지금도 온화한 날씨와 기름진 땅, 지중해를 끼고 있는 천혜의 항구 도시로 스페인에서 가장 살기 좋은 곳으로 손꼽힙니다. 이 말은 예로부터 이 땅을 욕심내는 사람들이 많았다는 뜻이기도 합니다. 그러니 튼튼한 성벽을 짓고 지키지 않으면 안 되었을 것입니다. 그러한 바르셀로나의 역사가 로마 성벽에 남아 있습니다.

고딕 지구에서는 '로마 성벽과 방어용 탑Roman Wall and Defence Tower'이라고 쓰인 표지판을 볼 수 있습니다. 성벽뿐만 아니라 방어용 탑까지 갖추었던 군사 시설임을 짐작할 수 있게 해주죠.

그런데 '바르셀로나에 무슨 로마 시대의 성벽이 남아 있을까?' 의아해 하는 사람이 있을 수 있습니다. 그런 사람을 위해, 로마의 포로 로마노Foro Romano 근처에 있는 로마 제국 변천사를 나타낸 넉 장의 돌 지도를 차례로

로마 성벽 안내 표지판

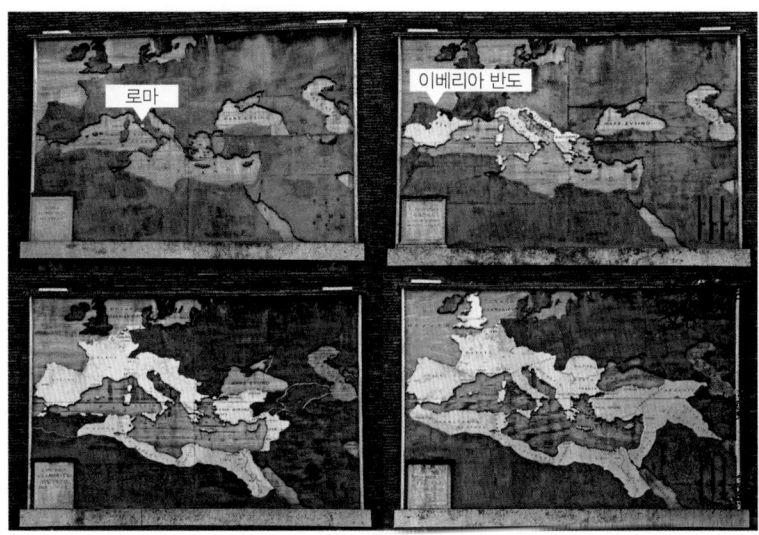
로마 제국 변천사

 보여드리겠습니다. 이 지도는 로마의 베네치아 광장에서 콜로세움을 향해 가다 보면 오른쪽에 있습니다. 원로원 건물의 아래쪽이지요.
 지도에서 흰 색으로 표현된 것이 로마 제국의 영토입니다. 처음엔 작은 점에서 시작했는데, 점점 커져서 전성기엔 유럽 대륙 대부분을 지배했다는 것을 알 수 있습니다. 명실상부한 대 제국이었던 것이지요.
 지도를 통해 알 수 있는 것 중의 하나는, 스페인 남부 지역이 생각보다 일찍부터 로마 제국의 지배를 받았다는 사실입니다. 그러니 바르셀로나의 고딕 지구에 남아 있는 로마 성벽은 그 역사가 꽤 오래된 유적이라는 뜻이지요.
 여기서 한 가지 궁금증이 생깁니다. '스페인의 남부 지역이 로마의 손에 들어간 것은 정확히 언제일까?' 하는 것입니다. 이 문제에 대한 답을 찾다 보면, 아주 유명한 사람의 이름이 등장합니다. 바로 카르타고Carthago의 영웅 한니발Hannibal 장군입니다.

비록 로마에 패해 역사에는 패배자로 이름이 남았지만, 한니발은 위대한 장수였습니다. '만약 포에니 전쟁Punic Wars에서 한니발의 카르타고가 최종적으로 승리했다면 세계사가 어떻게 흘러갔을까?' 하는 생각을 해 봄직할 정도로 그는 출중한 군사 지략가였지요.

카르타고는 고대 아프리카에서 가장 빛나는 문명을 건설한 해상 왕국으로서, 당시 지중해 연안에 여러 식민지를 건설했던 페니키아의 식민 도시 중 하나였습니다. 카르타고는 로마와 지중해를 두고 패권을 다투었는데(3차에 걸친 포에니 전쟁), 카르타고는 제1차 포에니 전쟁에서 패배했습니다.

카르타고는 로마에 막대한 금액의 전쟁 보상금을 지불해야만 했습니다. 그리고 그것을 치욕스럽게 생각한 하밀카르 바르카Hamilcar Barca는 어린 아들을 신전에 데리고 가 반드시 로마에 복수하겠다는 맹세를 하게 했다고 합니다. 그 어린 아들이 바로 한니발이지요.

스페인 땅을 식민지로 먼저 차지한 쪽은 카르타고였습니다. 하밀카르 바르카가 정복한 다음, 죽으면서 한니발에게 총독 자리를 물려주었지요. 스페인에 자리를 잡은 한니발은 로마를 치기 위해 주도면밀하게 준비합니다.

그는 해상 왕국인 카르타고가 지중해를 건너서 쳐들어 올 거라고 생각한 로마가 바다 쪽의 방비에 치중하는 것을 알고는, 허를 찌르기 위해 피레네 산맥과 알프스 산맥을 넘어 로마로 진군합니다. 코끼리 부대를 앞세운 카르타고 군이 알프스를 넘는 이야기는 비현실적이면서도 매우 장쾌하지만, 하늘은 한니발 편이 아니었습니다.

한니발은 처음엔 승승장구했지만, 그를 시기하는 사람들과 무사안일을 추구하는 소인배들의 농간 때문에 변변한 지원도 받지 못한 채 로마군과

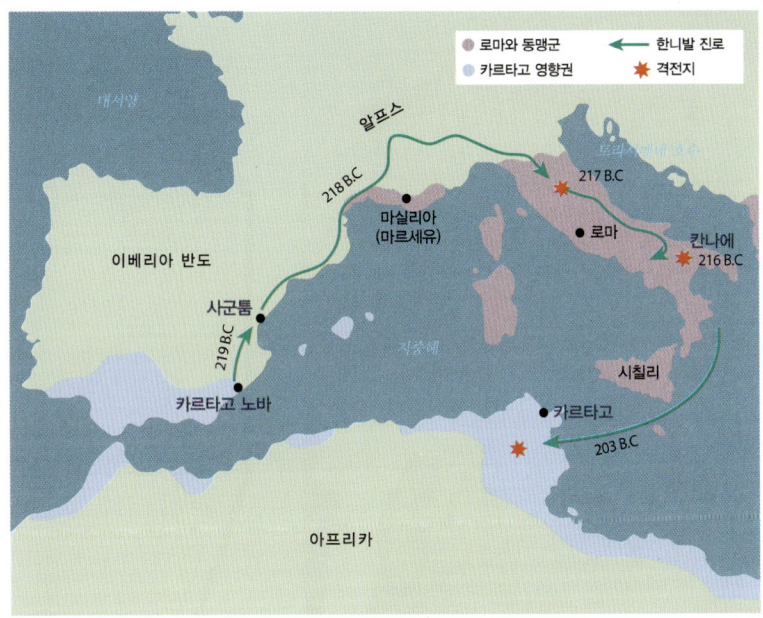

한니발의 진로

싸워야 했습니다. 그러다 결국엔 로마의 전략에 말려 대패하고, 자살하지요.

한니발의 부대가 육로로 로마를 침공한 사실에 경악한 로마인들은 스페인을 그냥 둘 수 없었습니다. 카르타고를 철저히 파괴하는 한편으로 스페인을 식민지로 접수하여 지배하기 시작하였지요. 그것이 이미 기원전의 일이니, 스페인에 남아 있는 로마 제국의 유적들은 그 기원이 상당히 오래된 것입니다.

도시가 커지면서 대부분의 성벽은 철거되었지만, 고딕 지구에 일부 남아 있는 흔적을 보면서 우리는 바르셀로나의 오랜 역사를 짐작할 수 있습니다.

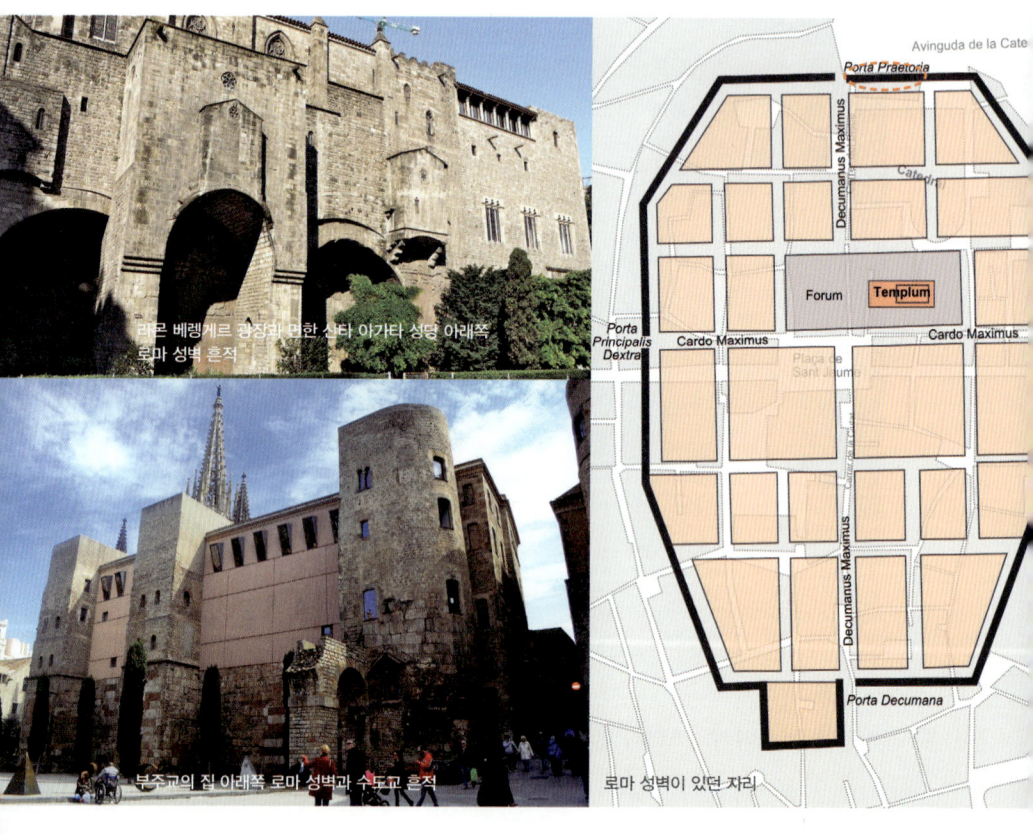

라몬 베렝게르 광장과 면한 산타 아가타 성당 아래쪽 로마 성벽 흔적

부주교의 집 아래쪽 로마 성벽과 수도교 흔적

로마 성벽이 있던 자리

 라몬 베렝게르 3세 동상 뒤쪽으로 보이는 산타 아가타 성당Capella de Santa Agata 건물의 아래쪽에도 로마 성벽의 흔적이 남아 있는 것을 볼 수 있는데, 이것은 예전부터 이곳이 바르셀로나의 중심지였다는 증거이기도 합니다. 또, 라몬 베렝게르 광장을 왼쪽으로 끼고 돌아 카테드랄을 향해 가면 카테드랄 오른쪽에 있는 부주교의 집Casa de l'Ardiaca 아래쪽에서 로마 성벽의 흔적과 수도교의 흔적까지 볼 수 있습니다.

2 바르셀로나 대성당
Catedral de Barcelona

스페인의 어지간한 도시에는 '카테드랄Catedral, 영어식으로는 Cathedral'이라는 이름이 붙은 대성당이 있기 마련입니다. 세비야 카테드랄, 그라나다 카테드랄, 톨레도 카테드랄 등이 그것입니다. 바르셀로나에도 마찬가지로 바르셀로나 카테드랄이 있습니다.

기독교 문화권인 유럽에서도 특히 스페인은 매우 완고하게 가톨릭 신앙을 지켜온 나라입니다. 그렇기 때문에 도시마다 마을마다 많은 성당이 있지요. 카테드랄은 그 가운데서 가장 크고 가장 중요한 성당에 붙는 이름으로, 이탈리아의 두오모와 비슷하다고 할 수 있습니다.

바르셀로나의 카테드랄은 구시가 중에서도 가장 오래된 지역인 고딕 지구의 한가운데에 자리 잡고 있습니다. 이 말은 카테드랄이 지어질 무렵에는 그곳이 도시의 중심이었다는 뜻입니다.

그럼, 카테드랄은 언제 지어졌을까요?

처음 카테드랄 자리에 교회 건물이 들어선 것은 559년으로, 크루스Cruz 성녀와 에우랄리아Eulalia 성녀를 추모하기 위해 세웠습니다. 그리고 985년 무어족아프리카 북부 지역에 살던 이슬람교도의 침략으로 파괴되었다가 1050년 무렵에 복원되었습니다.

카테드랄이 지금과 같은 웅장한 모습을 갖추게 된 것은 1298년에 착공하여 1448년에 완공한 이후부터입니다. 다만 정면 파사드는 그때 완성하지 못하고 약 500년 뒤인 1913년에 한 은행가의 후원으로 현재의 모습을 갖출 수 있게 되었습니다.

바르셀로나 카테드랄 파사드

성녀 에우랄리아의 순교

바르셀로나 카테드랄이 바르셀로나 사람들에게 중요한 의미를 갖는 이유 중의 하나는, 그곳에 바르셀로나의 수호 성녀인 성 에우랄리아Santa Eulalia의 묘가 있기 때문입니다.

성가대석을 둘러싼 흰 대리석에는 그녀가 갖은 고문 끝에 순교하는 장면이 조각되어 있는데, 스페인 르네상스 시대의 거장인 바르톨로메 오르도네스Bartolome Ordones가 남긴 걸작입니다. 그리고 중앙 제단 아래에는 그녀의 묘가 있습니다. 원래 산타 마리아 델 마르 성당Basílica de Santa María del Mar에 있던 것을 14세기에 바르셀로나의 주교좌 성당인 대성당으로 옮겼다고 합니다.

성가대석의 성 에우랄리아 순교 장면 부조   성 에우랄리아의 묘

성가대석에 새겨진 순교 장면

그런데 성 에우랄리아는 누구이며, 어떻게 성녀의 반열에 올랐을까요?

성 에우랄리아는 290년에 바르셀로나에서 태어났습니다. 이때는 바르셀로나가 로마 제국의 지배를 받던 때인데, 당시의 황제는 디오클레티아누스Diocletianus였습니다. 그는 로마 황제 중 가장 가혹하게 기독교를 박해한 사람으로 악명 높으며, 이때 많은 기독교 신자들이 순교하였지요.

에우랄리아 역시 303년에 체포되어 상상하기 어려울 정도로 끔찍한 고문을 당한 끝에 순교하는데, 그때 그녀의 나이 고작 13살이었습니다.

죽을 때 X자형 십자가에 매달렸다고 하며, 위에서 말한 성가대석 주변의 대리석 부조와 그녀의 묘 부조에 그 사실이 표현되어 있으니 찾아보는 것도 뜻 깊을 것입니다.

한 가지 재미있는 사실은, 카테드랄 본당의 오른쪽에 클로이스터Cloister라고 하는 사각형의 정원이 있는데, 그곳에는 항상 13마리의 거위가 있다고 합니다. 이는 거위 농장에서 태어나 자란 뒤 13살에 죽은 성녀 에우랄리아를 기리기 위한 것이라고 하네요.

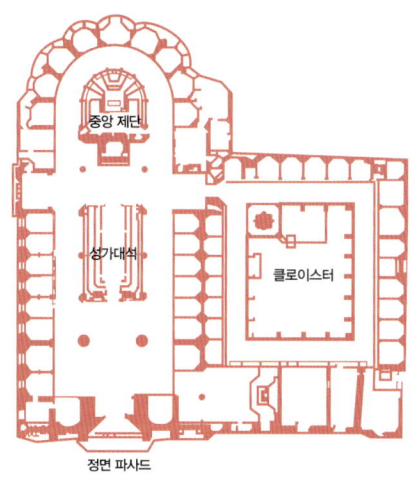

성당 구조

성 에우랄리아를 상징하는 클로이스터의 거위들

노바 광장

바르셀로나 카테드랄은 고딕 지구를 대표하는 건물로 건물 자체의 가치도 높지만, 성당 앞의 너른 공간인 노바 광장 Plaça Nova은 바르셀로나 사람들에게 소중한 공간입니다. 주말이면 벼룩시장이 열리고, 축제 때는 사람들이 모여 전통춤인 사르다나를 추는 등, 바르셀로나 시민들의 일상과 밀접한 관계가 있기 때문입니다.

카테드랄을 나와 노바 광장에서 카테드랄을 바라보면 다음과 같은 풍경

카테드랄 앞 노바 광장 일대

이 펼쳐집니다. 사진에 보이는 고딕식 첨탑이 바로 카테드랄의 종탑이고, 중앙에 보이는 집이 부주교의 집입니다. 부주교의 집 옆으로 난 골목길은 비스베 길로, 고딕 지구의 운치를 가장 잘 느낄 수 있는 고졸한 곳입니다. 뒤에서 설명할 산 펠리프 네리 광장으로 가려면 이 길로 들어서야 하지요.

왼쪽에 살짝 보이는 건물은 카탈루냐 건축협회 사무실입니다. 카탈루냐 건축협회 건물에는 어린아이가 그린 것 같은 천진난만한 그림이 그려져 있는데, 뜻밖에도 이것은 피카소의 솜씨라고 하네요. 그렇게 생각하고 보면 뭔가 남다른 뜻이 있을 것만 같습니다.

이 건물은 카탈루냐 건축협회가 사용하는 곳으로, 그 자체는 별로 중요한 사실이 아닙니다. 피카소가 그린 그림이 중요한 것이지요. 그런데 이 그림에는 어떤 의미가 담겨 있는 걸까요? 워낙 어린아이의 솜씨처럼 단순한 선으로 표현을 했기 때문에 단번에 내용을 짐작하기는 어렵지만, 사진

피카소의 그림이 있는 카탈루냐 건축협회 건물

오른쪽의 그림은 말 타고 행진하는 사람들과 나팔을 부는 사람들이 흥겹게 어울리고 있는 장면으로 보입니다. 축제의 기분이 느껴집니다. 하지만 왼쪽의 그림은 한참을 들여다봐도 아리송하기만 합니다. 이것은 카탈루냐의 전통춤인 사르다나Sardana를 추는 사람들을 그린 것이라고 합니다. 그렇게 생각하고 보니 그런 것 같기도 합니다.

스페인의 전통춤으로 유명한 것은 물론 플라멩코Flamenco입니다. 안달루시아 지방을 중심으로 전승되는 그 춤은 유럽을 유랑하던 집시들에 의해 전파되었다고 하는데, 원색적이며 화려한 의상과 본능적이고 육감적인 동작이 특징인 현란한 춤입니다.

광장에서 사르다나를 추는 사람들

그에 비해 사르다나는 카탈루냐 지방의 농부와 어부들에 의해 전승된, 소박하고 간결한 형태의 군무입니다. 우리나라의 강강술래와 비슷한 춤이라고 할 수 있지요. 플라멩코가 개인의 춤 실력을 과시하는 게 목적이라면, 사르다나는 지루할 정도로 단순한 춤 동작을 동료들과 함께 협력하며 진행하는 특징을 갖습니다. 개인의 춤 실력이 중요한 것이 아니라, 함께 호흡을 맞추는 것이 더 중요한 춤인 것이지요.

그런 까닭에 프랑코 독재 기간에는 사르다나 춤을 추는 걸 금지하기도 했습니다. 카탈루냐 사람들의 단결을 두려워했기 때문이지요. 그러자 카탈루냐 사람들에게 사르다나는 단합과 화합의 상징이 되어 더욱 애정을 갖고 전승하게 된 것입니다.

바르셀로나 카테드랄 앞은 주말마다 사람들이 모여서 사르다나를 추는 공간으로 변하는데, 바르셀로나 사람들은 춤을 통해 하나가 되는 힘을 확인하면서 오랜 박해의 시간을 견뎌온 것입니다.

왕의 광장 ②
Plaça del Rei

카테드랄을 오른쪽으로 끼고 있는 좁은 골목 Carrer dels comtes을 지나 왼쪽으로 꺾으면 작은 광장이 나타나는데, 이곳은 왕의 광장이라고 부르는 곳입니다. 왕의 광장은 '신대륙을 발견하고 돌아온 콜럼버스가 페르난도 2세와 이사벨 1세를 만나서 보고한 역사적인 공간'이란 설명 때문에 생명을 얻습니다.

왕의 광장에서는 먼저 이사벨 1세 여왕에 대해 알아봐야 합니다. 만약 그녀가 없었다면, 스페인의 역사도 달라졌을 테니까요.

이사벨 1세 Isabel I 는 1451년 카스티야 Castilla 왕국의 공주로 태어났습니다. 아버지는 당시의 국왕 후안 2세 Juan II 였으며, 어머니는 포르투갈 출신의 이사벨 왕비였습니다. 이사벨은 어머니의 이름을 물려받은 것입니다.

후안 2세는 나약하고 무능한 왕이었습니다. 전처와의 사이에서 엔리케 왕자를 낳았고, 이사벨 왕비와의 사이에서는 이사벨 공주와 알폰소 왕자를 두었는데, 알폰소 왕자가 돌이 될 무렵에 세상을 떠납니다. 왕위는 이사벨 공주의 이복 오빠인 엔리케 왕자에게 돌아갔지요.

왕이 된 엔리케 4세 Enrique IV 는 이복동생들이 자신의 적이 될 거라고 생각하여, 이사벨 태후와 그녀 소생의 동생들을 궁에서 쫓아냅니다. 이때 이사벨 공주의 나이 세 살이었지요.

왕의 광장

　시골에서의 유배 생활은 고생스러웠지만, 그 대신 이사벨 공주에게 강인한 생활력을 길러주었습니다. 어느 정도 시간이 지난 뒤, 잠재적 정적政敵을 멀리 두는 것에 불안감을 느낀 엔리케 4세는 이사벨을 다시 궁으로 불러들여 공부를 시킵니다. 가까이 두고 감시하는 게 낫겠다고 생각했기 때문이지요. 어쨌든 이때부터 이사벨은 공주의 신분에 어울리는 공부를 하게 되었고, 이는 나중에 훌륭한 왕이 되는 데 밑거름이 됩니다.
　엔리케 4세가 카스티야 왕국의 혼란스러움을 제대로 통제하지 못하자 화가 난 귀족들이 이사벨의 동생인 알폰소 왕자를 왕으로 추대하면서 내란이 일어납니다. 엔리케 4세가 가장 우려하던 일이 벌어진 것이지요. 그러나 일이 마무리되기도 전에 알폰소 왕자는 어린 나이에 사망하고, 이제 이사벨 공주가 뜨거운 감자로 부상합니다.

이때 이사벨 공주는 놀라운 결단을 내립니다.

"엔리케 왕이 재위하는 동안에는 그 누구도 왕위를 빼앗을 수 없습니다. 그 자리는 선왕과 하느님이 주신 권리입니다. 한 나라에 두 명의 왕이 있을 수 없습니다. 나는 엔리케 왕을 보호할 것입니다."라고 선언한 것입니다.

이 말에 엔리케 4세는 안심하고 이사벨 공주에 대한 경계를 풀었지만, 이사벨 공주의 속셈은 따로 있었습니다. 엔리케 4세는 건강이 좋지 못했고 왕자를 낳지 못했기 때문에 기다리면 자신에게 기회가 올 거라고 믿은 것입니다. 그녀의 선언을 다시 해석하면, 왕이 살아있는 동안에는 빼앗을 수 없지만, 왕이 죽은 다음에는 그 자리가 자신의 것이라는 의미였던 것입니다.

이렇게 하여 당분간 카스티야 왕국은 안정되고, 이사벨 공주의 신변도 안전해집니다.

그런데 이 부분에서 궁금증이 생깁니다. '왕의 광장'은 왕궁에 딸린 광장이기 때문에 그런 이름이 붙은 것입니다. 바르셀로나는 아라곤 왕국에 속한 도시였지요. 그런데 이사벨 1세는 카스티야 왕국을 다스리던 사람이었습니다. 카스티야 왕국은 이베리아 반도의 중부를 차지했는데, 지금의 마드리드를 포함하는 지역이었습니다. 바르셀로나와는 거리가 먼 곳입니다. 그런데 어째서 카스티야의 왕인 이사벨 1세가 바르셀로나에 있는 왕궁에서 콜럼버스를 만나게 된 걸까요?

이 문제에 대한 답은 그녀의 남편인 페르난도 2세Fernando II에게서 찾아야 합니다.

이사벨 공주가 결혼할 나이가 되자, 유럽 왕실들은 다투어 청혼합니다. 이사벨이 아름답고 슬기롭다는 소문이 난 까닭도 있지만, 그녀가 카스티야 왕국의 후계자이기 때문이었습니다. 그녀와 결혼한다는 것은 카스티야 왕국을 차지한다는 뜻이었으니까요.

이사벨 공주는 이복오빠인 엔리케 4세가 강대국과 혼인관계를 맺어 지위를 강화하려는 목적으로 자신을 포르투갈이나 프랑스로 시집보내려 하는 것을 알고는 나름대로 신랑감을 물색합니다. 이사벨은 아라곤 왕국의 페르난도 왕자가 젊고 유능하다는 말을 듣고는 남편감으로 결정한 뒤, 그에게 몰래 사람을 보내 청혼합니다. 페르난도 왕자로서는 거절할 이유가 없는 혼사였지요. 그러나 엔리케 4세가 반대하는 결혼이었기에 이들은 목숨을 걸고 몰래 만나 결혼식을 올립니다.

훗날 이사벨이 카스티야 왕국의 왕위를 차지하고, 페르난도가 아라곤의 왕으로 즉위하면서 두 사람은 카스티야와 아라곤의 공동 통치자가 됩니다. 카스티야 왕국의 이사벨 1세가 바르셀로나에 있는 아라곤의 왕궁에서 콜럼버스를 만나는 것은 이런 이유가 있는 것입니다.

그러면 두 사람이 공동 통치자였는데 왜 역사에는 페르난도 2세의 이름보다 이사벨 1세의 이름이 더 비중 있게 오르내리는 것일까요? 그것은 아마도 훗날 아라곤 왕국이 카스티야 왕국에 합병되면서 스페인 역사의 주도권을 카스티야가 쥐기 때문일 것입니다.

비록 역사에는 이사벨 1세의 이름이 더 진하게 쓰였지만, 두 사람의 사랑은 변함없었다고 합니다. 목숨을 걸고 이룬 사랑이었기 때문일 겁니다.

이사벨 여왕 부부와 콜럼버스와의 인연은 콜럼버스 기념탑에 가서 다시 하겠습니다.

산 펠리프 네리 광장 ③
Plaça de Sant Felip Neri

산 펠리프 네리 광장은 카테드랄을 중심으로 왕의 광장과 반대쪽에 위치한 고딕 지구 광장으로, 바르셀로나에 있는 여러 광장 중에서 크기가 작은 편에 속합니다. 광장이 특별히 아름답거나, 중요한 문화 유적이 있는 것도 아닙니다. 그럼에도 불구하고 여기에서 굳이 소개하는 까닭은, 스페인 역사의 아픈 상처가 고스란히 남아 있는 곳이기 때문입니다.

산 펠리프 네리 광장은 대성당 오른쪽으로 난 비스베 길Carrer del Bisbe을

비스베 길

따라가다가 처음에 나오는 길에서 우회전하면 도착할 수 있습니다.

1926년 6월 7일에 가우디가 이곳에 있는 성당에 오다가 전차 사고로 사망했다는 사실은 널리 알려져 있습니다. 그런데 그것에 대해서는 더 설명할 게 없습니다. 그것이 전부이기 때문입니다. 행색이 남루한 그가 부랑자로 오인되어 제때 치료를 받지 못해 사망했다는 안타까운 사실을 덧붙여도 산 펠리프 네리 광장과는 상관이 없습니다.

이곳은 스페인 내전 때 프랑코 장군의 반정부군에 의해 민간인들이 학살된 참혹한 역사의 현장입니다. 특히 어린아이들까지 무차별적으로 죽였다는 설명을 들으면 섬뜩하기 그지없습니다. 벽면에 지금도 남아 있는 총탄 자국은 그런 반인륜적인 범죄를 말없이 증언합니다. 총탄 자국이 어두운 밤에도 잘 보이도록 조명 시설을 해놓은 것은, 비극의 역사를 잊지 말자는 바르셀로나 사람들의 다짐은 아닐까요?

스페인을 여행하다 보면 자주 들을 수 있는 '스페인 내전'은 어떤 역사적 사실을 말하는 것일까요? 그것에 대해 알아봅시다.

1930년대의 스페인은 민주주의, 공산주의, 파시즘이 서로 각축을 벌이던 세계정세의 영향을 받아 혼란스러웠습니다. 거기에다 스페인 특유의 지역 자치 문제, 노동 운동 문제 등이 가세하여 상황이 더욱 심각했지요.

산 펠리프 네리 광장

전통적으로 스페인은 지주와 교회, 귀족들이 부와 권력을 독점하는 사회 구조를 갖고 있었으므로 가난한 농민과 노동자들의 고통이 컸고, 따라서 그들의 불만이 팽배했습니다.

이런 상황 속에서 1931년에 실시된 지방 선거에서 왕당파를 누르고 공화파가 정권을 잡았습니다. 사회 개혁을 염원하는 농민, 노동자들이 이끌어낸 선거 결과였지요. 공화파는 기존의 사회적 병폐를 해결하려고 노력했지만 성공하지 못했습니다. 기득권층으로부터는 과격한 혁명주의자라는 누명을 썼고, 서민층으로부터는 아무것도 해결하지 못하는 무능한 정권이라는 불신을 살 뿐이었지요.

1936년 2월에 실시된 스페인 총선거에서 인민전선이 승리한 데는 그러한 사회 배경이 있는 것입니다. 인민전선은 공산주의자, 무정부주의자, 노동자 등이 주축이 된 단체였지요. 그들이 어떤 방향으로 사회를 개혁하려 할지 기존 지배 계층이었던 귀족, 지주, 교회, 군부 세력은 너무나 잘 알았습니다. 그래서 위기감을 느끼고 손을 잡은 것이 프랑코Francisco Franco 장군이었습니다. 프랑코 장군은 1936년 7월 17일, 스페인령 모로코에서 쿠데타를 일으킵니다. 이것이 스페인 내전의 시작이었지요.

무력을 손에 쥔 군부가 선거를 통해 집권한 정부를 상대로 일으킨 내전에서 일반 시민들은 정부 편을 들었고, 군부는 고전하게 됩니다. 따라서 외세의 개입이 없었다면 시민군의 승리로 내전이 종결될 수도 있었습니다. 그러나 히틀러Adolf Hitler와 무솔리니Benito Mussolini 등의 파시스트들이 프랑코 군을 지원함으로써 전쟁은 새로운 양상으로 전개되었고, 이때 프랑코는 자신을 거부하는 시민들을 향해 무자비한 보복을 자행합니다. 산 펠리프 네리 광장에서 시민들이 학살된 것도 그때의 일이지요.

피카소Pablo Picasso가 게르니카란 마을에서 있었던 학살의 참상을 고발하는 '게르니카Guernica'를 그린 것도, 헤밍웨이Ernest Hemingway가 종군기자로 참전하여 겪은 일들을 바탕으로 〈누구를 위하여 종은 울리나〉를 쓴 것도 모두 스페인 내전과 관련이 있는 일입니다.

스페인 내전은 결국 프랑코 군의 승리로 끝났고, 1975년에 프랑코가 죽을 때까지 스페인에는 독재 체제가 유지됩니다. 이때 바르셀로나를 포함한 카탈루냐 지방은 특히 심한 차별대우를 받았기 때문에 지금도 독립 의지를 강하게 표출할 정도로 감정이 나쁜 것입니다.

부끄럽고 아픈 상처라면 상처인 민간인 학살의 흔적을 바르셀로나 사람들이 감추기는커녕 보란 듯 드러내는 마음 바탕에는 그런 역사적 배경이 있는 것입니다.

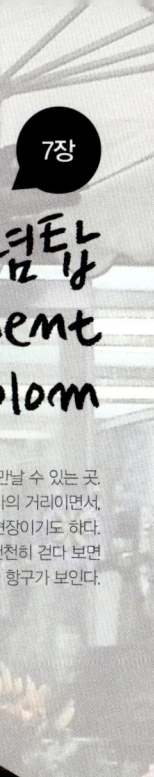

람블라스 거리와 콜럼버스 기념탑
Las Ramblas & Monument a Cristòfor Colom

7장

화사하고 발랄한 바르셀로나의 민낯을 만날 수 있는 곳.
먹고 마시고 즐길 수 있는 곳이 밀집한 여행자의 거리이면서,
바르셀로나 사람들의 일상이 분주하게 돌아가는 생활의 현장이기도 하다.
카탈루냐 광장을 출발하여 천천히 걷다 보면
어느새 바르셀로나 항구가 보인다.

14세기 무렵까지 바르셀로나의 중심은 고딕 지구였습니다. 고딕 지구를 둘러싼 성벽이 그것을 증명해 줍니다. 그런데 도시가 점차 커지다 보니 성은 도시를 보호해주는 기능을 하기보다는 도시의 발전을 저해하는 요인이 되었습니다. 그래서 대부분의 성곽을 허물고 일부만 남겨놓았는데, 그것이 앞에서 알아본 로마 성벽입니다.

성곽을 허물고 도시가 팽창한 곳 중에서 가장 대표적인 곳이 람블라스 거리(Las Ramblas, 람블라 거리가 여러 개 모여 이루어진 거리여서 복수형으로 람블라스라고 불림)입니다. 시인 페데리코 가르시아 로르카(Federico Garcia Lorca)가 '영원히 끝나지 않기를 바라는 길'이라고 표현했다 하여 더 유명해진 길이지요. 그 정도로 매력적인 길이라는 뜻이니까요.

람블라스 거리는 구시가의 번화가로, 카탈루냐 광장과 콜럼버스의 탑이 있는 파우 광장까지를 연결하는 약 1km에 이르는 보행자 전용 도로입니다. 바르셀로나를 여행하는 사람이라면 누구나 한 번쯤 걷게 되는, 늘 사람들로 북적거리는 곳으로, 화려한 꽃들이 눈길을 끄는 꽃가게와 기념품 가게가 즐비하며 거리 예술가들의 공연도 감상할 수 있는 문화의 거리입니다.

시인 페데리코 가르시아 로르카가
'영원히 끝나지 않기를 바라는 길'이라고 표현했다 하여
더 유명해진 길이지요. 그 정도로 매력적인 길이라는 뜻이니까요.

특히 람블라스 거리에서 감상하는 거리 예술가들의 퍼포먼스는 바르셀로나를 여행하는 즐거움을 배가시켜 줍니다. 유럽의 도시에서는 어디서나 거리 예술가들을 볼 수 있지만, 람블라스 거리에서는 좀 더 자유분방하고 다채로운 공연을 펼치는 예술가들을 볼 수 있기 때문입니다.

볼거리, 즐길 거리가 많은 바르셀로나에서 여행자는 항상 마음이 급해지고 발걸음이 빨라지기 마련이지만, 잠시만 시간을 내어 거리 공연을 감상하는 여유도 누려보시기 바랍니다.

여기서는 카탈루냐 광장에 맞닿아 있는 람블라스 거리의 초입에서 시작하여 파우 광장, 벨 항구에 이르는 길을 걸으며 만나게 되는 거리의 풍경, 전통 시장, 콜럼버스의 탑, 주변의 조형물들을 관찰하며 이야기 나눠 보겠습니다.

7장 람블라스 거리와 콜럼버스 기념탑

람블라스 거리 ①
Las Ramblas

람블라스 거리에 들어서면 발아래를 보며 걸어보세요. 바닥이 물결무늬로 되어 있는 것을 알 수 있습니다. 원래 람블라스 거리가 있는 자리에는 개울이 흘렀는데, 그것을 메우고 길을 만들었다고 합니다.

마카오의 세나도 광장 바닥

'람블라'라는 말은 아랍어로 '물이 흐르는 거리'를 의미한다고 하는데, 스페인어의 'rambla' 또한 '빗물이 흐르는 땅', '넓고 나무가 우거진 대로大路' 등의 의미를 가지니, 굳이 아랍어에서 어원을 찾을 필요는 없을 듯합니다. 물론 바르셀로나의 역사를 놓고 볼 때 무어인들의 지배를 받은 적이 있어 아랍어의 흔적이 남아 있을 수는 있겠지만 말입니다.

람블라스 거리의 바닥 물결무늬가 바로 이곳이 원래 개울 자리였다는 것을 알려주는 것이라고들 하는데, 스페인과 한때 같은

람블라스 거리의 물결 무늬 바닥과 꽃가게들   람블라스 거리의 꽃가게

나라였던 쏘르투갈이 지배한 마카오의 세나도 광장Largo do Senado에도 똑같은 무늬가 있는 걸 보면 꼭 물과 연관 지을 필요는 없을 것 같기도 합니다.

　람블라스 거리의 명물은 뭐니 뭐니 해도 꽃가게들입니다. 이 거리를 낭만적인 거리로 느끼게 하는 일등공신이지요. 특히 매년 4월 23일에는 산 조르디의 날이라고 하여 남성들이 사랑하는 여성에게 장미꽃을 주는 풍습이 있는데, 이 날이면 람블라스 거리가 장미꽃으로 뒤덮인다고 하니 과연 낭만과 사랑의 거리라는 이름을 얻을 만하다는 생각이 듭니다.

　람블라스 거리는 관광객들이 몰려드는 거리답게 많은 기념품 가게들이 있는데, 거기에서 팔리는 것 중에서 카탈루냐어로 '캐가너Caganer, 배변 중인 사람'라고 하는 인형은 변便이 토양을 풍요롭게 만들어 번영과 행운을 가져다준다는 의미에서 새해 선물로 인기가 많은 인형이라고 합니다.

캐가너 인형

7장 람블라스 거리와 콜럼버스 기념탑

카날레테스 샘

카탈루냐 광장에서 람블라스 거리로 들어서면 람블라스 거리가 시작되는 초입 오른쪽에 카날레테스 샘Font de Canaletes이 있습니다. 이름에 '샘'이란 말이 들어가 있고, '이 물을 마시면 다시 바르셀로나로 돌아온다.'는 속설이 있어 뭔가 근사한 것이 있을 것만 같은데 사실은 그렇지 않습니다. 평범하게 생긴 수도꼭지일 뿐이지요. 일부러 찾아갔다면 실망스러울 테고, 모르고 갔다면 그냥 지나치기 쉬운 곳입니다.

카날레테스 샘

트레비 분수

그러고 보면 유럽에는 "어찌어찌 하면 다시 돌아온다."고 주장하는 것들이 도시마다 있습니다. 가장 대표적인 것이 로마의 트레비 분수Fontana di Trevi입니다. 트레비 분수는 규모가 크고 아름답기도 하지만, 그곳에 동전을 던지면 로마로 돌아올 수 있다는 말을 믿는 사람들 때문에 항상 북적거립니다.

파리 노트르담 사원 앞의 포엥 제로Point Zero는 그것을 밟으면 파리로 돌아온다는 속설 때문에 관광객들이 한 번씩 올라가 보지요. 원래는 도로원표로, 파리를 중심으로 한 프랑스 거리 측정의 기준이 되는 곳인데, 언제부터 그런 속설이 붙게 되었는지는 알 수 없습니다.

파리 노트르담 성당 앞의 포엥 제로

비또리오 엠마누엘레 2세 갤러리 광장

    밀라노의 비또리오 엠마누엘레 2세 갤러리Galleria Vittorio Emanuele II에는 광장 한가운데에 구멍이 움푹 파인 황소 모자이크 그림이 있어 늘 사람들이 북적댑니다. 그곳에 발꿈치를 대고 시계 방향으로 세 번 돌았을 때 발이 떨어지지 않으면 밀라노로 돌아온다는, 다소 어려운 미션이 요구되건만 밀라노로 다시 돌아오고 싶어 하는 사람들은 기꺼이 그 수고를 감수하지요.
    그 밖에도 피렌체 누오보 메르까또에는 멧돼지 상이 있는데, 그것의 코를 만지면 피렌체로 돌아온다는 말이 전하며, 사라예보의 구 시장 광장에 있는 식수대의 물을 마시면 사라예보로 돌아올 수 있다는 말이 전한다고 합니다.
    모두 자신들의 도시가 그렇게 해서라도 다시 돌아오고 싶어 할 만큼 대단하다는 것을 과시하기 위해 만들어낸 허풍은 아닐까 하는 생각이 문득 드는군요. 어쩌면 능란한 관광 마케팅 수단일지도 모르고요.

보케리아 시장

카탈루냐 광장에서 출발하여 람블라스 거리를 따라 걷다 보면 오른쪽에 보케리아 시장Mercat de la Boqueria이라고 흔히 부르는 산 호셉 시장Mercat de Sant Josep이 있습니다. 람블라스 거리 중간쯤에 해당하며, 맞은편에는 에로틱 박물관이 있습니다.

이곳은 11세기에 자리 잡은 역사가 깊은 시장이며, '보케리아'란 말은 카탈루냐 어로 '고기를 파는 곳'이란 뜻이라고 합니다. 바르셀로나 성벽이 존

보케리아 시장 입구

재하던 시절에, 성 밖에 고기를 파는 상인들이 모여든 것이 나중에 시장으로 발전한 것입니다.

　보케리아 시장은 바르셀로나 시민뿐만 아니라 관광객에게도 중요한 장소입니다. '보케리아 시장에 없으면 세상 어디에도 없다.'는 말이 나올 정도로 먹을거리에 관한 한 없는 것이 없으니 바르셀로나 시민들에게는 농수산식품을 사기에 가장 좋은 곳이며, 관광객들은 다양한 군것질거리가 산더미처럼 쌓여 있으니 여행길에 만난 오아시스 같은 곳이지요.

　보케리아 시장에 들어서면 마치 별천지에 들어선 듯합니다. 이곳에서 취급하는 먹을거리는 종류가 다양하고 가격도 저렴한 편이며, 탐스럽게 진열한 상인들의 솜씨까지 더해져 눈요기만으로도 배가 부를 지경입니다. 수산물과 축산물도 보케리아 시장의 주된 상품이지요. 그 가운데 여기서는 하몽에 대한 설명을 할까 합니다.

보케리아 시장 전경

하몽Jamón은 스페인의 상징이 되다시피 한 식재료로, 돼지의 뒷다리를 통째로 숙성시켜 만듭니다. 잘 숙성된 하몽은 우리나라의 육포와 비슷한 맛이 납니다만, 만드는 과정은 전혀 다르지요. 하몽은 먹을 때 종잇장처럼 얇게 저며서 날것으로 먹거나 빵 사이에 끼워서 먹습니다.

돼지의 종류와 숙성 기간 등에 따라 가격 차이가 큰데, 스페인 사람들이 가장 고급으로 생각하는 하몽은 도토리를 먹여 키운 이베리코 돼지로 만든 하몽 Jamón Ibérico de Bellota으로, 발굽이 검은 색인 것이 특징입니다.

스페인을 여행하다 보면 하몽 가게를 숱하게 볼 수 있으며, 식당에서 하몽을 이용한 음식을 먹을 기회도 많을 것입니다. 그렇지 않으면 가게에서 낱개로 포장된 하몽을 살 수도 있는데, 기왕 스페인에 갔으면 그 나라의 가장 유명한 식재료인 하몽을 체험해 보는 것도 좋을 듯합니다.

하몽 가게

조지 오웰 광장 ❷
Plaça George Orwell

구시가지 한 귀퉁이에 있는 조지 오웰 광장은 람블라스 거리에서 Carrer dels Escudellers 길로 좌회전해 들어가면 나오는 광장으로, 관광객들이 일부러 찾아갈 만한 특징 있는 광장은 아닙니다. 어린이 놀이터가 있고 의자가 놓여 있어 현지인들의 휴식처가 되는 평범한 공간일 뿐입니다. 그런데도 여기에서 소개하는 까닭은, 광장이 특별해서가 아니라 광장에 이름을 빌려준 사람, 즉 조지 오웰 George Orwell 이 특별해서랍니다.

조지 오웰 광장

조지 오웰은 〈동물농장〉, 〈1984년〉 등을 통해 풍자문학의 정점을 보여 주었다는 평가를 받는 영국 작가입니다. 세르반테스의 〈돈키호테〉 이후 최고라는 평가도 있습니다. 그런데 그의 이름이 영국과 별로 사이도 안 좋은 스페인 바르셀로나의 광장에 붙은 까닭은 무엇일까요?

그는 스페인 내전 당시 의용군으로 참전했다가 총상을 입은 전력이 있습니다. 스페인 내전에 대한 설명은 '산 펠리프 네리 광장' 편에서 이미 했기 때문에 생략하고, 여기에서는 조지 오웰과 스페인 내전과의 관계만 살펴보도록 합니다.

스페인에 내전이 일어났고, 시민 의용군이 반정부군에 대항한다는 소식을 들은 조지 오웰은 바르셀로나로 건너갑니다. 그곳에서 그가 본 것은 평등한 세상을 꿈꾸는 무정부주의자들의 세계였지요. 그는 그들의 주장에 공감하였으므로 기꺼이 총을 들고 전선으로 나갑니다.

그러나 전투 중 목에 총상을 입고 바르셀로나로 돌아온 그는, 순수한 평등을 꿈꾸던 세상이 사라졌음을 목격합니다. 노선 투쟁과 반대파에 대한 숙청이 난무하는 바르셀로나는 더 이상 그가 생각하던 이상향이 아니었습니다. 이때의 경험을 바탕으로 쓴 작품이 바로 그의 대표작으로 일컬어지는 〈동물농장〉으로, 평등한 세계를 부르짖으면서도 속으로는 더 지독한 차별을 자행하는 공산주의자들의 위선을 고발하는 내용입니다.

여기서 잠깐 〈동물농장〉의 줄거리를 살펴보죠.

존스 씨의 농장에는 여러 종류의 동물들이 살고 있었습니다. 어느 날, 동물들은 자신들이 인간으로부터 착취당하고 있으며, 인간들만 몰아낸다면 훨씬 더 행복하게 살 수 있을 거라고 생각하게 됩니다. 그래서 늙은 수퇘지 메이저의 주도 아래 일사불란하게 움직인 끝에 인간들을 몰아내고

농장을 접수합니다. 그들이 꿈꾼 것은 모든 동물들이 평등한 가운데 행복하게 사는 세상이었지요.

처음에는 그들의 뜻대로 새로운 세상이 열리는 것 같았습니다. 그러나 메이저가 죽은 뒤 새로운 지도자가 된 젊은 돼지 나폴레옹은 서서히 독재자로 변해갑니다. 자신을 반대하는 동물들을 처형하는가 하면, 동물들의 생각과 행동까지도 통제하기 시작합니다. 그러면서 내세우는 명분은 그것이 동물농장을 위하는 길이라는 것이었지요. 평등하면서 모두 행복한 세상은 오지 않았으며, 오히려 굶주림과 공포, 불신 속에서 동물들의 삶의 질은 더 악화되기만 했습니다.

조지 오웰이 모든 사람들이 평등하게 살 수 있다는 공산주의 혁명 이념에 기대를 걸었지만 혁명이 성공한 후에 변질되어버린 공산주의자들의 추악한 실상을 바르셀로나에서 목격한 사실은, 인간을 몰아내고 새로운 세상을 만들었지만 결국은 또 다른 권력자로 변해간다는 소설의 내용과 오버랩 됩니다.

소설 속에서 혁명을 통해 모두가 평등한 세상을 만들자고 부르짖는 메이저는 마르크스를, 권력을 잡은 후에 냉혹한 독재자로 변한 나폴레옹은 스탈린을, 나폴레옹에게 맹목적으로 충성하는 개들은 비밀경찰을, 죽을 때까지 충성을 다하고 처참한 최후를 맞는 복서는 소비에트 민중을, 나폴레옹에 대항하다가 축출당하는 스노우볼은 트로츠키를 상징한다고 생각하며 소설을 읽으면, 조지 오웰이 말하고자 하는 바가 더욱 명료해집니다.

조지 오웰은 스스로 〈동물농장〉을 "정치적 목적과 예술적 목적을 하나로 융합해 보고자 한, 그래서 내가 뭘 하고 있는지 충분히 의식하면서 쓴 소설"이라고 말했다고 합니다. 바르셀로나 한 귀퉁이의 작은 광장에서 세계문학사의 중요한 줄기를 짚어보았습니다.

③ 콜럼버스 기념탑
Monument a Cristò for Colom

카탈루냐 광장을 출발하여 람블라스 거리를 걷다 보면 그 끝에 파우 광장Plaça del Portal de la Pau이 있습니다. 콜럼버스 기념탑이 있는 곳이지요. 그 앞으로는 바르셀로나 항구가 펼쳐집니다.

바르셀로나는 아메리카 대륙을 발견하고 돌아온 콜럼버스가 이사벨 1세Isabel I 여왕을 알현하기 위해 상륙했던 도시입니다. 그러니 항구 근처에 그를 위한 기념비가 있는 것은 당연한 일이겠지요. 1888년에 바르셀로나에서 개최된 박람회를 기념하기 위해 세운 것이라 하니 벌써 100년도 더 된 기념비입니다.

지금은 비록 경제 위기를 겪으며 위상이 다소 떨어졌지만, 한때 스페인은 세계를 호령하는 강대국이었습니다. 영국을 일컬어 '해가 지지 않는 나라'라고 했는데, 사실 그 말을 먼저 사용한 것은 스페인 제국이었지요.

스페인이 세계 최강의 국력을 가질 수 있었던 바탕에는 콜럼버스가 있었습니다. 그가 발견한 신대륙으로부터 쏟아져 들어오는 엄청난 양의 금은보화가 스페인 국력의 바탕이었습니다. 그러니 스페인 사람들이 그를 그리워하고 영웅으로 추앙하는 것은 당연한 일입니다. 그 와중에 고통을 당한 아메리카 대륙의 원주민들에게는 이루 말할 수 없는 재앙 덩어리였겠지만요.

바르셀로나 파우 광장의 콜럼버스 기념탑

마드리드 콜럼버스 광장의 기념탑   세비야 대성당의 콜럼버스 영묘

　파우 광장의 콜럼버스는 지도로 보이는 종이를 왼손에 들고, 오른손으로는 자신이 발견한 신대륙이 있는 대서양 건너편을 가리키는 것으로 보입니다.
　스페인의 수도인 마드리드에는 콜럼버스 광장이 있고, 바르셀로나에 있는 것과 비슷한 형태의 동상이 서 있습니다. 그만큼 그가 스페인에서는 중요한 인물이라는 뜻이지요.
　그러나 스페인에서의 콜럼버스의 위상을 설명해 주는 결정적 증거는 세비야에 있습니다. 세비야 대성당Catedral de Sevilla에는 콜럼버스의 영묘가 있는데, 그의 관을 메고 있는 사람들이 카스티야, 레온, 아라곤, 나바라 왕국의 왕들인 것입니다. 네 명이나 되는 왕이 관을 메는 대접을 받은 사람이 역사 이래로 콜럼버스 말고 또 있는지 궁금합니다. 콜럼버스는 그런 사람인 것입니다.
　엄청난 국부國富를 선사해 대제국의 기반을 닦아준 대가로 스페인 사람들에게 각별한 대우를 받고 있는 크리스토퍼 콜럼버스는 스페인 사람이 아니었습니다. 이탈리아 제노바 출신이었지요.

그렇다면 그는 왜 모국이 아닌 스페인을 위해 그런 엄청난 일을 한 것일까요? 이에 대한 해답은 그와 이사벨 1세와의 관계에서 찾아야 합니다. 앞서 '왕의 광장'에서 이사벨 1세와 페르난도 2세에 대해 알아봤으니, 여기에서는 그들 국왕 부부와 콜럼버스와의 관계에 대해 알아보도록 하겠습니다.

콜럼버스가 활동하던 당시에는 향신료가 막대한 이익을 보장해 주는 교역 상품이었습니다. 인도와 인도차이나 반도 주변에서 주로 생산되는 후추 등의 향신료는 폭발적인 수요에 비해 공급이 부족한 상태였기 때문입니다. 유럽과 아시아의 교차로인 서아시아 지역이 무슬림Mmuslim, 이슬람교도들의 손에 넘어가면서, 기독교도인 유럽 사람들은 마음대로 오갈 수 없었던 것입니다.

이 문제를 해결하기 위해 당시의 선진국이었던 포르투갈은 아프리카 대륙의 연안을 따라 항해하여 인도로 가는 길을 개척하고자 했습니다. 그렇게라도 하여 동양의 물산을 수입하면 큰 이익을 남길 수 있을 거라고 생각했기 때문입니다. 그런데 콜럼버스는 전혀 다른 방식으로 문제를 해결하려고 했지요. 그는 대서양을 건너가면 인도가 나올 거라고 생각했습니다. 이탈리아의 천문학자인 토스카넬리Paolo dal Pozzo Toscanelli가 주장한 '지구는 둥글기 때문에 서쪽으로 계속 가면 인도가 나온다.'는 말을 그는 신뢰했던 것입니다.

그러나 그의 생각을 이해하고 지지해 주는 사람, 나아가 재정적으로 지원해 줄 수 있는 사람은 없었습니다. 다들 그를 미쳤다고만 생각했지요. 결국 그는 모국인 이탈리아에서 자신을 도와줄 사람을 찾을 수 없었습니다.

콜럼버스가 찾아낸 후원자는 카스티야 왕국의 이사벨 1세Isabel I de Castilla 였습니다. 그 무렵 이사벨 1세는 그라나다에서 이슬람 세력을 몰아내고 스페인을 통일한 상태였는데, 평생의 소원을 이루고 난 뒤라 자신감이 충만했을 것입니다.

이사벨 여왕은 콜럼버스의 제안이 꼭 미더운 것은 아니었지만, 투자할 만한 가치는 있다고 판단했습니다. 그녀의 남편인 페르난도 2세는 콜럼버스를 후원하는 것에 반대했다고 하는데, 아무래도 여왕의 안목이 한 수 위였던 것 같습니다.

이사벨 여왕과 콜럼버스는 재정적 후원과 관련하여 '산타페 협약Santa Fe Capitulations'이라고 불리는 협약을 맺었는데, 주요 내용은 다음과 같은 것입니다.

'스페인 왕실은 콜럼버스에게 귀족의 칭호를 주고, 콜럼버스는 앞으로 발견할 지역의 대 제독Great Admiral과 식민지 총독 및 부왕副王이 될 수 있다. 이러한 직위들은 콜럼버스의 자손들에게 영구히 상속되며, 그곳에서 얻는 물산의 1/10은 콜럼버스가 소유한다.'

이 문장을 뒤집어서 해석하면, 콜럼버스가 발견하게 될 땅의 소유권은 스페인 국왕이 가지며, 거기에서 얻는 모든 것의 9/10도 마찬가지로 스페인 국왕의 차지가 된다는 의미입니다.

향신료를 구하려고 출발한 항해였는데, 결과는 상상조차 못한 황금의 땅El Dorado을 발견한 것이었으니 이사벨 여왕으로서는 엄청난 금맥을 발견한 셈이었습니다. 유럽의 모든 왕실이 외면한 콜럼버스의 항해 계획에 귀를 기울여준 대가가 대제국 스페인의 탄생이었으니 그보다 실속 있는 투자는 다시없을 것입니다.

그라나다 이사벨 광장의 '이사벨 여왕과 콜럼버스'

그라나다의 이사벨 광장에는 이사벨 여왕과 콜럼버스가 뭔가 의논하는 모습을 표현한 동상이 서 있습니다. 동방 항로 개척을 논의 중인지, 아니면 계약 조건을 협의하는 중인지 모르겠지만, 매우 진지해 보입니다.

이사벨 여왕의 후원을 받아 구성한 선단을 이끌고 항해에 나선 콜럼버스는 갖은 우여곡절을 겪은 끝에 신대륙을 발견했고, 돌아와서 여왕 부부에게 최초로 보고한 곳이 고딕 지구에 있는 왕궁이었다고 합니다. 그러니 콜럼버스에게도, 스페인에게도 바르셀로나 항구는 중요하기 그지없는 곳입니다.

벨 항구에서 시내 쪽을 보면 콜럼버스 기념탑 오른쪽으로 스페인 국기가 힘차게 나부끼는 건물이 보입니다. 그리고 지구본을 밟고 선 왕관 쓴 여인이 함께 보이는데, 이사벨 1세입니다.

스페인 통일을 완성하고 해양 왕국 스페인을 건설한 군주였으니, 참 잘 어울리는 장면이 아닐 수 없습니다.

콜럼버스 기념탑에서 바다 쪽을 본다고 할 때 오른쪽에 있는 멋진 건물은 해양박물관입니다. 콜럼버스와 직접적인 관련은 없지만, 해양 강국 스페인의 영화를 짐작할 수 있는 유물들이 모두 모여 있는 곳이므로 함께 소개합니다.

지구본을 밟고 선 이사벨 여왕

바다가 없었다면 콜럼버스도 없었을 테고, 콜럼버스가 없었다면 스페인 제국도 없었을 테니, 콜럼버스 동상과 바르셀로나 항구 옆에 해양박물관을 세운 의도는 충분히 이해됩니다.

콜럼버스 기념탑 근처의 해양박물관

벨 항구
Port Vell

바르셀로나는 스페인 제2의 도시이면서 제1의 항구 도시입니다. 우리나라로 치면 부산에 해당하는 곳이지요. 도시의 중심이라고 할 수 있는 카탈루냐 광장에서 람블라스 거리를 따라 1km쯤 걸으면 도착할 수 있는 곳에 벨 항구 Port Vell가 있습니다. 바르셀로나 시민뿐만 아니라, 관광객들에게도 휴식처가 되는 소중한 공간이지요.

벨 항구

벨 항구의 람블라 데 마르

요트들이 정박해 있는 곳은 1992년 바르셀로나 올림픽 때 요트 경기가 열린 곳이기도 합니다. 20여 년의 세월이 흘렀어도 여전히 같은 용도로 사용되고 있다는 사실이 부럽습니다. 우리의 경우는 큰 행사를 위해 멋진 시설을 만들어놓고도 행사가 끝나고 나면 무용지물로 버려지는 경우가 많아 안타깝거든요.

파도가 굽이치는 모양을 형상화한 갑판은 '람블라 데 마르Rambla de Mar'인데, 이는 '바다의 람블라'라는 의미입니다. 이곳이 람블라스 거리의 연장이라는 뜻도 되고, 람블라스 거리가 그만큼 바르셀로나에서 번화하고 중요한 대표 거리라는 뜻도 됩니다. 람블라스 거리가 항상 인파로 가득 차듯이, 바다의 람블라 역시 늘 많은 사람들로 북적입니다.

'람블라 데 마르'라고 쓰여 있는 표지판

라이에타나 도로Via Laietana와 만나는 콜롬 대로Passeig de Colom 끝쪽에는 '바르셀로나의 얼굴El Cap de Barcelona, Barcelona's Head'이라는 콘크리트와 세라믹으로 만든 조형물이 있습니다. 도로 한가운데에 있어 쉽게 눈에 띄기도 하지만, 작가가 매우 유명한 사람이라서 여행자마다 관심을 갖는답니다.

작가가 누구인지 궁금하시죠? 바로 로이 리히텐슈타인Roy Lichtenstein입니다.

몇 년 전에 모 재벌 기업의 비자금 사건에 연루되어 한국 사회를 떠들썩하게 만들었던 '행복한 눈물Happy tears'이란 그림이 있었습니다. 앤디 워홀Andy Warhol과 함께 미국의 팝아트를 대표하는 작가인 로이 리히텐슈타인의 작품이었는데, 사실 그는 한국에 널리 알려진 화가는 아니었지요. 그러나 그 일로 언론에 대서특필되면서 한국인들에게도 친숙한 이름이 되었으니, 그로서는 그 일이 전화위복이 되었는지도 모릅니다.

로이 리히텐슈타인 '바르셀로나의 얼굴'

조금 떨어져 있긴 하지만 올림픽 항구Port Olímpic 쪽 해변 끝으로 물고기를 닮은 재치 있는 청동 조형물 Peix d'orGold Fish도 있습니다. 이것은 빌바오의 구겐하임 미술관을 설계한 프랭크 게리Frank O. Gehry의 작품이지요.

캐나다에서 태어나 미국에서 성장한 게리는 대학에서 건축과 도시 계획을 전공했습니다. 자유롭고 개방적이며 파격적인 성향의 작품을 선보인 그는 1989년에 '건축계의 노벨상'으로 불리는 프리츠커 상을 받아 명성을 얻었습니다. 그리고 1993년 베네치아 건축 비엔날레에서는 미국의 대표적 건축가로 선정되기도 하였지요. 그의 대표작으로는 스페인 빌바오의 구겐하임 미술관, 미국 LA의 월트 디즈니 콘서트홀, 캐나다 온타리오의 예술 갤러리, 체코 프라하의 댄싱 하우스 등이 있답니다.

게리의 독창적이며 자유분방한 건축의 일면을 엿볼 수 있는 작품이 바르셀로나 해변에 있다는 것은 여행자에게 뜻밖의 선물처럼 반갑습니다.

프랭크 게리 '황금 물고기'

콜럼버스 기념탑이 있는 파우 광장에 선 벼룩시장

'바르셀로나의 얼굴' 옆에 들어선 서커스 공연장

사람들이 많이 모이는 곳이다 보니, 파우 광장 한편에서는 벼룩시장이 열리기도 하고, '바르셀로나의 얼굴'이 서 있는 거리 끝에서는 서커스 공연이 진행되고 있었습니다.

벨 항구는 대형 쇼핑센터와 위락 시설이 들어선 곳이기도 하지만, 이처럼 아기자기한 볼거리, 즐길 거리들이 있어 여행자의 발길을 끌어 모으는 곳입니다. 여행 중에 잠깐 망중한을 즐길 수 있는 곳이므로 시간을 내보는 것도 좋을 것입니다.

바르셀로나의 주요 광장
Places de Barcelona

유럽의 도시는 광장을 중심으로 발달했고, 유럽 여행은 광장에서부터 출발한다. 바르셀로나 또한 마찬가지로, 카탈루냐 광장, 에스파냐 광장 주변에 풍부한 볼거리가 몰려 있다. 그 밖의 작은 광장에도 역사적 사건들과 이야기들이 서려 있으니, 꼼꼼하게 살펴보도록 하자. 아는 만큼 보이는 게 여행이니, 미리 공부하고 가면 금상첨화일 것이다.

카탈루냐 광장 ①
Plaça de Catalunya

바르셀로나의 주요 광장으로는 에스파냐 광장Plaça d'Espanya과 카탈루냐 광장Plaça de Catalunya이 있습니다. 상식적으로 볼 때 나라 이름을 딴 에스파냐 광장이 지역 이름을 딴 카탈루냐 광장보다 더 크고 번화할 것 같은데, 실상은 그렇지 않습니다. 카탈루냐 광장이 더 중요하며, 더 많은 관광객들로 북적거립니다. 카탈루냐 사람들이 "카탈루냐는 스페인이 아니다(Catalunya is not Spain)."라고 주장한다는 말이 이해되는 대목입니다.

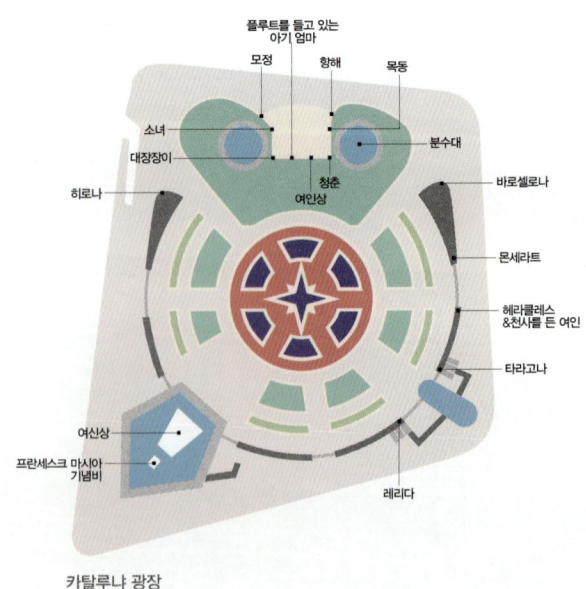

카탈루냐 광장

프란세스크 마시아 기념비

카탈루냐 광장에 우뚝 서 있는 한 조형물을 보면, 카탈루냐 사람들의 독립 염원이 더 강렬하게 느껴집니다. 이 조형물의 이름은 '프란세스크 마시아 기념비 Monument to Francesc Macia'입니다.

이 기념비는 수비라치의 작품입니다. 얼핏 몬세라트의 '라몬 율 기념비'를 연상시키는데, 같은 작가의 작품인 데다가 계단 모양이기 때문에 그렇습니다. 그러나 그 둘의 중요한 공통점은 그것이 아닙니다. 둘 다 카탈루냐의 위인을 기리고 있다는 점에 주목해야 합니다. 라몬 율 기념비는 몬세라트 편에서 다시 만나기로 하고, 여기에서는 이 기념비가 기리고 있는 프란세스크 마시아 Francesc Macia, 1859~1933란 사람이 누구인지, 왜 그가 카탈루냐 사람들에게 중요한지 이야기

카탈루냐 광장에 서 있는 프란세스크 마시아 기념비

하겠습니다.

먼저 프란세스크 마시아가 어떻게 생겼는지 궁금하다면 프란세스크 마시아 기념비 옆에 세워진 흉상을 보십시오. 그 사람이 바로 프란세스크 마시아입니다.

흉상의 옆면에 새겨진 글을 보면, '프란세스크 마시아, 카탈루냐의 자치정부인 헤네랄리타트의 수반이었던 사람'이라고 소개되어 있

프란세스크 마시아 흉상

습니다. 헤네랄리타트Generalitat란, 중세 시대 카탈루냐가 독립 왕국이었을 때부터 존재했던 카탈루냐의 지방 정부를 가리키는 말로, 독자적인 의회와 내각을 가지고 있었습니다. 카탈루냐 사람들에게는 그들의 독립과 자치를 상징하는 단어처럼 여겨지는 용어이지요.

1931년 4월, 스페인에서는 선거가 있었습니다. 카탈루냐 지방에서는 카탈루냐 공화 좌파가 승리를 거두었는데, 이때 프란세스크 마시아와 유이스 콤파니스Lluís Companys, 1882~1940가 손을 잡고 카탈루냐 자치정부, 즉 헤네랄리타트를 수립했습니다.

스페인 왕위 계승 전쟁 때 패배하여 주권을 상실한 카탈루냐는 줄기차게 독립을 요구했지만, 중앙정부로부터 번번이 거부당하는 실정이었습니다. 그러므로 독립 국가의 수립은 카탈루냐 사람들의 오랜 숙원이었지요. 그런데 프란세스크 마시아는 카탈루냐의 독립이 현실적으로 어렵다고 판

단하여 자치정부 수립이라는 실리적인 방안을 택했던 것입니다.

하지만 곧이어 스페인 내전(1936~1939)이 발발하였고, 정권을 장악한 프랑코 독재 정부는 카탈루냐의 자치는 고사하고 문화 말살 정책을 추진하며 카탈루냐 말조차 사용하지 못하게 합니다. 마치 일제시대에 일본이 우리 민족의 얼을 말살하기 위해 조선어를 사용하지 못하도록 탄압했던 것처럼 말입니다.

프랑코 독재가 끝난 뒤 카탈루냐는 다시 예전의 자치를 부분적으로 되찾았지만, 그들이 원하는 수준은 아닐 것입니다. 그러니 카탈루냐 사람들이 선거를 통해 카탈루냐의 자치정부를 수립했던 프란세스크 마시아를 기념하는 조형물을 카탈루냐 광장 한가운데에 세운 것은 상징적인 의미가 크다고 하겠습니다.

프란세스크 마시아의 흉상은 호셉 클라라 Josep Clara의 작품입니다. 계단 모양의 기념비는 수비라치가 1990년에 제작한 것이고, 흉상은 호셉 클라라가 1932년에 제작한 것이라고 합니다. 원래 흉상이 있던 곳에다 수비라치가 조형물을 덧세운 것이지요.

연못 안의
여신상

카탈루냐 광장 한쪽 구석에는 삼각형 모양의 작은 연못이 있습니다. 앞서 소개한 프란세스크 마시아 기념비가 바로 이 얕은 연못에 접해 있는데, 연못 안에는 쪼그리고 앉은 여신이 있습니다. 이것도 호셉 클라라의 작품

카탈루냐 광장 연못과 그 안의 여신상

입니다(호셉 클라라의 이 여신상은 카탈루냐 국립미술관과 시청사에도 있다고 합니다. 나름대로 유명하고도 중요한 작품인 셈이지요). 제목을 그냥 'La Deesa여신 The Goddess'라고 하여 정확히 어느 여신인지는 알 수 없지만, 앉아 있는 자세를 보면 비너스Venus, 그리스 신화의 아프로디테를 표현한 것이 아닐까 짐작됩니다. 그런 자세의 비너스 상이 많기 때문입니다.

특히 대영박물관에 소장된 작품은 앉은 자세가 이 여신상과 유사하지요.

카탈루냐 광장 연못 안의 여신상　　대영박물관의 '비너스 상'
(La Deesa)

분수대 주변 조각품들

여신상이 있는 연못에서 뒤를 돌아보면 멀리 두 개의 분수가 보이는데, 그 주변에는 여러 개의 조각상들이 서 있습니다. (지하철을 이용해 카탈루냐 광장으로 왔다면, 지상으로 올라와 몸을 돌리면 바로 앞에 분수와 조각상들이 보입니다.)

이 조각상들은 1929년의 국제 박람회를 위해 광장을 정비할 때 당대의 조각가들이 만들었다고 하는데, 일부는 원작이지만 나머지 일부는

지하철역과 분수대 조각상

1980~1990년에 복제하여 세운 것들입니다. 어찌 되었든 100년 가까운 세월을 견뎌온 작품들이라면, 특별한 관심을 갖고 감상할 필요가 있다고 생각합니다.

카날루냐 광장의 두 개의 분수대 사이에는 네 개의 조각상이 있는데, 광장을 등지고 섰을 때 가장 오른쪽에 있는 것은 호셉 클라라의 '청춘Youth'이란 작품입니다. 그리고 '청춘' 옆에 서 있는 것은 엔리크 카사노바Enric Casanovas의 작품 '여인상Female figure'입니다.

호셉 클라라 '청춘'   엔리크 카사노바 '여인상'

서로 다른 작가의 작품인데도 분위기가 비슷해 구별하기 어렵군요.

다시 그 옆에는 호셉 빌라도마트Josep Viladomat의 '플루트를 들고 있는 아기 엄마Woman with Boy and Flute'란 작품이 있는데 1928년에 제작된 원본이고, 그 옆에 있는 호셉 이모나Josep Llimona의 '대장장이The Blacksmith'는 1914년에 만들어진 것입니다.

여성적인 부드러움과 단아함, 남성적인 강인함과 단호함이 극단적인 대비를 이루는 작품들입니다.

호셉 빌라도마트
'플루트를 들고 있는 아기 엄마'

호셉 이모나 '대장장이'

이제 계단을 내려간 후 뒤를 돌아 오른쪽 분수 쪽을 바라봅니다. 가까이에 아기를 안고 있는 여인을 새긴 비센크 나바로 로메로Vicenc Navarro Romero의 작품이 보입니다. 제목은 '모정Motherhood'입니다. 그 뒤쪽, 즉 계단을 내려오기 바로 전에는 단아한 모습의 호셉 두냐크Josep Dunyach가 만든 '소녀Girl'가 보입니다.

비센크 나바로 로메로 '모정'   호셉 두냐크 '소녀'

이제 왼쪽 분수로 눈을 돌립니다. 고전적이면서 사실적인 느낌의 남성 조각상은 파우 가르가요Pau Gargallo의 '피리를 부는 목동Shepherd with Flute'입니다. 그리고 그 옆에는 여인이 배의 조타장치를 조종하는 듯 보이는 에우제비 아르나우Eusebi Arnau의 '항해Navigation'라는 작품이 있습니다.

파우 가르가요 '피리를 부는 목동'   에우제비 아르나우 '항해'

중앙 광장을 둘러싸고 있는 청동 조각상들

이제 광장 쪽을 바라보면 광장 중심을 둥그렇게 둘러싸고 있는 조각상들을 볼 수 있습니다. 이 청동 조각상들은 카탈루냐의 주요 도시들을 상징하는 것인데, 그 의미가 명확한 조각상을 중심으로 살펴보겠습니다.

오른쪽 사진의 청동상은 어느 도시를 나타낼까요? 분수 쪽에서 광장을 바라보았을 때 가장 왼쪽에 위치한 이 청동상은 말 탄 여인이 배를 치켜들고 있는 모습을 하고 있습니다. 이것은 프레데릭 마레Frederic Marès의 작품으로 항구 도시인 바르셀로나를 나타냅니다.

그리고 그 오른쪽으

바르셀로나

8장 바르셀로나의 주요 광장 239

로 노인이 검은 성모상을 들고 있는 것은 에우제비 아르나우Eusebi Arnau의 작품으로 몬세라트Montserrat를 상징합니다. 몬세라트는 뒤에서 다시 설명하겠지만, 몬세라트 산 중턱에 있는 한 동굴에서 검은 성모상이 발견되었는데, 이 성모상의 손을 만지며 소원을 빌면 이루어진다는 소문이 퍼져 많은 순례자들이 몰려들기 시작했다고 하지요.

그 오른쪽으로는 안토니 파레라Antoni Parera의 '헤라클레스Hercules'가 있고, 그 뒷면에는 빈센크 나바로Vicenç Navarro의 '천사를 든 여인Woman with An-

몬세라트　　　　　　　　　　안토니오 파레라 '헤라클레스'

gel'이 있습니다. 둘 다 1928년에 제작된 오리지널 작품입니다.

그런데 이곳에 왜 헤라클레스 상을 세웠을까요? 아마도 카탈루냐의 시인 하신 베르다게르 Jacint Verdaguer, 1845~1902의 작품 〈아틀란티다 L'Atlàntida〉와 관련이 있지 않을까 합니다. 이 작품에는 헤라클레스의 이베리아 반도에서의 방랑 등에 관한 이야기가 담겨 있는데, 잠깐 헤라클레스와 이베리아 반도와의 연관성을 소개하면 다음과 같습니다.

그리스 신화에 등장하는 가장 힘세고 용감한 영웅이자 바람둥이 제우스의 혼외자식인 헤라클라스는 헤라의 미움을 받아 역경에 빠지게 되고, 12가지 과제를 떠안게 됩니다. 그 과제 중 하나가 에리테이아 섬에 있는 게리온의 소를 생포하는 것이었는데, 그러려면 아틀라스 산맥을 건너가야 했습니다. 헤라클레스는 거대한 산을 오르는 대신 괴력을 이용해 산줄기를 없애버렸고, 산맥이 갈라지면서 대서양과 지중해가 서로 통하게 되었다고 합니다. 그 사이에 지브롤터 해협이 생겨났으며 끊어진 산의 한 부분이 지브롤터(이베리아 반도의 남쪽 끝)이고 나머지 한 부분이 북아프리카의 세우타(아프리카에 있지만 스페인령)라고 합니다. 이 두 산줄기는 '헤라클레스의 기둥'이라고 불리며, 헤라클레스의 기

빈센크 나바로 '천사를 든 여인'

둥은 스페인 국가 문장에도 등장합니다.

다시 오른쪽으로 발걸음을 옮기면 여인들이 풍성한 과일을 들고 있는 조각상이 보이는데, 이것은 하우메 오테로Jaume Otero의 작품으로 포도주의 산지인 타라고나Tarragona를 상징합니다.

타라고나는 스페인 동부 지중해 연안에 있는 도시로, 로마 시대부터 번성한 도시였습니다. 현재도 성벽, 원형 경기장 유구遺構, 수도교 등 많은 유적들이 남아 있어 관광객들의 발길이 끊이지 않는 곳이지요.

타라고나   레리다

타라고나를 상징하는 조각상 오른쪽에 있는 것은 레리다Lérida를 상징하는 조각으로 호안 보렐 이 니콜라우 Joan Borrell i Nicolau의 작품입니다.

레리다는 바르셀로나 서쪽 세그레 강 연안에 위치하는 카탈루냐 자치지방 레리다 주州의 주도州都로, 농업에 의존하여 포도주·양모·목재·가축의 거래가 성하며 배와 레몬 등의 과실도 많이 생산되는 고장으로 알려져 있습니다.

공원을 쭉 돌아 이제 마지막에 위치한 조각상으로 이동합니다. 이것은 히로나Girona를 상징하며, 안토니 파레라Antoni Parera의 작품입니다.

히로나는 카탈루냐 지방의 북동쪽에 위치하는 히로나 주州의 주도州都로, 로마 시대에 만들어진 도시입니다. 그만큼 유서 깊고 고풍스러우며 문화유적이 많은 도시이지요.

또한 히로나는 농업과 축산업이 발달한 도시입니다. 농업에 적합한 비옥한 토양을 가졌기 때문인데, 그래서인지 히로나를 상징하는 조각상에 황소가 등장합니다. 여기에서의 황소는 농산물의 생산과 수확을 상징한다고 합니다.

히로나

에스파냐 광장 ②
Plaça d'Espanya

몬주익 언덕과 연결되는 에스파냐 광장은 바르셀로나 여행에서 중요한 장소입니다. 에스파냐 역은 다양한 교통수단이 도심 곳곳을 연결하는 교통의 허브이며, 광장 주변에는 중요한 건물들이 많아서 볼거리도 많기 때문입니다.

호안 미로 '여인과 새'

기차를 통해 바르셀로나에 도착하는 사람들은 산츠 역Sants Estació을 통하게 되는데, 에스파냐 광장은 산츠 역에서 가까운 거리에 있습니다. 혹시 숙소가 에스파냐 광장 주변에 있다면 걸어서 10분 정도 걸리는 그 길을 도보로 이동하는 것도 좋을 것입니다.

산츠 역에서 타라고나 거리Carrer de Tarragona를 따라 걸어가다 보면 왼쪽에 화려한 조형물이 하나 보입니다. 바로 호안 미로 공원Parc de Joan Miro에 설치된 '여인과 새Mujer y Pájaro'라는 작품입니다. 바르셀로나는 호안 미로의 작품이 많이 남아 있는 도시랍니다.

　에스파냐 광장은 중앙에 탑이 서 있고, 가까이 원형 경기장 모양의 아레나가 있으며(호안 미로 공원을 지나 걷다가 원형 경기장처럼 생긴 건물이 보이면 에스파냐 광장에 다 온 것입니다), 카탈루냐 국립 미술관으로 올라가는 언덕길 초입에 쌍둥이 탑인 베네치안 타워가 서 있습니다. 베네치아에 있는 종탑을 닮았기 때문에 그런 이름이 붙었다고 합니다.

원형 경기장 모양의 아레나 건물과 중앙탑

중앙의 탑과 베네치안 타워가 보이는 에츠파냐 광장 전경

8장 바르셀로나의 주요 광장

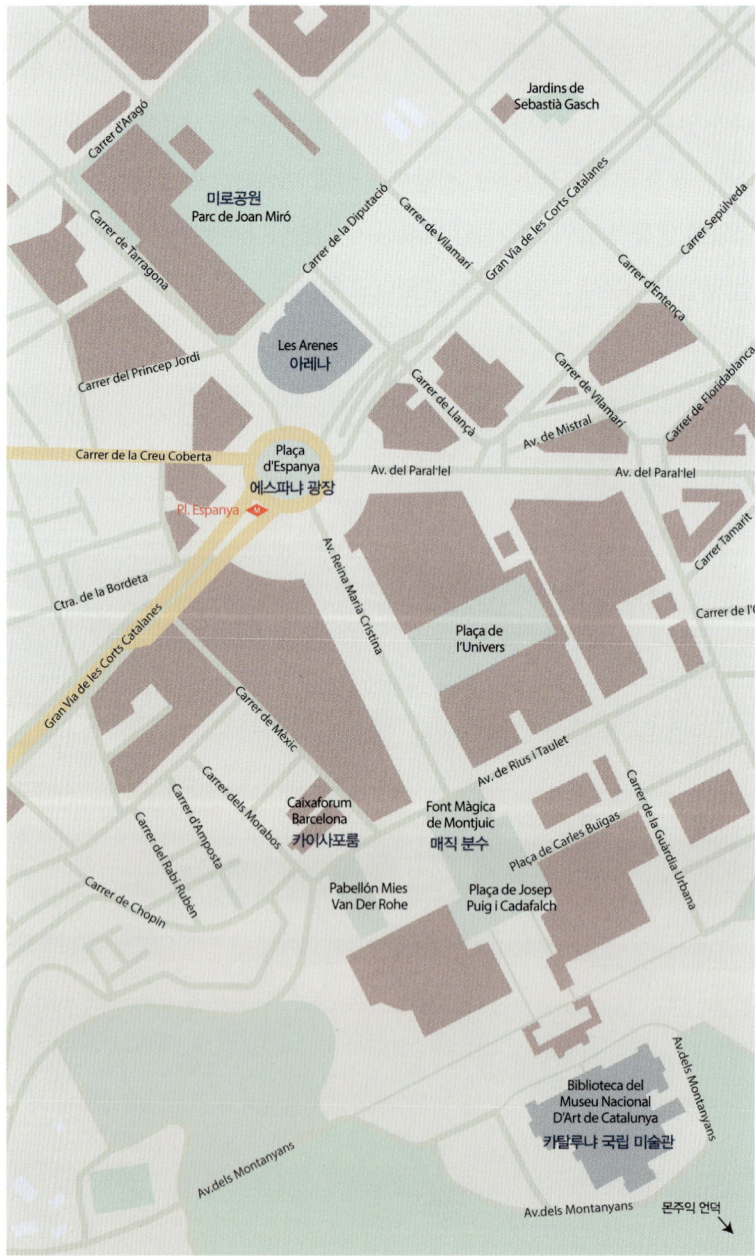

에스파냐 광장과 그 주변

아레나

아레나Arena라고 불리는 옛 투우장 건물은 지금은 쇼핑센터로 사용하고 있습니다. 영어의 arena란 단어는 '원형 경기장'을 뜻하며, 스페인어에서는 '모래'를 뜻한다고 합니다. 원래는 그리스의 원형 경기장에 깔린 모래를 아레나라고 했는데, 나중에는 모래가 깔린 원형 경기장을 뜻하는 말로 의미가 확장되었다고 하네요. 하여간 스페인에서의 원형 경기장, 즉 아레나는 대개 둥근 형태로 지어진 건물을 뜻하는데 거기에서 주로 이루어진 것은 투우였지요. 바르셀로나의 아레나도 원래는 투우장이었습니다.

투우와 플라멩코는 스페인을 대표하는 이미지입니다. 그중에서 플라멩코는 문제가 없는데, 투우의 경우는 동물 학대라며 반대하는 목소리가 점점 높아지고 있습니다. 이에 대해 스페인 안에서도 의견이 분분한데, 투우가 스페인의 전통문화이기 때문에 계승해야 한다는 쪽과 잔인한 동물 학대이므로 폐지해야 한다는 쪽의 의견이 팽팽하게 맞서는 형편입니다.

그런데 재미있는 것은, 투우 폐지를 놓고 스페인 중앙 정부와 카탈루냐 지방 정부가 대립하는 이면에는 정치적인 목적이 숨어 있다는 것입니다.

카탈루냐 사람들은 투우장이었던 아레나를 쇼핑센터로 개조한 것에서 알 수 있듯이, 투우를 폐지해야 한다고 주장합니다. 이들이 겉으로 내세우는 명분은 '동물 학대는 시대의 흐름을 거스르는 것이기에 더는 유지할 수 없다.'는 것이지요. 그러나 그 이면에는 스페인의 전통을 따르지 않겠다는 생각이 숨어 있습니다. 스페인과 거리를 두고 싶어 하는 이 마음이 바로 독립을 요구하는 마음과 일맥상통하는 것이지요.

그에 반해 스페인 중앙 정부는 투우가 스페인의 오랜 전통이기 때문에 오히려 국가 차원의 문화재로 지정하여 보존해야 한다고 주장합니다. 투

투우장이었으나 현재는 쇼핑센터로 이용되고 있는 바르셀로나의 아레나

안달루시아(말라가) 지방에서 지금도 볼 수 있는 투우 포스터

우리는 공통분모를 유지함으로써 한 나라라는 의식을 공유하려는 노력인 것이지요.

그들은 서로 상대방이 투우 문제를 정치적으로 이용하려 한다고 비난합니다. 어느 쪽의 말이 진실인지는 국외자로서는 알 수 없는 일입니다.

참고로, 현재 투우는 독립 움직임과는 상관없는 안달루시아 지방에서 명맥을 유지하고 있습니다. 플라멩코 역시 안달루시아 지방에서 가장 활발하게 공연되고 있지요. 이는 정치적 의도와는 상관없이, 그들의 기질 때문으로 보입니다. 우리가 스페인을 떠올릴 때 가장 먼저 연상되는 뜨거운 태양과 다혈질의 성격을 가진 활달한 사람들의 이미지는 지중해를 끼고 있는 안달루시아 지방과 가장 밀접하거든요. 안달루시아 지방 도시인 말라가의 투우장에서는 지금도 사진과 같은 포스터를 볼 수 있으며 관람객들 앞에서 투우가 진행됩니다.

매직 분수

에스파냐 광장에서 카탈루냐 국립 미술관으로 올라가는 언덕길 초입에는 쌍둥이 탑인 베네치안 타워가 서 있고, 베네치안 타워를 지나면 중앙에 매직 분수라 불리는 커다란 분수대가 설치되어 있습니다.

이 분수는 1929년 바르셀로나 국제 박람회 때 처음 등장했다고 합니다. 대개 국제 박람회는 나라마다 중요한 목적을 가지고 개최하거나, 산업의

카탈루냐 국립 미술관에서 에스파냐 광장 쪽을 바라본 모습

발달에 크게 기여하기 마련입니다. 예를 들어 프랑스 대혁명 100주년을 기념하여 1889년에 개최된 파리 국제 박람회가 에펠탑이라는 유명한 상징물을 남겼듯이 말입니다.

그렇다면 1929년의 바르셀로나 국제 박람회는 바르셀로나에 어떤 유산을 남겼을까요? 매직 분수가 아직도 제 기능을 하면서 관광객을 불러 모으고 있으니, 유산이라면 유산이라고 할 수 있습니다. 카탈루냐 국립 미술관과 1992년 바르셀로나 올림픽 주 경기장이었던 몬주익 스타디움이 1929년 박람회 때 전시관으로 사용된 것을 보수하여 용도를 바꾼 것이라니, 그 또한 유산이라고 할 수 있겠습니다.

그러나 그보다 더 중요한 것은, 한때 쇠락의 길을 걸었던 바르셀로나가 1888년과 1929년에 국제 박람회를 개최하며 부흥의 전기를 마련했다는 점입니다. 바르셀로나는 현재 유럽에서도 손꼽히는 컨벤션 산업의 선두 주자인데, 두 차례의 박람회를 성공적으로 개최하며 인프라 구축과 인력 확보 면에서 저력을 갖게 됨으로써 가능한 일이었습니다. 매년 섬유, 건축 자재, 의류, 자동차, 정보통신 등의 크고 작은 박람회가 100여 차례나 열릴 정도로 바르셀로나는 그 분야에서 강한 경쟁력을 갖고 있습니다.

낮에는 평범하게 보이는 이 길이 밤이 되면 환상적인 쇼가 펼쳐지는 공간으로 변신합니다. 바로 매직 분수 쇼입니다. 에스파냐 광장의 매직 분수는 황홀한 물줄기도 물론 중요하지만, 이런 역사적 가치 때문에 더 소중한 장소인 것입니다.

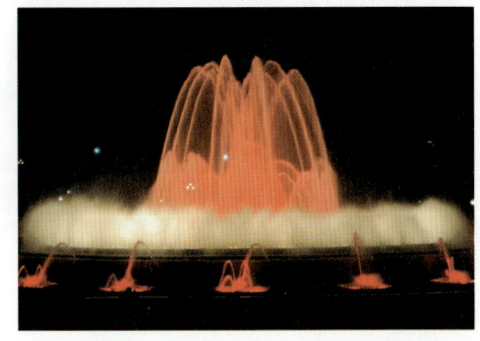

에스파냐 광장의 매직 분수

미술관 쪽에서 시내를 내려다본 광경

카탈루냐 국립 미술관 정면

카탈루냐 국립 미술관

1929년에 열린 바르셀로나 국제 박람회의 전시장이었던 파빌리온Pavilion을 개조하여 만든 카탈루냐 국립 미술관Museu Nacional D'art De Catalunya은 몬주익 언덕 위에 위용을 자랑하며 서 있습니다. 미술관 뒤쪽으로 언덕을 올라가면 1992년 올림픽의 메인 스타디움이 나오죠.

언덕 위에 자리 잡은 미술관에서는 바르셀로나 시내를 내려다볼 수 있어 일부러 이곳을 찾는 관광객도 많습니다. 일종의 전망대 역할을 하는 것입니다.

카탈루냐 국립 미술관은 1934년에 개관하였으며, 카탈루냐 지방의 로마네스크 교회에서 수집한 벽화와 조각품 컬렉션이 유명합니다. 그 밖에도 고딕, 르네상스, 바로크 양식의 미술 작품들이 주로 전시되고 있는데, 피카소가 그 내용이 충실하다고 극찬했다는 말이 있을 정도로 작품들의 수준이 뛰어나므로, 중세 미술에 관심이 있는 사람이라면 한번 들러볼 것을 추천합니다.

미술관 건물은 정면으로 보나 측면으로 보나, 어느 왕실의 왕궁과 같이 웅장한 규모입니다. 국제 박람회를 성대하게 치름으로써 다시 도약할 수 있는 계기를 마련하고자 했던 바르셀로나 시민들의 속내를 짐작할 수 있습니다.

여러 조각상이 있는 카탈루냐 국립 미술관 정면

그런데 유럽을 여행하다 보면, 크고 중요한 건물마다 그리스 로마 신화의 주인공들이 자리 잡고 있는 것을 자주 보게 됩니다. 카탈루냐 국립 미술관 역시 건물 곳곳에 신화 속 인물들이 있는데, 여기서는 각 인물을 파악할 수 있는 일종의 공식에 대해 설명해 보겠습니다.

계단을 이용해 미술관으로 올라가다 보면 유난히 흰 남녀의 조각상 한 쌍이 서 있는데, 미술관을 바라보고 섰을 때 오른쪽에 서 있는 남자는 전쟁의 신 아레스Ares, 로마 신화의 마르스로 보입니다. 투구를 쓰고 방패를 든 젊은 남자는 대개 아레스를 나타내기 때문입니다.

그는 제우스와 헤라의 아들로, 전쟁을 주관하는 신입니다. 그러나 욱하는 성질과 왈패 같은 힘이 특징이라 전쟁에서의 성과는 별로 좋지 못합니다. 같은 전쟁의 신이자 배다른 누이인 아테나Athena가 지혜롭게 전술을 구사하며 승리를 거두는 것과 비교하면 소란스럽기만 하지 실속이 적은 캐릭터인 것입니다.

그래도 남성적인 매력은 물씬했던지, 미의 여신 아프로디테Aphrodite, 로마 신화의 비너스와 올림포스 산을 떠들썩하게 만든 스캔들을 일으키고 그 사이에서 사랑의 신 에로스Eros를 낳았지요. 또한 베스타 신전을 지키는 신녀信女였던 레아 실비아Rhea Silvia에게서 아들 쌍둥이 로물루스와 레무스Romulus and Remus를 낳은 것도 아레스입니다. 쌍둥이 아들 중

아레스

에서 로물루스가 로마를 건국했으니, 전쟁 신으로서의 역할은 신통치 않았는지 모르지만 유럽 역사에는 지대한 공헌을 한 신이라고 말할 수 있습니다.

왼쪽에 있는 조각상은 아르테미스Arthemis 여신으로 보입니다. 옆구리의 화살 통으로 미루어 볼 때 그런 추측이 가능합니다.

아르테미스는 제우스와 레토Leto 사이에서 태어난 쌍둥이 남매 중 하나로, 태양신 아폴론Apollon의 누이입니다. 그녀는 달의 여신이자 사냥의 여신입니다. 그래서 이마에 초승달이 새겨져 있거나 화살 통을 메고 있는 경우가 가장 보편적입니다. 루브르 박물관에 있는 모습이 전형적인 아르테미스의 이미지이지요.

아르테미스로 추정되는 국립 미술관 앞 조각상

루브르 박물관 소장 '아르테미스'

국립 미술관 앞의 강의 신 조각상　　　　　　바티칸 박물관 소장 '티그리스 강의 신'

그렇다면, 아레스와 아르테미스가 의미하는 것은 무엇일까요?

아레스는 비록 아테나보다 더 슬기로운 전쟁신은 못되지만, 그래도 전쟁을 승리로 이끄는 데 필요한 신이었습니다. 그리고 아르테미스는 여신 중에서 가장 날렵하고 용감하며, 젊은이들의 수호신이기도 했습니다. 그러니 숱한 전쟁을 치르며 자신들의 영토를 지켜온 바르셀로나 사람들에게는 이들의 가호가 간절히 필요했을 것입니다. 그 마음이 미술관 앞에다 동상을 세우는 것으로 표현되었다고 생각됩니다.

아레스와 아르테미스 뒤쪽 줄에 놓인 몇 개의 조각상 중 비스듬히 앉은 남자가 물이 흘러넘치는 단지를 가지고 있는 조각상이 있습니다. 이것은 누구일까요? 바로 강의 신입니다. 물이 흘러넘치는 단지는 강물의 흐름을 나타냅니다. 그리고 강의 신은 서 있거나 똑바른 자세로 앉아 있지 않고 항상 비스듬히 앉아 있는데, 이것 역시 강물이 옆으로 흘러가는 것을 형상화한 것입니다. 바티칸 박물관에 있는 '티그리스 강의 신'과 비교해 보면

국립 미술관 앞 데메테르 여신　　　　　　　　　　　곡식 다발을 든 데메테르

알 수 있습니다.

　강의 신 옆에는 역시 비스듬히 앉은 여인이 있는데, 이 여인은 곡식 다발을 가지고 있습니다. 바로 대지와 농경의 여신, 곡물과 수확의 여신 데메테르Demeter입니다.

　제우스Zeus와의 사이에서 낳은 딸 페르세포네Persephone가 저승의 신 하데스Hades에게 납치되자 땅을 돌보지 않아 세상을 황무지로 만든 이야기는 유명합니다. 우여곡절 끝에 제우스의 중재로 페르세포네는 4개월은 저승에서 하데스와 살고, 8개월은 이승에서 어머니인 데메테르와 사는 것으로 정해졌습니다. 그러자 데메테르는 딸이 저승에 가 있는 4개월 동안은 슬픔에 겨워 땅을 돌보지 않아 겨울이 생겼다고 합니다. 딸과 함께 있는 8개월 동안은 기분이 좋아 정성껏 땅을 돌보니 경작과 수확이 풍성하게 이루어질 수 있게 되었지요. 데메테르가 인간의 삶에 얼마나 중요한 역할을 하는지 알 수 있는 일화입니다.

　그림이나 조각에서 곡물의 이삭으로 만든 관冠을 썼거나 손에 곡식 다발을 든 것은 데메테르로 보아도 무방합니다.

　마지막으로 미술관 파사드에는 승리의 여신이 보이네요. 이것이 왜 승리의 여신인지는 사모트라케Samothrake의 니케 여신상을 보여드리는 것으로 설명을 대신하겠습니다.

　도시를 내려다볼 수 있는 위치에 승리의 여신을 세워놓은 까닭은 그의 도움으로 항상 승리하기를 기원하는 마음에서였을 것입니다.
　같은 이치로, 강의 신과 데메테르의 상을 만들어 세운 바르셀로나 사람들의 의도도 짐작해 볼 수 있습니다. 풍요를 상징하는 조각상을 통해 바르셀로나 사람들은 넘치도록 풍요로운 세상이 오기를 기원했던 것입니다.

미술관 파사드의 승리의 여신 니케　　　　루브르 박물관 소장 사모트라케의 니케 여신상

카이사포룸

에스파냐 광장에서 카탈루냐 국립 미술관을 향해 올라가다가 중간에 우회전하여 조금만 걸어가면 카이사포룸CaixaForum이 나옵니다. 겉에서 건물만 봐도 대단해 보이는 이곳은 미술관입니다.

CaixaForum은 La Caixa와 Art Forum을 합친 것으로, '라 카이사 은행의 문화재단에서 운영하는 미술관'이란 뜻을 담고 있습니다. 라 카이사 은행은 전 세계에 약 5,500개의 지점을 소유한 거대 은행 그룹입니다. 카사

바르셀로나의 카이사포룸

밀라도 라 카이사 소유이지요.

　그런데 마드리드에도 똑같은 이름의 미술관이 있습니다. 사진을 보면 로고가 똑같고, 글씨체도 똑같다는 것을 알 수 있습니다. 같은 재단에서 운영하는 시설이기 때문입니다.

　카이사포룸은 바르셀로나와 마드리드 말고도 스페인에 여섯 군데가 더 있다고 합니다. 이처럼 은행이 문화 사업에 돈을 투자하는 것은 바람직한 일이지만, 세계적으로 유례가 없는 아름다운 일이라고까지 칭찬하기는 어렵습니다.

　그러나 바르셀로나 카이사포룸은 100년 전에 지어진 낡은 방직 공장이 미술관으로 변신한 것이고, 마드리드 카이사포룸은 오래된 발전소가 문화 예술의 공간으로 탈바꿈한 것이라는 설명을 들으면 생각이 달라집니다. 옛것을 소중히 여기는 태도, 옛것을 지키는 것에 그치지 않고 거기에 새로운 가치를 더하는 그들의 능력 같은 게 느껴지기 때문입니다.

마드리드의 카이사포룸

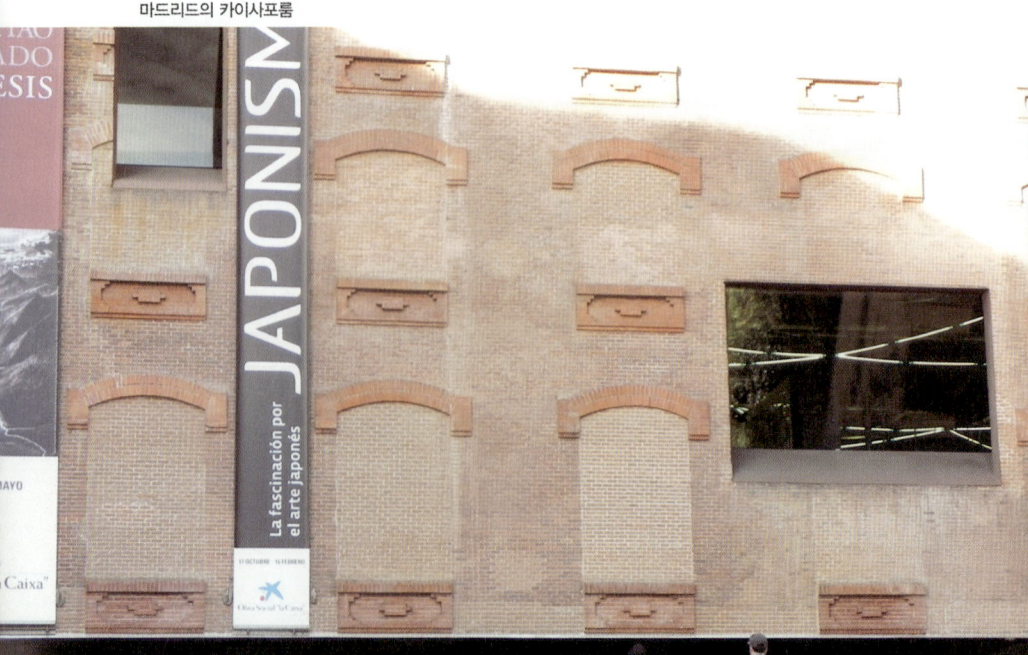

바르셀로나 카이사포룸은 1901년에 지어진 건물로, 1919년까지는 방직 공장으로 사용되었다고 합니다. 카사 아마트예르를 설계한 호셉 푸이그의 작품이니 함부로 허물어버릴 수 없었겠지만, 그래도 지은 지 100년이 지난 낡은 건물을 고스란히 보존하면서 새로운 용도를 창출하는 것은 쉬운 일이 아니었을 겁니다. 그런데도 그들은 그런 작업 끝에 이처럼 멋진 미술관을 그들의 도시에 하나 더 품을 수 있게 된 것입니다. 개발 위주의 정책을 밀어붙여 몇 달이면 뚝딱 새로운 건물을 만들어내는 우리의 비상한 재주가 자랑스럽지 않은 대목입니다.

참고로 말씀드리자면, 라 카이사 은행의 로고는 호안 미로 Joan Miro의 작품이라고 합니다. 이것도 공연히 부러워지는 부분입니다.

마드리드의 카이사포룸 전경

9장

몬주익 언덕의 올림픽 스타디움과 그 주변
Montjuïc & Estadi Olímpic

1992년 바르셀로나 올림픽에서 황영조 선수가 맨 먼저 결승점을 통과할 때, 대한민국은 온통 감격의 물결로 뒤덮였다. 몬주익 언덕에 서면 그 날의 함성이 아직도 들리는 듯하다. 경기장 주변의 조형물도 꼼꼼하게 살펴보자.

올림픽 스타디움 ①
Estadi Olímpic

몬주익 언덕에는 앞서 설명한 카탈루냐 국립 미술관을 비롯해 미로 미술관, 몬주익 성과 군사박물관 등 여러 볼 것들이 있지만 누가 뭐래도 몬

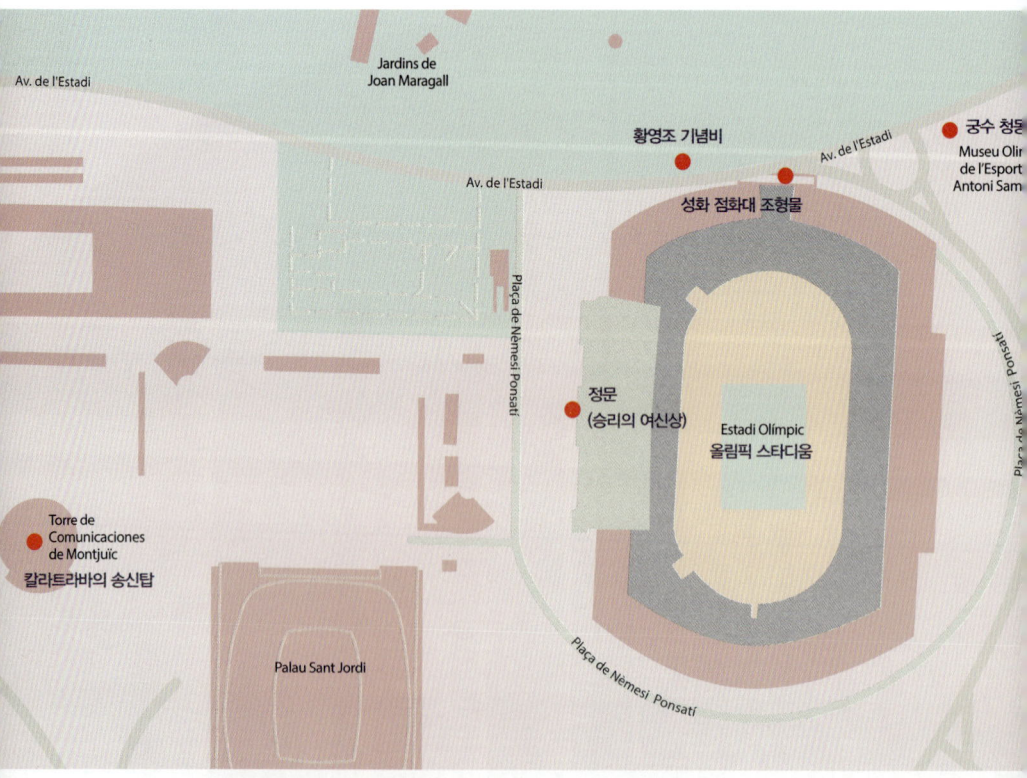

몬주익 언덕의 올림픽 스타디움 주변

주익 언덕의 주인공은 올림픽 메인 스타디움이라고 생각합니다. 1992년에 이곳에서 열린 올림픽이 바르셀로나란 도시를 세상에 널리 알리는 데 매우 중요한 역할을 했기 때문입니다.

그런데 사실 올림픽이 열린 메인 스타디움 자체는 딱히 설명을 덧붙일 만한 것이 없는 평범한 경기장입니다.

그래서 올림픽 스타디움에서는 경기장 외부의 조형물을 중심으로 이야깃거리를 찾아보고 그 주변의 소소한 볼 것들에 대한 이야기를 이어나가 볼까 합니다.

1992년 바르셀로나 올림픽 메인 스타디움

승리의 여신상

일단 메인 스타디움을 나와 정문 쪽을 바라보니 옥상에 마차에 올라탄 승리의 여신이 발견되는군요.

어쩌면 이 조각상의 인물이 승리의 여신이 아닐 수도 있습니다. 그러나 이것은 매우 전형적인 유형의 조각상입니다. 이와 유사한 형태는 독일 베를린에 있는 브란덴부르크 문에도 있고, 베네치아 산마르코 대성당의 문

경기장 밖에서 바라본 올림픽 스타디움 정문

위에도 있습니다. 산마르코 대성당의 경우 승리의 여신은 사라지고 말들만 남았는데, 원본은 성당 안에 있고 밖에 설치된 것은 복제품입니다.

　이런 유형의 조각들은 대개 공통점이 있지요. 기념비적인 중요한 건물에 설치된다는 점, 그리고 승리를 기원하거나 이미 이루어진 승리를 기념하는 목적으로 설치된다는 점이 그것입니다. 여기에서 '승리'에 방점이 찍

바르셀로나 올림픽 스타디움의 승리의 여신　　브란덴부르크 문의 승리의 여신

웰링턴 아치의 승리의 여신　　카루젤 개선문의 승리의 여신

비또리오 에마누엘레 2세 기념당의 승리의 여신　　산마르코 대성당의 청동 말

히는 까닭은, 마차를 타고 있는 주인공이 승리의 여신 니케Nike이기 때문입니다. 승리의 여신은 등에 날개가 달렸거나 손에 월계관을 들고 있는 경우가 대부분입니다. 그것들이 니케의 신분증명서 역할을 한다고 볼 수 있는 것이지요.

그런데 승리의 여신 니케는 누구일까요? 그녀는 어째서 승리의 상징이 된 것일까요?

니케는 티탄Titan 신에 속하는 신입니다. 아버지가 티탄 신의 일족인 팔라스Pallas이고, 어머니 또한 티탄 신인 스튁스Styx이니까요. 태곳적에 신들의 세상에서 큰 전쟁이 일어났는데, 제우스가 중심이 된 올림포스 신들과 그들의 조상에 해당하는 티탄 신들이 맞붙은 것입니다.

전쟁은 올림포스 신들의 승리로 끝났고, 티탄 신들은 신화 속에서 대부분 사라져갔습니다. 그러나 니케와 그녀의 어머니 스튁스는 살아남았습니다. 그것도 매우 명예롭게 살아남을 수 있었습니다. 왜냐하면, 스튁스가 니케와 더불어 제우스 편에 서서 싸웠기 때문입니다. 니케는 제우스의 마차를 몰며 전장을 누볐다고 하는데, 네 마리의 말이 이끄는 마차를 탄 위풍당당한 니케의 이미지는 그때 만들어진 것입니다.

전쟁이 끝난 뒤, 제우스는 자신의 편에서 싸워준 스튁스와 니케에게 고마움을 표하며 니케에게는 '승리의 여신'이란 명예로운 역할을 맡겼습니다. 그 이후로 승리를 염원하는 자리에는 항상 그녀가 초대받게 된 것입니다. 전쟁이 잦았던 시절에 니케만큼 사람들의 환심을 산 신도 없었을 것입니다. 그녀가 눈길만 주어도 승리의 징조라며 사람들이 감격스러워 했으니까요.

니케의 어머니인 스튁스는 또 다른 형태의 명예를 거머쥐었습니다. 제우스가 스틱스의 이름을 걸고 한 맹세는 절대로 어길 수 없도록 못 박았기 때문입니다. 제우스 자신조차도 그 불문율 때문에 사랑하는 여인을 잃어야 했을 정도로 그것은 확고한 원칙이었습니다.

그런데 니케는 전쟁의 신인 아테나와 함께 등장할 때가 있습니다. 니케는 단독으로 표현될 때는 매우 위풍당당한 모습이지만, 아테나와 함께 있을 때는 아테나에게 종속적인 모습을 보입니다. 즉, 아테나의 손 위에 올라서 있는 왜소한 모습으로 표현되는 것입니다. 파리 알렉산더 3세 다리의 초입에 있는 조각상을 보면 그런 사실을 알 수 있습니다.

이것은 아마도 아테나가 전쟁 전반을 주관하는 신이고, 니케는 그녀를 도와 한쪽의 승리를 돕는 역할을 하기 때문에 위상에 차이가 나는 것 아닐까 합니다. 또한 신들의 전쟁에서 아테나가 속한 올림포스 신들이 니케가 속한 티탄 신들에게 승리를 거둔 것도 하나의 이유가 될 것 같습니다. 비록 니케가 제우스를 도운 공으로 살아남았지만, 제우스의 딸인 아테나를 능가하는 역할을 맡기는 어려웠을 테니까요.

어쨌든 바르셀로나 올림픽 스타디움에 있는 니케는 올림픽 당시 모든 선수들의 승리를 기원하며 그 자리를 지키고 있었을 것입니다.

알렉산더 3세 다리의 아테나와 니케 상

성화 점화대 조형물

한 명의 주자가 성화대까지 뛰어가 점화하는 기존의 방식에서 벗어나 세 명의 최종 주자가 리프트를 타고 올라가 동시에 점화한 88 서울 올림픽 때의 성화 점화 방식은 매우 신선한 발상으로 여겨졌습니다.

그러나 서울 올림픽의 성화 방식에 대한 찬사는 4년 뒤 바르셀로나 올림픽에서 누구도 상상하지 못한 기발한 방법이 등장함으로써 눈 녹듯 사라지고 맙니다. 그 뒤로도 다양한 성화 점화 방식이 선보였지만, 바르셀로

불화살을 연상시키는 문양이 새겨진 성화대

나 올림픽을 능가하는 방식은 아직 나오지 않은 것 같습니다.

바르셀로나 올림픽의 성화 점화는 궁수가 성화대를 향해 불화살을 쏘아 불을 붙이는 방식이었습니다. 성화대의 높이가 적잖이 높은데, 한 치의 오차도 없이 정확하게 날아가 활활 불타오르게 하는 신묘한 솜씨에 다들 감탄을 했지요. (실제로는 연출된 장면이라고 합니다.)

스타디움의 정문을 바라보고 왼쪽으로 돌아가면 허공을 가르며 날아가던 불화살을 연상시키는 문양이 표면에 새겨진 성화대의 모습을 볼 수 있습니다.

바르셀로나 시민들도 그때의 성화 점화 방식을 자랑스럽게 생각하고 있나 봅니다. 스타디움 옆 올림픽 박물관Museu Olímpic i de l'Esport Joan Antoni Samaranch 기념품 가게 앞에 그때 성화 점화를 했던 궁수를 연상시키는 청동 조각상을 세워 놓았기 때문입니다.

올림픽 박물관 앞 궁수 상

그의 활이 겨냥하는 방향으로 성화대가 있는데, 스타디움 안의 운동장에서 성화대 꼭대기까지의 거리를 가늠해 본다면, 그때 단번에 성공한 그 궁수의 솜씨가 얼마나 대단한 건지 짐작할 수 있습니다. 바르셀로나 올림픽이 끝난 뒤 20여 년이 지났지만, 지금도 올림픽 성화 점화를 이야기할 때면 단골로 화제에 오르는 몬주익 언덕의 불화살은 정말 대단한 것이 아닐 수 없습니다.

② 스포츠 영웅을 기리는 방법

궁수弓手 상이 서 있는 곳의 바닥에는 유명한 운동선수들의 발 도장Foot print이 새겨져 있습니다. 혹시 좋아하는 운동선수의 족적足跡이 있는지 찾아보는 것도 재미있을 것입니다.

여기서는 올림픽 육상의 전설로 불리는 에드윈 모지스Edwin Moses에 대해 알아보겠습니다. 에드윈 모지스는 육상 400M 허들의 전설적인 선수입니다. 1977년부터 1987년까지 10년 동안 122차례나 대회에 참가해 단 한 번도 지지 않은 전무후무한 대기록을 가지고 있는 스포츠 영웅이지요. 이 기록은 아마 앞으로도 깨지기 어려울 듯합니다. 그가 금메달을 놓친 최초의 국제대회가 1988년의 서울 올림픽이라니, 좀 묘한 기분이 듭니다. 서울 올림픽은 그의 은퇴 대회였으며, 아쉽게도 동메달에 그치고 맙니다.

올림픽 육상의 전설 에드윈 모지스의 발 도장　　테니스 선수 로저 페더러의 발 도장

그는 당시 흑백차별로 인해 신음하던 흑인들의 영웅이었고, 그를 본받아 많은 흑인들이 스포츠계에서 두각을 나타내기 시작했으니 선구자적인 사람이었습니다. 하지만 석연치 않은 이유로 사회의 지탄을 받다가 홀연히 사라져 갔지요. 그런데도 바르셀로나에 그의 발 도장이 찍혀 있으니 다소 의아했습니다. 그의 은퇴시기를 볼 때 바르셀로나 올림픽에서 뛴 것이 아닌데, 올림픽 스타디움 앞에 족적이 남아 있으니까요.

또 다른 족적의 주인공 로저 페더러Roger Federer도 1981년생이라 바르셀로나 올림픽과는 무관한 사람입니다. 그런데도 그들의 발 도장이 올림픽 스타디움 앞에 남아 있는 것은, 스포츠 영웅이라면 자신들과의 연관성을 따지기 전에 존중하겠다는 뜻으로 해석됩니다.

바르셀로나 올림픽과 관련하여 중요하게 언급되어야 할 사람 중 하나는 후안 안토니오 사마란치Juan Antonio Samaranch 전 IOC 위원장입니다.

한국인들에게는 1981년 9월 30일 독일 바덴바덴에서 열린 국제올림픽위원회IOC 총회에서 1988년 하계 올림픽 개최지를 발표한 사람으로 기억될 것입니다. 그의 입에서 나온 "쎄울, 꼬레아!" 단 두 마디는 대한민국을 환호성으로 뒤덮이게 만들었지요. 그는 1980년에 IOC 위원장으로 선출되었고, 처음으로 결정한 하계 올림픽 개최지가 서울이었으니 그에게도 서울은 인연 깊은 도시였을 것입니다.

1980년의 모스크바 올림픽은 서방 세계가 보이코트하고, 그에 대한 보복으로 1984년 LA 올림픽은 동구권이 불참하는 우여곡절을 겪으며 1988년 서울 올림픽이 개최되었으니, 사마란치로서도 제대로 치르고 싶은 욕심이 간절했을 것입니다. 그래서 서울 올림픽의 성공적인 개최를 위해 많은 수고를 기울였고, 태권도가 정식 종목이 되도록 애써주기도 했다고 합니다. 그런 점을 고려하여 세계태권도연맹은 그에게 태권도의 최고단인 명예 10단 증서를 수여했다고 합니다.

　그런 그가 바로 바르셀로나 출신입니다. 그래서인지 올림픽 스타디움에 그의 이름을 딴 연구소 Centre D'Estudis Olímpics I De L'Esport J. A. Samaranch도 있습니다. 2010년에 사망한 그의 이름을 몬주익 언덕에서 보니 감회가 새로웠습니다.

성화대 조형물 바로 근처에 있는 사마란치 올림픽 연구센터

황영조 선수를 기리는 조촐한 공간 ③

궁수 청동상이 있는 곳에서 맞은편으로 길을 건너 경기장 방향으로 조금 걷다 보면 황영조 선수가 달리는 모습을 새겨놓은 조각을 발견할 수 있습니다. 비록 면적은 좁지만 시야를 가리는 것이 없어 쉽게 찾을 수 있습니다.

황영조는 1992년 바르셀로나 올림픽 마라톤에서 금메달을 딴 선수이지

바르셀로나 올림픽 마라톤 금메달리스트 황영조 선수가 달리는 모습

요. 지금도 그날 일본 선수와 끝까지 각축을 벌이던 그의 모습과, "몬주익 언덕을 힘차게 달리고 있는 우리의 황영조 선수…"라고 숨 가쁘게 외치던 아나운서의 흥분된 목소리가 생생하게 떠오릅니다.

올림픽 마라톤에서의 금메달, 그것도 일본 선수를 물리치고 획득한 금메달은 우리에게 평범한 금메달일 수 없습니다. 베를린 올림픽에서 일장기를 달고 뛰어야 했던 손기정 선수의 한을 기억하기 때문이지요. 월계관을 쓰고 시상대의 가장 높은 자리에 섰으면서도 죄인처럼 고개를 푹 숙여야만 했던 손기정 선수의 한과 아픔을 한 번에 날려준 것이 바로 황영조 선수였던 것입니다.

그렇기 때문에 바르셀로나를 방문하는 한국인들은 마치 성지를 순례하는 사람들처럼 몬주익 언덕을 찾아가 '그날 황영조 선수가 달렸던 길이 이쪽일까, 저쪽일까?' 가늠해보기도 하고, 그가 가장 먼저 들어섰던 메인 스타디움을 보며 그날의 함성을 떠올리는 것이 아닐까 합니다.

그 자리에 황영조 선수 기념비를 세운 것은 바르셀로나 올림픽 마라톤 금메달리스트이기 때문이 아니라 바르셀로나가 포함된 카탈루냐 주와 우리나라의 경기도가 자매결연을 하면서, 우호의 증표로 세운 것이라고 합니다. 그렇더라도 황영조 선수를 기리는 조촐한 공간이 몬주익 언덕에 있다는 건 기분 좋은 사실입니다. 공연히 뿌듯해지는 곳입니다.

몬주익 텔레커뮤니케이션 타워

4 칼라트라바의 송신탑
Torre Calatrava

다시 스타디움 정문 쪽으로 돌아와 건너편을 보면 거대한 구조물이 있습니다. 정식 명칭이 '몬주익 텔레커뮤니케이션 타워 Torre de comunicacions de Montjuïc'인 이 기이한 모양새의 건축물은 1992년 바르셀로나 올림픽 때 올림픽 관련 방송을 내보내기 위해 세운 송신탑입니다. 건축가의 이름을 따서 칼라트라바 송신탑 Torre Calatrava이라고도 하지요.

날카로운 침針이 하늘을 찌르는 듯하고 그것을 둥근 원이 부드럽게 감싼 형태인 이 송신탑은 높이가 136m나 되다 보니, 바르셀로나 공항에 접근하는 비행기 안에서도 알아볼 수 있을 정도로 존재감이 확실했습니다.

해시계 역할을 하는 송신탑의 아랫부분

어떤 이는 이것이 운동선수가 성화를 들고 있는 모습을 본뜬 것이라고 하고, 또 어떤 이는 예물을 바치기 위해 다소곳이 무릎을 꿇은 사람을 형상화한 것이라고도 합니다. 어떤 말이 더 맞든지, 이것은 사람의 모습을 연상하게 하는 형태인 것은 분명합니다.

트렌카디스 기법의 송신탑 기단부

그런데 사실 이것은 해시계 역할을 하도록 설계된 것이라고 합니다. 송신탑 아래에 반원형 받침이 있는데, 잘 보면 거기에 빗금이 쳐져 있습니다. 꼭대기 바늘 모양의 그림자가 반원형 받침의 빗금에 비치는 것으로 시간을 짐작하게 만든 것이라니 재치 있는 발상이 놀랍습니다.

이 송신탑을 설계한 산티아고 칼라트라바Santiago Calatrava는 스페인이 낳은 유명한 건축가로, 위대한 선배 건축가인 가우디에 대한 존경의 표시로 송신탑의 기단부에 트렌카디스 기법을 사용했다고 합니다. 가우디처럼 다양한 색채와 형태를 구사한 것은 아니지만, 흰색을 주제로 한 이 송신탑에 잘 어울리는 방식으로 자신의 뜻을 표현한 것입니다.

10장

몬세라트 수도원
Santa María de Montserrat Abbey

'톱으로 자른 산'이란 이름에서 짐작할 수 있듯이 기암괴석으로 이루어진 험준한 산이 신비로운 느낌을 준다. 그러나 이곳의 진짜 주인은 바실리카 안에 모셔진 '검은 성모상'으로, 카탈루냐의 수호성인인 검은 성모상을 보기 위해 찾아오는 방문객들로 수도원은 늘 북적거린다.

바르셀로나에서 북서쪽으로 38km 남짓 떨어진 몬세라트는 카탈루냐어로 '톱으로 자른 산'이란 뜻입니다. 기암절벽이 중첩된 모습이 예사 산과는 확연히 다르기 때문에 그런 이름을 얻게 된 것이지요. 몬세라트에 가보면, 옛사람들이 이 산에 왜 그런 이름을 붙였는지 이해할 수 있습니다.

카탈루냐 지방의 사람들에게 이 산은 빼어난 절경 이상의 의미가 있습니다. 단순히 기이하고 아름다운 풍광 때문에 찾는 관광지가 아니라, 가톨릭 신앙의 성지(聖地)로서 영험한 힘이 있는 곳으로 여겨지는 것입니다.

발아래로 구름이 보이고, 아득히 구름 너머로 인간의 땅이 내려다보일 때는 아닌 게 아니라 이곳이 인간 세상은 아닌 것 같다는 생각이 들기도 합니다. '이런 천혜의 요새 같은 곳에 이 정도 규모의 수도원을 어찌 세웠을까?' 생각할수록 놀랍고, 그렇게 하면서까지 자신들의 신앙을 굳게 지켜낸 사람들의 고집스러움에 다시금 놀라게 됩니다.

사람들이 몬세라트를 영험한 곳으로 여기는 이유는 여러 가지가 있습니다. 기기묘묘한 봉우리

단순히 기이하고 아름다운 풍광 때문에 찾는 관광지가 아니라, 가톨릭 신앙의 성지로서 영험한 힘이 있는 곳으로 여겨지는 것입니다.

들이 끝없이 늘어선 비현실적인 풍경이 그중의 하나요, 그런 험준한 바위산 중턱에 무려 1,000년의 역사를 가진 수도원이 있다는 점이 다른 하나입니다. 그러나 무엇보다도 사람들의 발길을 이곳으로 이끄는 힘의 원천은 산타 코바(Santa Cova)에서 발견된 검은 성모상(라 모레네타, La Moreneta)에 있습니다. 거기에다 소원을 이야기하면 이루어진다는 믿음이 있기에 사람들은 수고를 무릅쓰면서 몬세라트를 찾는 것인데, 그에 대한 이야기는 '검은 성모상' 편에서 자세히 할 것입니다.

바르셀로나에서 기차로 한 시간 정도면 닿을 수 있는 몬세라트는 하루 일정이면 충분히 다녀올 수 있기 때문에, 기독교 신자들은 물론이거니와 일반 관광객들도 즐겨 찾는 명소가 되었습니다.

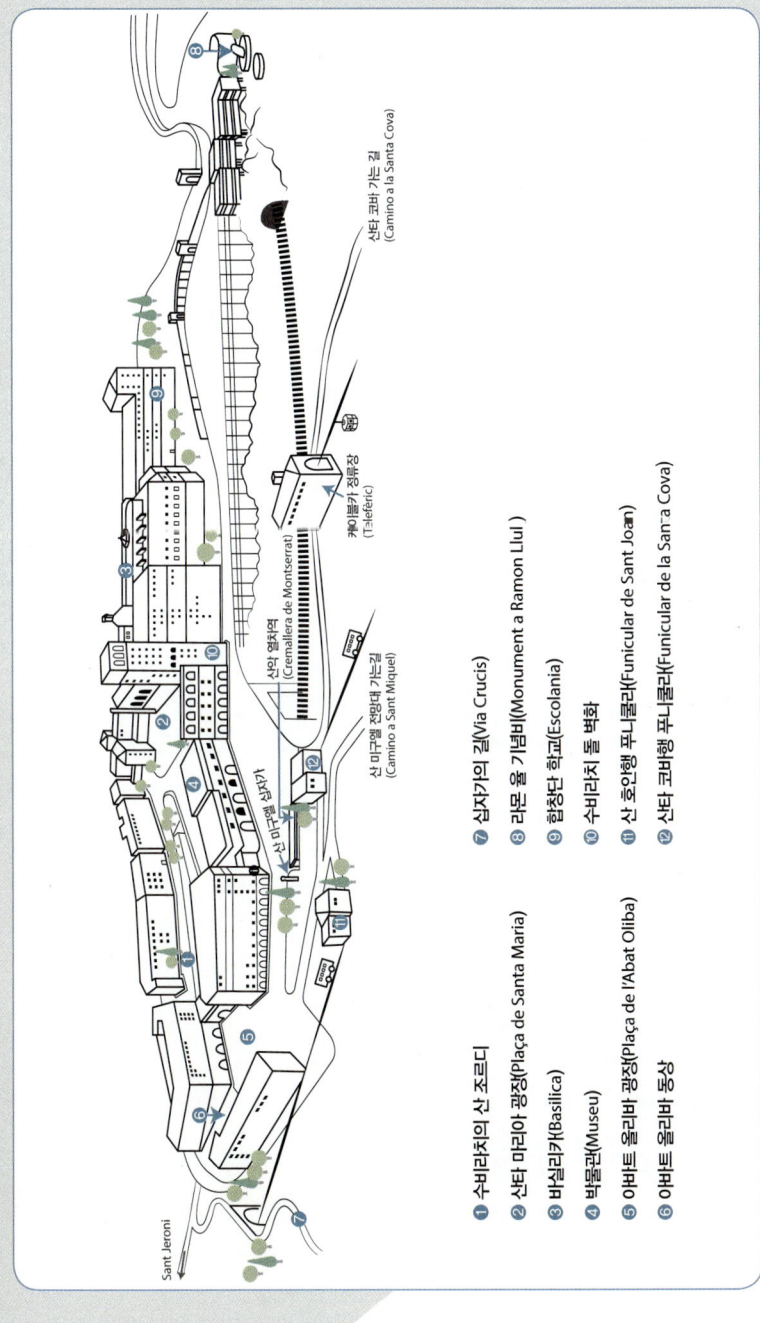

❶ 수비라치의 산 조르디
❷ 산타 마리아 광장(Plaça de Santa Maria)
❸ 바실리카(Basílica)
❹ 박물관(Museu)
❺ 아바트 올리바 광장(Plaça de l'Abat Oliba)
❻ 아바트 올리바 동상
❼ 십자가의 길(Via Crucis)
❽ 라몬 율 기념비(Monument a Ramon Llull)
❾ 합창단 학교(Escolania)
❿ 수비라치 돋을 벽화
⓫ 산 호안행 푸니쿨라(Funicular de Sant Joan)
⓬ 산타 코바행 푸니쿨라(Funicular de la Santa Cova)

10장 몬세라트

산 미구엘 십자가 ①

몬세라트에 올라가는 방법은 산악열차를 이용하는 방법과 케이블카를 이용하는 방법 두 가지가 있습니다. 케이블카를 이용할 경우 에스파냐Es-panya 역에서 R5 기차를 타고 몬세라트 아에리Montserrat Aeri 역까지 간 다음 케이블카로 갈아타고, 산악열차를 이용하려면 잠시 뒤에 도착하는 모니스

몬세라트에 오른 후 보이는 첫 광경

트롤 데 몬세라트Monistrol de Montserrat 역에서 내려 환승해야 합니다.

　산악열차에서 내려 기차역 밖으로 나오면(혹은 케이블카를 타고 와서 내린 다음 조금 올라오면), 눈앞에 열병식을 하듯 늘어선 기암괴석들이 살짝 맛보기로 드러나고, 몬세라트 박물관과 연결되는, 1층에 기념품 가게가 있는 건물이 보입니다.

　'아, 정녕 몬세라트에 오긴 왔나 보다.' 하는 탄성이 절로 나오는 풍경이지요.

　그곳에서 고개를 왼쪽으로 돌리면 또 다른 풍경이 펼쳐집니다. 왼쪽의 건물은 산악열차 역이고, 오른쪽의 건물은 몬세라트를 소개하는 시청각자료실이 있는 곳Audiovisual area이며, 뒤쪽의 건물은 휴게실 겸 식당인 바르

왼쪽으로 고개를 돌렸을 때 보이는 모습

Bar가 있는 곳이지요. 몬세라트행 열차표에는 시청각 자료실 이용이 포함된 것이 있는데, 그런 표를 구입한 사람은 시청각 자료실을 찾아가 관람을 하면 됩니다.

몬세라트를 찾는 사람들은 기기묘묘한 바위산에 대해 흥미를 느꼈거나, 아니면 바실리카Basilica, 수도원 성당 안에 모셔진 검은 성모상에 대해 호기심을 가졌거나 한 경우가 대부분이므로, 서둘러 발길을 옮기기 마련입니다. 그러나 잠깐만 발길을 멈추세요. 그 전에 눈여겨봐야 하는 것이 이곳에 있으니까요. 사진 중앙에 보이는 십자가가 바로 그것입니다.

산 미구엘 표시

산 미구엘 십자가

이 십자가의 이름은 '산 미구엘 십자가'입니다. 이런 이름을 얻게 된 까닭은, 작가가 십자가의 아랫부분에 그렇게 새겨놓았기 때문이지요.

서로 다른 두 종류의 암석을 결합하여 만든 모양이 다소 특이하긴 하지만, 워낙 풍광이 장관인 곳이기 때문에 이 정도 규모의 조형물은 눈에 띄기 어려운 것이 사실입니다. 그러나 이것을 제작한 사람이 수비라치Josep Maria Subirachs라는 사실을 알고 나면 이야기가 달라지지요.

"수비라치?" 네, 그렇습니다. 사그라다 파밀리아의 '수난의 파사드'를 책임진 바로 그 사람 말입니다. 수비라치의 작품은 몬세라트 구석 구석에서 여러 번 만나게 되므로 그때그때 설명하기로 하고, 여기에서는 '산 미구엘'에 대해서 설명하도록 하겠습니다.

스페인에서 말하는 산 미구엘San Miguel은, 영어권의 '세인트 미카엘Saint Michael'에 해당합니다. 프랑스에서는 '생 미셸Saint Michel'이라고 하지요. 모두 성서에 나오는 대천사 미카엘을 가리킵니다.

미카엘은 기독교에서 천상군대天上軍隊의 우두머리라고 생각하는 인물로, 특히 악마와의 싸움에서 승리한 것으로 믿어집니다. 그가 때로 기사騎士들의 수호신으로 숭배받는 것은 그 때문이며, 귀도 레니Guido Reni의 그림과 파리 생 미셸 거리의 입구에 있는 조각에 그런 이미지가 잘 표현되어 있습니다.

귀도 레니, '대천사 미카엘'   파리 생 미셸 거리의 '대천사 미카엘' 상

파리에 있는 노트르담 대성당의 파사드

    건곤일척의 진검 승부 끝에 악마 사마엘을 무찌른 미카엘은 이상하게도 '죽음의 천사'로도 인식됩니다. 그가 승리의 천사, 영광의 천사가 아닌 죽음의 천사가 되는 까닭은, 그의 역할 중 하나가 최후의 심판 때 죽은 영혼을 위해 변호하는 것이기 때문입니다.

    최후의 심판이 있는 날, 그는 나팔을 부는 임무와 함께 심판장에서 인간의 영혼을 저울에 단 다음, 죄가 있는 영혼이 지옥으로 가지 않도록 변호해주는 임무를 맡았다고 합니다. 비록 죄가 있다 할지라도 가급적이면 구해내고자 애쓰는 천사인 것입니다. 반면에 그의 호적수인 사마엘은 죄 없는 영혼일지라도 가급적이면 지옥으로 데려가기 위해 사소한 잘못이라도 찾아내어 고발하는 역할을 맡았지요. 미카엘과 사마엘의 성격은 그렇게 상반되는 것입니다.

최후의 심판 때 죽은 이를 천국과 지옥으로 데려가려고 신경전을 벌이는 미카엘과 사마엘의 모습은 파리에 있는 노트르담 대성당의 파사드에서 볼 수 있습니다.

미카엘은 기독교에서 중요한 비중을 차지하는 인물이기 때문에 유럽을 여행할 때 종종 만나게 되는데, 스페인에서도 예외가 아닙니다. 몬세라트만 하더라도 그의 이름이 붙은 곳이 한 군데 더 있습니다. 산 호안에서 산길을 따라 아래로 내려가면 십자가가 세워진 곳이 있는데 그곳의 이름이 '산 미구엘 전망대'이니, 그의 위상이 어떠한지를 짐작할 수 있습니다.

참고로 아담과 이브를 낙원으로부터 추방할 때, 신의 뜻을 그들에게 전한 것도 미카엘이라고 합니다. 그는 아담에게 가서 "아담이여, 하느님은

산 미구엘 전망대

산 미구엘 십자가에 새겨진 각국의 글자

더 이상 그대가 이 낙원에 사는 것을 허락하지 않으신다. 나는 그대를 이 낙원에서 추방하여 그대에게 어울리는 곳으로 보내기 위해서 왔다."고 했다 합니다. 여기에서는 미카엘의 단호하면서 냉정한 면이 엿보입니다.

어쨌든 죽음의 천사라고 하여 애꿎은 사람을 죽음으로 몰고 가는 것이 아니라, 죽은 이의 영혼을 구하기 위해 애쓰는 존재라니 고마운 일입니다.

사족입니다만, 수비라치의 산 미구엘 십자가를 보면서 약간 섭섭한 감정을 느꼈다는 고백을 하고 싶습니다. 십자가의 삼면에 각양각색의 문자가 새겨져 있는데, 중국의 한자도 있고 일본의 가나도 있는 그 자리에 아무리 찾아봐도 한글은 없더군요. 예전에 비해 우리나라의 위상이 많이 높아졌다고 자부하며 살다가도, 중국과 일본에 치이는 현상을 목격하면 문득 기분이 씁쓸해지곤 합니다.

Special

How to get to Montserrat

몬세라트 가는 방법 / 바르셀로나에서 몬세라트에 가기 위해서는 일단 에스파냐(Espanya) 역으로 가야 합니다. 에스파냐 역은 여러 노선의 지하철과 기차가 지나는 교통의 요지로, 몬세라트 근처 마을을 경유하는 만레사(Manresa)행 R5 기차가 출발하는 곳이기도 합니다. 만레사는 '로욜라의 성 이냐시오(예수회의 창립자이자 초대 총장)'가 은신하여 수행한 동굴이 있는 곳입니다.

만레사행 R5 기차가 출발하는 에스파냐 역

역 안으로 들어서면, 만레사행 기차(관광객에게는 그것이 실질적인 몬세라트행 기차입니다) 타는 곳을 쉽게 찾아갈 수 있습니다. 몬세라트 가는 사람들이 워낙 많기 때문인지 표지판이 잘 되어 있기 때문입니다.

벽에 붙은 몬세라트의 장관을 보여주는 사진들   몬세라트로 가는 곳임을 표시하는 표지판

벽에는 몬세라트의 장관을 보여주는 사진들이 붙어 있고, 기차 타는 곳을 일러주는 방향 표시도 잘 되어 있습니다.

승차권 구입은 자동 발권기를 이용해야 하는데, 승차권의 종류가 다양하기 때문에 처음 이용하는 사람은 곤혹스러울 수 있습니다. 그러니 인터넷을 검색하여 이용 방법을 미리 알아두고 가는 것이 좋습니다. 승차권 구입 시 제일 중요한 점은, 승차권 안에 얼마나 다양한 옵션을 포함시킬 것인가 하는 것과, 몬세라트에 올라갈 때 산악열차를 타고 갈 것인가 케이블카를 타고 갈 것인가를 미리 결정해야 한다는 것입니다.

승차권 자동 발권기

승차권을 구입했다면, 플랫폼으로 내려가야 하지요. 기차를 타려다 보니 특이한 점이 발견되었는데, 에스파냐 역이 교외선 기차들의 종착역이자

플랫폼으로 내려가는 길

출발역이라서인지 다른 노선의 기차가 들어와서 출발할 때는 R5 기차로 표시를 바꾸는 것이었습니다. 이런 사실을 모르고 있던 사람들은 나중에야 알고 허둥지둥 기차에 올랐지요. 들어오는 기차에 표시된 편명이 고정된 것이 아니니, 어떻게 바뀌는지 유심히 살펴볼 필요가 있습니다.

에스파냐 역을 출발한 R5 기차는 한 시간 정도 달려 몬세라트 아에리(Montserrat Aeri) 역에 도착합니다. 승차권을 살 때 케이블카를 선택한 사람은 여기에서 내린 다음 케이블카로 갈아타야 합니다. 만약 산악열차를 선택한 사람이 여기서 내리면 낭패를 볼 수 있으니, 반드시 잠시 뒤에

몬세라트로 가는 방법 1. 케이블카   몬세라트로 가는 방법 2. 산악열차

도착하는 모니스트롤 데 몬세라트(Monistrol de Montserrat) 역에서 내려 환승해야 합니다. 한 번은 케이블카를, 또 한 번은 산악열차를 이용할 수 있게 하면 두루 체험할 수 있어 좋을 텐데, 반드시 처음에 선택한 교통수단만 이용하게 되어 있어 아쉬웠습니다.

케이블카와 산악열차는 몬세라트 수도원의 바로 앞까지 갑니다. 큰 수고를 하지 않고도 비경(秘境)을 볼 수 있으니 얼마나 고마운 일인지 모릅니다. 그러나 등산을 좋아하는 사람들에게는 그런 편리함이 대수롭지 않은 모양입니다. 일부러 걸어서 오르는 사람들이 간간이 보였고, 그런 사람들을 위해 잘 닦아 놓은 길도 볼 수 있었습니다. 각자의 취향에 따라 선택하면 될 것입니다.

몬세라트에 가기 위한 다양한 방법

몬세라트의 푸니쿨라 역 ❷

산 미구엘의 십자가를 다 보았다면, 발걸음이 또다시 바빠질 것입니다. 바실리카를 향해 가는 사람들의 물결 속에서 뒤처지고 싶지 않은 건 인지상정일 테니까요. 더구나 검은 성모상을 보기 위해서는 한참씩 줄 서서 기

인포메이션 센터 위치

다려야 한다고 하니 더욱 마음이 바빠집니다.

  그러나 때로는 돌아가는 것이 더 현명할 수 있습니다. 무작정 서두르는 것보다는, 몬세라트의 전체적인 건물 배치도를 보면서 어디를 어떤 순서로 돌아볼 것인지 결정하는 것이 필요합니다. 그리고 산 호안San Joan과 산타 코바Santa Cova에도 들를 생각이라면 푸니쿨라Funicular의 시간표도 챙겨 둬야 낭패를 피할 수 있습니다.

  먼저, 인포메이션 센터(관광 안내소)에 들러 팸플릿을 챙기는 게 좋습니다. 비록 한 장짜리 종이에 불과할지언정, 수도원 안의 건물 배치와 이름, 전망대의 위치 등을 알 수 있으니까요. 인포메이션 센터는 산 미구엘 십자

푸니쿨라 역의 위치

푸니쿨라 역에서 수도원 전체를 조망해 볼 수 있다.

가에서 횡단보도를 건너면 바로 입구가 나옵니다.

　몬세라트를 방문하는 관광객들은 수도원을 내려다볼 수 있고 멋진 풍경을 볼 수 있는 전망대가 있는 산 호안과 검은 성모상이 발견된 '성스런 동굴Holy Cave'이 있는 산타 코바를 함께 들르는 경우가 많습니다. 이 두 곳을 방문할 계획이 있다면 인포메이션 센터에서 볼 일을 마치고 바실리카로 가기 전에 푸니쿨라 운행 시간을 알아보기 위해 역에 잠깐 들러 봅시다. (바실리카 쪽을 먼저 볼 것인지, 아니면 푸니쿨라를 먼저 이용할 것인지는 각자의 사정에 따라 결정하면 될 것입니다.)

　산 호안행과 산타 코바행 푸니쿨라는 출발하는 역이 각각 다르므로, 구별해야 합니다. 산꼭대기인 산 호안으로 가는 푸니쿨라는 수도원에서 보았을 때 오른쪽 위에 있는 역에서, 산 아래로 내려가는 산타 코바행 푸니쿨라는 왼쪽 아래에 있는 역에서 출발합니다.

  참고로, 그 두 곳을 방문할 계획이 없더라도 푸니쿨라 역에서 바라보는 수도원 풍경은 놓치기 아까운 것이므로 잠깐이라도 시간을 내보라고 권하고 싶습니다. 특히 산 호안에 올라가지 않을 사람이라면 일부러라도 푸니쿨라 역에 올라가 수도원 전체를 조망해 보는 게 좋을 것 같습니다. 그곳에 오르면 왼쪽 사진과 같이 멋진 풍경이 눈앞에 펼쳐지기 때문이랍니다.

수비라치의 '산 조르디' ③

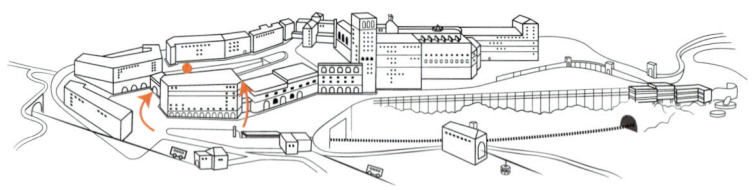

이제 바실리카 쪽으로 올라갑니다. 먼저 본 인포메이션 센터의 오른쪽으로 난 계단을 올라가면 되지요.

아니면 산 미구엘 십자가 편에서 언급한 바르Bar가 있는 건물 쪽에서 올라가도 됩니다. 그럴 경우엔 아치형 문을 통과하여 오르막길을 걷게 되는데, 사실은 그 문이 정문이랍니다.

인포메이션 센터 옆 계단으로 올라가는 방법　　　정문을 통과해 가는 방법

건물 축대 벽면에 보이는 조각상과 모여든 사람들

    계단을 다 올라와서 숨을 돌리고 나면, 맞은편 건물의 축대 벽면에 특이한 인상을 주는 조각상이 보입니다. 유명한 작품이라 많은 사람들이 그 앞에서 사진을 찍고 있지요.
    '산 조르디Sant Jordi'란 이름의 이 조각상은 무장한 기사가 칼을 짚고 서 있는 모습을 형상화한 것입니다.
    그런데 바르셀로나의 사그라다 파밀리아를 먼저 다녀온 사람이라면 이 작품을 보는 순간, '어쩐지 수난의 파사드에서 본 인물들과 비슷한 인상이다.'라고 생각할 것입니다.
    맞습니다. '산 조르디'는 바로 수비라치의 작품입니다. 그러니 당연히 비슷한 느낌을 받을 수밖에 없지요. 어디 그뿐인가요? 수비라치는 사그라다

몬세라트의 산 조르디 상 　　　　　　사그라다 파밀리아의 산 조르디 상

파밀리아의 내부에도 산 조르디를 조각하여 놓았습니다. 두 작품을 나란히 놓으니 같은 작가에 의해 제작된, 같은 주제의 작품이란 걸 대번에 눈치챌 수 있지요?

　이 작품은 얼굴 부분을 음각으로 처리하여, 어느 쪽에서 보든지 눈동자가 보는 이를 향하는 특징이 있습니다. 그 사실을 신기하게 생각하는 사람들이 조각상 앞에서 이리저리 방향을 바꾸어 가며 감상하는 모습을 보면 재미있지요.

　이 같은 기법은 사그라다 파밀리아 수난의 파사드에서 보았던 베로니카의 수건에 새겨진 예수의 얼굴과 같은 것으로, 수비라치의 다른 작품에서도 발견되므로 기억해 두면 좋습니다.

얼굴 부분이 음각된 산 조르디

이제 조각상의 모델이 된 '산 조르디'에 대해서 알아보겠습니다.

스페인에서의 산 조르디혹은 산트 호르디는 영어권의 세인트 조지Saint George, 프랑스어권의 생 조르주Saint Georges, 독일어권의 장크트 게오르크Sankt Georg 에 해당하는 사람으로, 우리는 흔히 성聖 조지라고 합니다.

성 조지는 기독교 국가에서는 성인聖人으로 추앙받는 인물입니다. 각각의 나라 사정에 맞게 내용은 각색되지만, 공통되는 점은 그가 악룡惡龍을 무찌르고 공주를 구해낸 용감한 인물이라는 것입니다.

설화 속에서 사악한 용은 처녀를 제물로 요구하며 횡포를 부리는데, 힘이 약한 왕은 어쩔 수 없이 해마다 제물을 바치며 전전긍긍합니다. 그러다가 급기야는 자신의 딸을 희생시켜야 하는 지경에 이르고 말지요.

악룡의 먹잇감이 될 위기에 처한 공주를 구하기 위해 달려온 용감한 젊은이가 바로 성 조지, 즉 산 조르디인 것입니다. 그가 칼을 짚고 서 있는 것은 그 때문이지요. 물론 그는 무사히 공주를 구해내고, 그녀의 사랑을 얻게 된답니다.

영국 내셔널 갤러리에 소장된 구스타프 모로Gustave Moreau의 그림 '성 조지와 악룡'은 그런 설화의 내용을 표현하고 있으며, 독일 로텐부르크 시청 앞의 조각상도 같은 내용을 담고 있습니다.

그런데 악룡을 무찌르고 공주를 구한 사람을 기독교에서 성인으로 추앙하는 까닭은 무엇일까요?

구스타프 모로 '성 조지와 악룡'   로텐부르크 시청 앞 '악룡을 무찌르는 성 조지'

13세기에 출간된 〈황금 전설Legenda aurea〉에 의하면, 성 조지는 아프리카 북부에 위치한 시레나의 공주를 구했다고 합니다. 본디 시레나는 기독교를 알지 못하는 나라였는데, 악룡을 무찌른 조지가 기독교로 개종하기를 권유하자 모두들 기꺼이 그의 말을 따랐다고 하지요.

그 뒤 그는 기독교를 박해했던 로마 제국의 디오클레티아누스Diocletianus 황제 때 체포되어 잔혹한 고문을 당한 끝에 순교합니다. 그가 성인의 반열에 오른 것은 악룡으로부터 공주를 구했기 때문이 아니라, 자신의 신앙을 지키기 위해 목숨을 바쳤기 때문인 것입니다. 그러니까 수비라치가 사그라다 파밀리아와 몬세라트에 산 조르디의 조각상을 세운 것은, 그의 신앙심이 후대에 귀감이 된다고 보았기 때문일 것입니다.

한편, 바르셀로나를 비롯한 카탈루냐 지방에서는 4월 23일을 '산 조르디의 날'이라고 하여, 남자가 사랑하는 여자에게 붉은 장미꽃을 선물하는 풍습이 있습니다. 카탈루냐 사람들은 산 조르디가 몽블랑이란 마을에서 악룡을 물리치고 공주를 구했는데, 그 날이 4월 23일이었다고 믿습니다. 그리고 그때 악룡이 흘린 피에서 피어난 장미꽃을 산 조르디가 공주에게 주어 사랑을 얻었다고 믿는 것입니다. 여기에서는 산 조르디의 영웅담을 신뢰하고 전승하는 카탈루냐 사람들의 의식을 엿볼 수 있어 재미있습니다.

산 조르디는 스페인 사람들에게 신앙의 측면과 전설의 측면 모두에서 중요한 인물인 것입니다.

산타 마리아 광장 ④
Plaça de Santa María

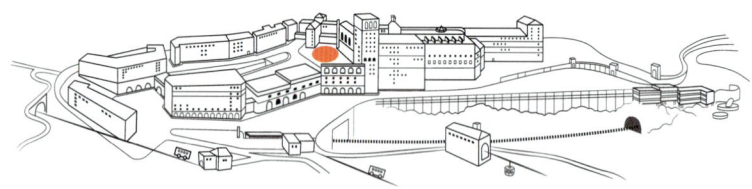

이제 몬세라트의 궁극적 목적지인 바실리카를 향해 가봅시다. 언덕길을 올라와 만날 수 있는, 우뚝 선 바실리카의 종탑이 장엄한 느낌을 주는 이

산타 마리아 광장

곳은 산타 마리아 광장Plaça de Santa Maria입니다. '산타 마리아'란 이름이 붙은 까닭은, 이 수도원의 정식 명칭인 '베네딕트 수도회 소속의 산타 마리아 수도원'에서 따온 것일 테고, 이곳의 가장 중요한 보배인 '검은 성모상'과도 관련이 있을 것입니다. 산타 마리아란 예수의 어머니인 성모 마리아를 일컫는 말이기 때문입니다.

이 광장에서 오른쪽으로 고개를 돌리면 몬세라트 산 아래를 내려다보는 풍광이 기막히고, 왼쪽으로는 수도사들이 생활하는 공간Cloister의 고풍스러움이 눈길을 끕니다. 수도사들의 생활공간은 관광객의 출입이 허락되지 않지만, 이곳이 수도원이라는 걸 알게 해주는 공간이므로 눈여겨볼 만합니다.

산타 마리아 광장에는 기독교 수도자 출신으로 교육에 이바지한 여섯 명을 기려 세운 동상이 서 있습니다.

수도원 주변 풍경   수도사들의 생활공간

산타 마리아 광장의 동상들

성 요아네스 수사   성녀 파울라 몬탈 포르네스   성 요셉 칼라산즈

이들을 왼쪽부터 차례로 소개하자면, '하나님의 성 요한 병원 수사회'를 창설하여 교육과 자선 사업을 수도원의 사명으로 삼은 라 살레의 성 요아네스 수사San Joannes de La Salle, 교황 비오 9세로부터 '교직에 종사하는 경건한 수녀들'이라는 칭호를 부여받은 '마리아의 딸들 수녀회'의 창설자이며 여러 곳에 여성 교육을 위한 학교를 세운 성녀 파울라 몬탈 포르네스San Paula Montal Fornes, 스페인에서 태어났지만 로마로 가서 수도회를 창설한 뒤 가난한 어린이들 교육에 헌신하여 학교의 수호성인으로 여겨지는 성 요셉 칼라산즈San Joseph Calasanz, 카탈루냐 출신의 사제로 교리 교육을 통한 어린이 교육에 힘썼으며 여성 교육을 위한 '성녀 테레사 수녀회'를 창설한 오쏘의 성 엔리코San Enrico de Osso, 17세기 프랑스 출신으로 활동적 성격의 어지 수도회를 창설하여 수도자들이 사회에 이바지할 수 있도록 디딤돌을 놓은 성 빈센티우스 아 파울로San Vincentius A Paulo, 살레시오 수도회를 창설하고

성 빈센티우스 아 파울로   성 요한 보스코

평생을 어린이와 청소년 교육에 헌신하여 교육자, 젊은이, 학생들의 수호성인이 된 성 요한 보스코Saint John Bosco, 혹은 Don Bosco입니다.

수도원이란 곳이 단순히 수도자들이 모여 신앙심을 지키고 키우는 종교적 시설이 아니라, 교육이라는 가치 있는 사회 활동을 통해 좀 더 나은 세상을 만들고자 헌신하는 사람들의 도량이었다는 사실을 여기서 확인할 수 있습니다.

⑤ 몬세라트 바실리카 Basilica

산타 마리아 광장 관람을 마치고 이제 바실리카로 이동해 보겠습니다. 산 호안에서 내려다본 몬세라트의 모습을 통해 파악할 수 있는 산타 마리아 광장에서 바실리카에 이르는 길의 구조는 다음과 같습니다.

산타 마리아 광장에서 아치 문을 지나야 바실리카로 갈 수 있는데, 바실리카 앞에는 다시 아트리움Atrium이라 불리는 작은 광장이 있습니다. 그리고 아트리움에서 정면을 바라보면 바실리카 파사드가 위용을 드러내고, 파사드의 문을 지나면 검은 성모상이 있는 바실리카로 들어가게 됩니다.

산타 마리아 광장에서 바실리카에 이르는 구조

아트리움 바닥과
바실리카 파사드

　산타 마리아 광장과 바실리카 아트리움을 연결하는 아치 문은 다섯 개인데, 좌우의 네 개는 막혀 있고 오직 중앙 문만을 이용할 수 있도록 되어 있습니다.
　아치 문을 지나 만나게 되는 공간은 '아트리움Atrium'이라고 불리는 작은 광장인데, 아트리움은 고대 로마의 주택에서 흔히 볼 수 있는 안뜰로, 초기 기독교 교회에서는 교회 입구에 이런 공간을 두는 경우가 많았습니다.
　몬세라트 바실리카 앞의 아트리움은 사방으로 둘러싼 벽에 다양한 그림과 조각상들이 설치되어 있습니다. 그것은 검은 성모상을 보고 나오면서 자세히 살펴보기로 하고, 우선 건물 정면 파사드에 설치된 예수와 열두 제자상을 보기로 합시다.
　예수와 열두 제자가 함께 있는 이 부조를 보면서, 누가 누구인지 구별할 수 있다면 보는 재미가 더할 것입니다. 한 가운데에 있는 이가 당연히 예수입니다. 그럼 나머지 제자들은 어떻게 알아볼 수 있을까요? 단서는 그들이 들고 있는 물건에 있습니다. 각자 자신을 상징하는 물건을 들고 있는데, 그것을 알아두면 다른 종교화를 이해할 때도 도움이 될 것이므로 간략하게 소개합니다.

바실리카 아트리움

10장 몬세라트

예수와 열두 제자상 / 상징물을 통해 추정한 순서(왼쪽 → 오른쪽) : 유다(돈주머니), 빌립보(십자가), 도마(창), 시몬(톱), 작은 야고보(몽둥이), 베드로(열쇠와 거꾸로 된 십자가), 예수, 요한(젊은 모습과 책), 마태(책과 칼), 바르톨로메오(살가죽을 벗겨낼 때 사용한 칼. 크기로 보아 참수용 칼로는 볼 수 없음), 안드레아(X자형 십자가), 다대오(도끼), 큰 야고보(책)

베드로는 십자가에 거꾸로 매달려 순교했으며, 예수로부터 천국의 열쇠를 받았다고 합니다. 그래서 거꾸로 든 십자가와 열쇠가 그의 상징물이지요.

베드로의 친동생인 안드레아는 X자형 십자가에 매달려 순교했으므로 X자형 십자가, 요한의 형인 큰 야고보(제자 중에 야고보가 둘이라서 이렇게 구별합니다)는 칼로 참수 당했기 때문에 칼이, 요한복음의 저자인 요한은 복음서를 집필하였으므로 책이 상징물입니다. 또는 요한이 독이 든 잔에 성호를 긋자 잔속의 독이 뱀으로 변했다는 일화에서 잔이 상징물이 되기도 합니다.

상징물을 통해 열두 제자를 표현한 종교화 / 좌: 루벤스 '성 베드로', 우: 엘 그레코 '복음 전도사 사도 성 요한'

   살가죽이 벗겨진 채로 십자가에서 순교한 바르톨로메오와, 바르톨로메오를 예수에게 인도한 빌립보는 둘 다 십자가가 상징물이며, 도마는 직각자, 칼, 창 등이 상징물입니다.
   마태는 4대 복음서 중의 하나인 '마태복음'의 저자로 책을 들고 있거나 칼을 든 모습으로 흔히 표현되고, 작은 야고보는 몽둥이에 맞아 순교했으므로 몽둥이를 들고 있습니다.
   다대오는 도끼로, 시몬은 톱으로 목이 잘려 순교했으므로 그들의 상징물은 도끼와 톱이며, 스승을 은화 30냥에 팔아넘긴 뒤 죄책감에 자살했다는 유다는 돈주머니가 그의 상징물입니다.

그 다음으로 눈길을 줄 만한 것이 바닥의 무늬입니다. 로마 캄피돌리오 광장 바닥의 흰 직선들이 모여서 한 송이 꽃을 이루듯이, 바실리카 아트리움 바닥의 갈색 선들도 높은 데서 보면 한 송이 꽃처럼 보입니다.

광장 한가운데에는 둥근 원이 있는데, 옛날부터 그곳에 선 채 두 손을 하늘을 향해 벌리고 기도하면 효과가 있다고 믿었다 합니다. 그 속설을 지금도 믿는 사람들이 있어, 종종 한가운데에서 손을 올리고 기도하는 모습을 볼 수 있습니다.

그러나 그 안에 표현된 물속 세상에 관심을 갖고 보면 다른 의미가 있음을 알 수 있습니다. 거기에는 다양한 종류의 물고기와 수초 등이 표현되어 있는데, 이는 물로 이루어지는 세례 의식을 상징하는 것이라고 합니다.

몬세라트 바실리카의 아트리움

로마 캄피돌리오 광장

샘의 변형된 형태

바실리카 입구

    원래 교회 건물의 아트리움 중앙에는 교회 안으로 들어가기 전에 몸을 정결하게 씻을 수 있는 샘을 두는 것이 일반적이었으니, 이곳은 샘의 변형된 형태인 것입니다. 즉, 이 원은 기도하도록 만든 것이 아니라 (상징적으로라도) 몸을 정결히 하도록 만든 것으로 생각하는 것이 옳을 것입니다.

    자, 이제 본격적인 바실리카 투어를 시작할 것입니다. 검은 성모상을 먼저 보고자 하는 사람은 오른쪽 문의 옆으로 난 길을 따라가면 됩니다. 그리고 바실리카 안을 먼저 보려 하면 정면에 보이는 문을 열고 들어가면 되지요. 여기서는 검은 성모상을 먼저 보러 갈 것입니다.

검은 성모상

몬세라트 수도원에 검은 성모상이 없어도 지금처럼 많은 관광객이 몰려들까요? 그렇지 않을 가능성이 높습니다. 검은 성모상은 몬세라트 수도원의 상징이며, 신비한 능력을 갖고 있다고 사람들이 믿기 때문입니다.

검은 성모상La Moreneta의 '라 모레네타'라는 말은 카탈루냐어로 '검은 피부의 작은 것'이란 뜻이라고 합니다. 실제로 이 목각상은 유명세에 비해 크기가 작은 편이며, 성모자聖母子의 얼굴 부분이 검습니다. 그 이유에 대해서는 다양한 의견들이 나오는데, 확실한 것은 검은 성모상이 몬세라트에만 있는 것은 아니라는 점입니다.

몬세라트 산의 중턱에 있는 한 동굴에서 검은 성모상을 발견한 이야기는 널리 알려져 있습니다.

명백한 증거가 있는 것은 아니지만 이 검은 성모상을 만든 이는 누가복음의 저자인 누가이며, 그것을 스페인으로 가져온 이는 베드로라는 설이 있습니다. 스페인이 무어인(이슬람교도)들의 지배를 받던 시절에 박해를 피해 몬세라트 산 중턱에 있는 산타

검은 성모상

코바의 동굴에 숨겨 놓았는데, 880년에 신령스러운 빛이 동굴을 비추는 것을 목동들이 보고 찾아가 이 조각상을 발견했다는 것입니다.

이 조각상의 손을 만지며 소원을 빌면 이루어진다는 소문이 퍼져나가면서 순례자들이 몰려들기 시작했고, 11세기 초에 아바트 올리바Abat Oliba 수도원장이 현재의 자리에 수도원을 세우면서 몬세라트 수도원의 역사가 시작되었습니다.

지금도 속설을 믿는 사람들이 몬세라트를 찾아와 오랜 기다림을 감수하며 검은 성모상의 손을 어루만집니다. 이렇듯 너무 많은 사람들의 손길이 닿다 보니 성모상이 닳게 되어 부득이 유리를 씌웠는데, 그러자 사람들이 항의를 했다고 합니다. 멀리서 몬세라트까지 찾아오는 건 성모상을 만지며 소원을 빌기 위함인데, 유리로 씌워서 만질 수 없게 하는 건 지나친 처사라는 것이었지요. 할 수 없이 성모상의 손 부분만 개방해 사람들이 그곳을 만질 수 있도록 배려해 놓았습니다.

바실리카 애프스(성당 입구 맞은편의 반원형 공간)에 위치한 검은 성모상. 그곳까지 줄을 서서 가야한다.

검은 성모상의 손을 만지는 순례자

천사의 문

 검은 성모상을 만나기 위해 늘어선 줄은 산타 마리아 광장까지 뻗치기 일쑤인데도 사람들은 묵묵히 차례가 오기를 기다립니다.
 줄지어 들어가다 보면 '천사의 문'이라는 아치형 문을 통과하게 되는데,

악기를 연주하고 노래하는 천사들이 성모 마리아를 경배하러 오는 순례자들과 동행한다는 의미라고 합니다.

혹시 기다리는 중에 지루하면 천사의 문에 새겨진 부조를 눈여겨 살펴보는 것도 좋겠습니다.

맨 아래쪽은 대주교와 예언자들이 새겨져 있고, 중간의 왼쪽은 에덴동산에서 쫓겨나는 아담과 이브의 모습이, 중간의 오른쪽은 대천사 가브리엘로부터 성령으로 잉태하게 된다는 설명을 듣는 마리아가 있는 수태고지가 있습니다. 그리고 맨 윗부분은 천사들에 둘러싸여 창조자 하느님을 생각하는 마리아를 새긴 것입니다.

아베 마리아의 길

검은 성모상을 보고 나오면 아베 마리아Ave Maria의 길로 들어서게 됩니다. 수많은 기원을 담아 밝혀 놓은 촛불이 인상적인 곳이지요.

촛불이 밝혀진 곳의 위를 보면 멋진 디자인의 글씨들이 보입니다. 이것은 가톨릭의 성인·성녀들 이름으로, 자신이 좋아하거나 자신과 관련이 있는 이름 아래에다 촛불을 밝히는 것이라고 합니다.

이곳에서는 그림이 그려진 타일을 많이 볼 수 있는데, 꽃을 꽂은 꽃병 그림들과 검은 성모상을 표현한 그림들이지요. 검은 성모상이 그려진 타일에는 공통적으로 몬세라트 산의 험준한 산봉우리와 수도원이 그려져 있

아베 마리아의 길이 시작되는 곳   성인 이름이 적힌 기도소

꽃을 꽂은 꽃병 그림

검은 성모상을 그린 타일 그림

고, 검은 성모상을 찾아와 경배드리는 사람들의 모습이 보입니다.

몬세라트 수도원에서 검은 성모상이 얼마나 중요한 비중을 차지하는지 다시 한 번 확인할 수 있는 곳이 바로 아베 마리아의 길인 것입니다.

수태고지와
대천사 가브리엘

아베 마리아의 길을 따라 내려오다 왼쪽을 보면 날개가 있는 한 조각상이 서 있는 걸 알 수 있습니다.

이는 마리아에게 수태고지受胎告知를 한 대천사 가브리엘입니다. 가브리엘은 대개 마리아에게 수태고지 하는 형태로 나타나며, 이처럼 단독으로 표현되는 예는 드뭅니다.

수태고지The annunciation를 한마디로 간단하게 설명하자면, '하느님의 사자使者인 대천사 가브리엘이 처녀인 마리아를 찾아와 성령으로 잉태할 것임을 알리는 것'입니다. 앞서 성 가족 성당에서 간단히 언급한 바 있지만 이때의 상황을 좀 더 자세히 묘사하면 이렇습니다.

어느 날 가브리엘이 요셉의 정혼녀인 마리아를 찾아옵니다. 우물가에서 물을 긷고 있을 때라고도 하고, 집 안에서 실을 잣고 있을 때라고도 하는데, 종교화에서 가장 흔한 것은 앉아 있는 마리아에게 가브리엘이 말하는 형태입니다.

마리아를 찾아온 가브리엘은 이렇게 말합니다.
"은총을 가득히 받은 이여, 기뻐하여라. 주께서

대천사 가브리엘 상

라파엘로가 그린 가장 전형적인 수태고지의 모습

그대와 함께 계신다."

난데없는 천사의 방문에 당황한 마리아에게 가브리엘은 다시 말합니다.

"두려워하지 말라, 마리아여. 그대는 하느님의 은총을 받았다. 이제 아기를 가져 아들을 낳을 터이니, 이름을 예수라 하여라. 그 아기는 위대한 분이 되어 지극히 높으신 하느님의 아들이라 불릴 것이다."

이 말을 들은 마리아는 "이 몸은 처녀입니다. 어떻게 그런 일이 있을 수 있겠습니까?"라고 묻지요. 당연히 이해하지 못했을 테니까요. 그러자 가브리엘은 마리아의 잉태가 성령으로 말미암아 이루어지는 것이라고 설명하고, 신앙심이 깊었던 마리아는 "이 몸은 주님의 종입니다. 지금 말씀대로 저에게 이루어지기를 바랍니다."라고 대답했다 합니다. 바로 이 대답이 마리아를 하느님의 아들 예수의 어머니가 될 수 있게 한 것이지요.

가브리엘은 이슬람교의 경전인 코란에도 등장합니다. 이때는 자브라일Jabrail 또는 지브릴Jibril이라고 불리지요. 그는 무하마드Muhammad에게 신의 계시를 전달하는 천사인데, 사실 기독교에서보다 이슬람교에서 더 중요한 존재로 대접받는다고 할 수 있답니다.

가브리엘이 무하마드에게 신의 계시를 전달하는 내용을 좀 더 자세히 알아보면 다음과 같습니다.

40세가 되던 해, 무하마드는 히라 산(오늘날의 사우디아라비아)의 동굴에서 홀로 수행 중이었습니다. 그때 대천사 가브리엘이 명상 중이던 무하마드에게 나타나 알라 신이 그를 신의 사도使徒이자 예언자로 정했다는 사실을 전합니다. 그뿐만 아니라 그 뒤로도 자주 나타나 알라의 뜻을 전하는데, 가브리엘을 통해 무하마드에게 전해진 알라의 뜻을 받아 적은 것이 바로 이슬람교의 경전인 코란인 것입니다. 그러니 이슬람교에서의 가브리엘의 역할은 기독교에서보다 훨씬 중요한 것임을 알 수 있습니다.

바실리카 내부

아베 마리아의 길을 끝까지 걸어 나오면 다시 아트리움에 들어서게 됩니다. 워낙 검은 성모상에 대한 명성이 높다 보니, 바실리카 안은 사람들에게 상대적으로 적은 관심을 받는 것 같습니다. 소년 합창단의 공연이 아니라면 사람들의 발길을 오래 붙잡아 두기 어려울 듯합니다.

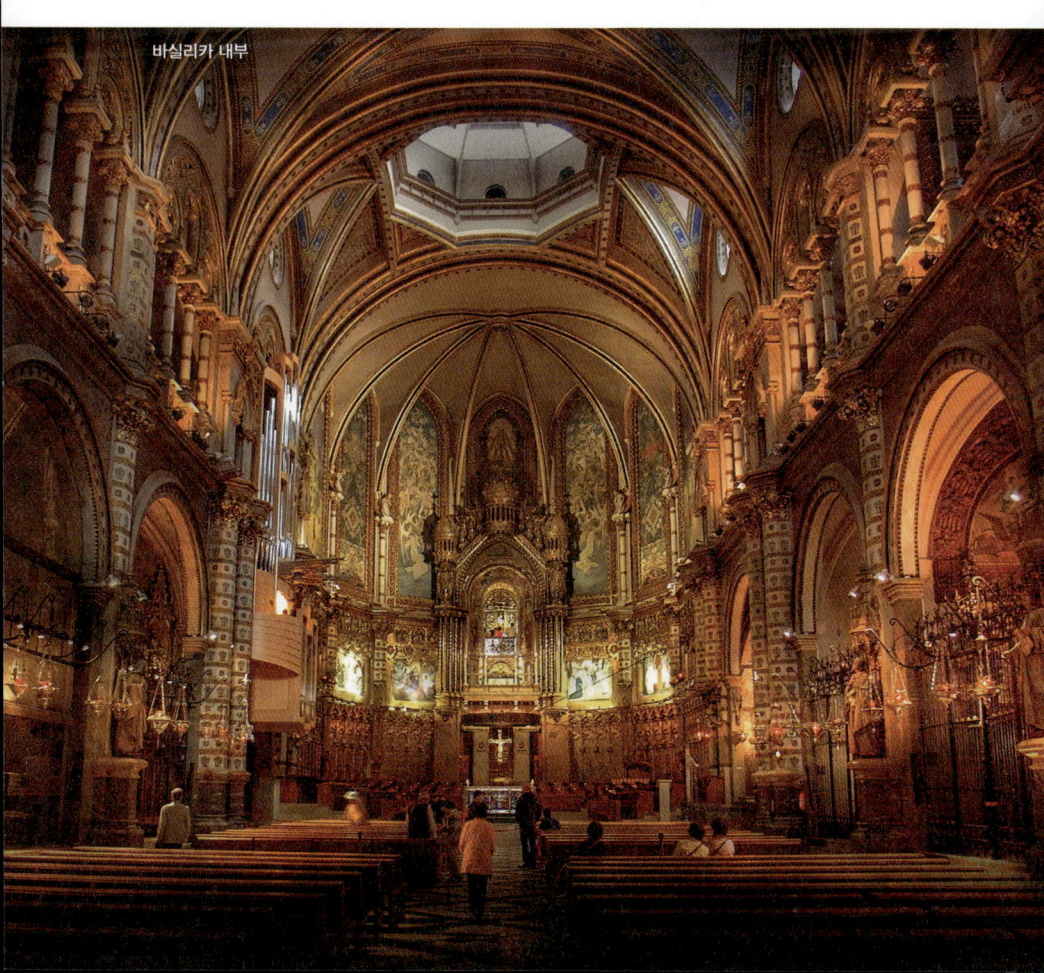

바실리카 내부

그도 그럴 수밖에 없는 것이 몬세라트 산 중턱에 이만한 성당을 지었다는 것은 매우 놀라운 일이지만, 규모만 놓고 본다면 그리 큰 건물은 아니기 때문입니다.

그러나 크고 화려한 것만이 중요한 것은 아닐 것입니다. 앞서도 말했듯이 험준한 바위산인 몬세라트 중턱에 이만한 규모의 건물을 짓자면 보통 힘겨운 일이 아니었을 것입니다. 그런 점을 감안하고 본다면 경건한 마음이 절로 드는 곳입니다.

한 가지 덧붙이자면, 바실리카 안에서는 벽에 걸린 등불들을 눈여겨보시기 바랍니다. 같은 모양이 하나도 없거니와, 하나하나가 다 아름답기 그지없으니까요.

바실리카 아트리움

바실리카 안을 본 다음, 다시 아트리움으로 나왔습니다. 이제 아트리움 밖으로 나가면 몬세라트 수도원을 떠나게 될 것입니다. 그러기 전에 아트리움에 있는 조각과 그림들에 관심을 기울여 봅시다.

바실리카 파사드의 문을 빠져나오면 아트리움이 나타나고 그곳에서 중앙 아치 문으로 나가면 산타 마리아 광장이 나온다.

후안 1세   성 안토니 마리아 클라렛 주교

● 파사드에서 산타 마리아 광장 쪽을 바라보고 섰을 때 오른쪽으로 보이는 조각상은 아라곤의 왕 후안 1세 Juan I de Aragón입니다. 그는 페드로 4세 Pedro IV의 장남으로 태어나 아버지의 뒤를 이어 아라곤의 왕으로 즉위했으며, 그 외에도 발렌시아, 마요르카, 시칠리아, 사르데냐, 코르시아의 왕을 겸했습니다. 재위 시에는 친 프랑스적인 정치를 폈으며, 바르셀로나 문화의 보호자라는 평을 들었다고 합니다. 그는 '사냥 왕 후안 1세'라는 말을 들을 정도로 사냥을 좋아했다고 합니다. 그래서인지 그의 동상도 사냥개와 함께 있는 모습으로 묘사되었네요.

● 왼쪽으로 고개를 돌려 산타 마리아 광장 쪽을 바라보면 성 안토니 마리아 클라렛Sant Antoni Maria Claret 주교의 상이 있습니다. 그는 초기에는 카탈루냐 지방을 중심으로 선교 활동을 했으며, 나중에는 쿠바로 건너가 가난한 쿠바 농민들을 위해 헌신했습니다. 이사벨 2세 여왕의 요청을 받아 바르셀로나로 돌아온 다음에는 수도자들을 위한 도서관을 설립하기도 했지요. 그의 동상이 몬세라트에 있는 것은 이런 인연 때문일 것입니다.

● 아트리움 안에 있는 조각상 중에서 특히 주목할 필요가 있는 사람은 로욜라의 성 이냐시오 Sanctus Ignatius 입니다.

그럼, 로욜라의 성 이냐시오란 사람은 누구이기에 몬세라트 수도원에서 중요한 사람이 된 걸까요?

그는 오늘날의 바스크 지방에 해당하는 스페인 아즈페이티아의 로욜라 성에서 영주의 아들로 태어났습니다. 1491년 12월 24일의 일이었지요.

로욜라의 성 이냐시오

기사騎士가 되고자 했던 그는 1509년부터 전투에 참가하여 많은 공을 세웠지만, 1521년 5월 20일 팜플로나 요새 공방전에서 프랑스군이 쏜 포탄에 맞아 한쪽 다리가 부러지는 중상을 입었습니다. 부상의 정도가 너무 심해 더 이상 전투에 참가할 수 없었기에 로욜라 성으로 돌아갔지요.

병상에 누워 있는 동안 그는 작센의 루돌프가 쓴 〈그리스도의 생애〉를 읽고 감동한 나머지, 여생을 하느님을 위한 일에 바치기로 다짐했습니다.

어느 정도 건강을 회복한 그는 1522년 3월 몬세라트 수도원을 방문했는데, 그곳에서 성모 마리아와 아기 예수를 만나는 환시 체험幻視體驗을 했다고 합니다. 그 일로 인해 신앙심이 더욱 깊어진 그는 세속의 모든 욕망을 버리겠다는 뜻으로 지니고 있던 칼과 갑주를 봉헌하며 온전한 신앙생활을 하기로 맹세했는데, 그때 바친 그의 칼은 지금도 바실리카 안에 보관되어 있습니다.

그는 몬세라트 인근에 있는 만레사의 깊은 동굴에 들어가 기도와 극기로 1년을 보냈는데, 이때의 체험이 훗날 청빈과 순결, 순명을 내세우는 예수회를 설립하는 데 바탕이 되었다고 여겨집니다. 몬세라트와 성 이냐시오의 관계는 이처럼 밀접한 데가 있는 것입니다.

그는 처음에 다짐한 대로 항상 검소하고 소박한 태도로 살다가 1556년에 사망했고, 1622년 3월 13일 교황 그레고리오 15세에 의해 시성諡聖 죽은 후 성인으로 인정됨되었습니다.

교황 비오 10세

● 아트리움에서는 교황 비오 10세Sanctus Pius X. PP의 동상도 눈에 띕니다. 교황 비오 10세는 이탈리아 출신으로 1903년에 교황으로 선출되었습니다. 가난한 구두 수선공의 아들로 태어난 그는 평생 검소하고 소박한 삶을 살았다고 합니다. "나는 가난하게 태어났고, 가난하게 살았으며, 가난하게 죽고 싶다."고 말했다는 기록을 보면, 그의 생각을 잘 읽을 수 있습니다.

교황이 된 후 그는 교회 개혁에 헌신하였고, 근대주의로부터 교회를 보호하기 위해 애썼다는 평가를 받습니다. 이 말은 가톨릭 교리를 현대적으로 해석하는 것을 거부하고, 오히려 전통적인 해석과 관습의 유지를 장려하였다는 의미입니다. 그리고 그는 성 비오 5세Sanctus Pius V. PP 이래 성인으로 시성諡聖된 최초의 교황으로, 그의 축일은 8월 21일입니다.

교황은 가톨릭의 최고 수장으로서 모든 신자들의 존경을 한몸에 받는 사람이지만, 모든 교황이 다 성인으로 추앙받는 것은 아닙니다. 시성에는 엄격한 조건이 요구되는데, 그중에서 가장 중요한 것은 기적의 실현 여부입니다.

비오 10세의 경우는 시복(諡福, 성인의 전 단계인 복자로 인정됨)될 때 두 건의 기적이 인정되었습니다. 암 환자이던 마리 프랑수아 데페라스라는 이름의 수녀와 베네데타 데 마리아 수녀가 비오 10세의 유품을 지니고 9일 동안 기도한 끝에 치유된 사실이 그것이었습니다.

시성 때는 두 가지 사례가 추가되었습니다. 첫 번째 기적은 치명적인 폐농양에 걸렸던 나폴리의 변호사 프란체스코 벨사미가 교황 비오 10세의 사진을 가슴에 얹자 병이 나았다는 것이고, 두 번째 기적은 치명적인 향신경성 바이러스에 감염된 마리아 루도비카 스코르치아라는 수녀가 비오 10세에게 9일 기도를 바친 후 완치된 것이었습니다.

그런데 이탈리아 출신인 그의 동상이 몬세라트 수도원에 있는 까닭은 무엇일까요?

이 문제에 대한 답을 찾기 위해서는 몬세라트 수도원이 예수회를 만든 '로욜라의 성 이냐시오'의 영향을 받아 신자들의 교육에 특히 관심을 기울이는 성향이 강했다는 걸 이해해야 합니다. 산타 마리아 광장에 서 있는 교육 성인들의 동상이 그것을 단적으로 설명해주고 있지요.

비오 10세는 특별히 어린이들에 대한 관심이 깊었다고 합니다. 사제 시절에는 주머니에 사탕을 넣어가지고 다니면서 어린이들에게 나눠주며 쉬운 말로 교리를 가르쳤고, 교황이 된 후에도 항상 어린이들을 곁에 두고 그들이 궁금해하는 것에 친절하게 대답해주곤 했다는 것입니다. 매주 바티칸의 산 다마소 안뜰에서 아이들을 모아놓고 문답식 교리 교육을 실시하였고, 어린이들이 첫 영성체를 할 수 있는 나이를 앞당기는 등, 어린이 신자들에 대한 관심이 각별하였다고 하는데, 이런 점들이 그의 동상이 몬세라트 수도원에 있는 이유가 아닐까 생각합니다.

성 그레고리우스 대 교황

● 그레고리우스 1세 교황(성 그레고리우스 대 교황)의 동상도 서 있습니다. 그는 귀족 가문에서 태어났지만 상속받은 재산의 대부분을 자선 단체와 수도원에 기부한 후, 베네딕트회 수도사가 되었습니다. 신자들의 추대에 의해 교황이 된 후에도 수도사와 같은 청빈한 생활을 계속했다고 합니다. 그의 업적으로는 〈목양자 법규牧羊者法規, Regula pastoralis〉를 써서 성직자의 생활을 규정한 것과, 〈그레고리오 성가〉로 불리는 미사Missa용 성가 모음집을 펴낸 것을 꼽을 수 있습니다. 그의 동상이 몬세라트 수도원에 있는 까닭은 그가 베네딕트회 수도사 출신으로 교황이 되었기 때문일 겁니다. 몬세라트 수도원이 베네딕트회 소속이니까요.

동상에서 그의 손에 들린 책은 아마도 〈목양자 법규〉로 보이며, 그것을 알려주기 위해 옆에 양치기 개를 함께 새겨 놓았을 것입니다. '목양자'란 '양을 치는 사람'이란 뜻으로, 기독교에서는 흔히 신자를 양羊에 비유하고 신자의 신앙생활을 보살피는 성직자를 목양자牧羊者, 혹은 목자牧者라고 합니다. 영어로는 shepherd라고 하는데, 이 말에는 '목양자'라는 뜻 외에 '양치기 개'의 의미가 있으니 절묘한 표현인 것입니다.

● 아트리움을 다 본 다음 산타 마리아 광장으로 나갈 때, 문 양쪽의 조각상에 꼭 눈길을 주시기 바랍니다. 거기엔 세례자 요한과 성 부자상父子像이 있는데, 왼쪽에 있는 것이 세례자 요한이며, 오른쪽에 있는 것이 요셉과 어린 예수가 함께 있는 성 부자상입니다.

성 요셉과 소년 예수, 즉 성 부자聖父子에 대한 이야기는 바르셀로나 편에서 했기 때문에 여기에서는 생략하고 성 부자와 마주 보고 서 있는 세례자 요한 John the Baptist의 이야기를 할까 합니다.

요한의 탄생에 관한 이야기는 앞에서 두 차례에 걸쳐 했습니다. 제사장 사가랴와 그의 아내 엘리사벳이 늙도록 자녀가 없어 걱정했는데 대천사 가브리엘이 사가랴에게 와서 엘리사벳이 임신할 거라고 알려주었다는 이야기(사그라다 파밀리아의 '4대 복음서 저자의 상징물' 편)와, 예수의 어머니인 마리아가 사촌 언니 엘리사벳의 임신 소식을 듣고 찾아간 이야기(사그라다 파

세례자 요한 / 성 요셉과 소년 예수 / 광장으로 나가는 길목 양쪽에 보이는 조각상

밀리아의 '탄생의 파사드' 편)가 그것입니다.

요한은 대천사 가브리엘의 예언대로 태어났습니다. 그의 역할은 예수보다 일찍 태어나서, 나중에 태어날 예수가 하느님의 뜻을 이룰 수 있도록 준비하는 것이었습니다. 둘은 친척이었으며, 아마도 동갑내기였을 것입니다. 그래서 성화聖畵를 보면 아기 예수와 요한이 함께 노는 장면이 종종 등장합니다.

성인이 된 요한은 광야에서 살며 낙타 가죽으로 만든 옷을 입고, 메뚜기와 석청石淸을 먹으며 지냈다고 합니다. 그래서 동물 천으로 된 옷을 입은 선지자를 보면 요한으로 짐작하곤 합니다.

아트리움의 동상에는 세례자 요한이라는 이름이 새겨져 있기도 하지만, 그의 옷을 통해서도 짐작할 수 있지요.

바르톨로메 무리요 '세례 요한과 함께 있는 성 가족'

산 조반니 세례당의 예수 세례 모습

요한은 "죄를 회개하라."고 외치며 요르단 강에서 사람들에게 세례를 주었기 때문에 '세례자 요한'이라는 이름을 얻었습니다. 예수도 그에게 세례를 받았지요. 피렌체의 산 조반니 세례당의 동쪽 문 위에는 요한으로부터 세례를 받는 예수의 모습이 새겨져 있습니다. 이때 그들의 나이 서른 살 무렵이었습니다.

기독교 신자들에게는 예수의 세례와 관련된 요한의 활동이 중요하겠지만, 그렇지 않은 세속인들에게는 그의 죽음에 얽힌 일화가 더 큰 흥미를 불러일으킵니다. 서양 미술사에서 그의 죽음을 다룬 작품이 적지 않은 것은 아마도 사람들의 그런 호기심 때문일 것입니다.

헤롯왕(이때의 헤롯왕은 예수 탄생 때의 헤롯이 아니라 그의 아들인 헤롯 안티파스입니다)이 본처와 이혼하고 이복동생의 부인이었던 헤로디아와 결혼하자, 요한은 이를 간음이라며 비난했습니다. 이 일로 헤롯왕과 헤로디아는

카라바조 '세례자 요한의 머리를 받는 살로메'

요한을 미워하게 되었지요. 그래도 헤롯왕은 요한을 죽일 수 없었습니다. 사람들이 요한을 선지자라고 믿으며 절대적으로 신뢰했기 때문입니다. 그러나 헤로디아는 앙심을 품고, 언제든 요한을 죽이겠다고 별렀지요.

 어느 날 헤롯왕의 왕궁에서 잔치가 열렸는데, 헤로디아의 딸인 살로메가 멋지게 춤을 추자 헤롯왕은 기뻐하며 무슨 소원이든 들어줄 테니 말해 보라고 합니다. 그러자 살로메는 세례자 요한의 머리를 달라고 하지요. 이것은 헤로디아의 계략이었습니다. 어쨌든 많은 사람들이 모인 자리에서 무슨 소원이든 들어주겠다고 약속했으니, 헤롯왕으로서는 난처한 일이었습니다. 결국 약속은 약속인지라 요한의 목을 베어오라는 명을 내리고 맙니다. 세례자 요한은 어처구니없게도 그런 일로 목숨을 잃는 것입니다. 카라바조Caravaggio는 그러한 세례자 요한의 죽음을 그렸습니다.

 세례자 요한은 종교적으로는 위대한 선지자였지만, 세속 일에 공연히 개입했다가 허망하게 죽음을 맞은 불운한 사나이였던 것입니다.

● 아트리움에서 산타 마리아 광장으로 나오다 보면 그 사이에 부조들이 새겨져 있는 공간이 있습니다. 오른쪽으로 돌아선 다음 왼쪽 구석을 바라볼 때 보이는 부조들은 아마도 880년에 산타 코바에서 검은 성모상을 발견한 사람들이 경건한 마음으로 옮기는 모습과 1025년에 아바트 올리바 수도원장이 몬세라트 수도원을 세웠다는 내용을 표현하는 것으로 보입니다.

검은 성모상을 옮기는 모습　　　　　몬세라트 수도원 건립

● 오른쪽 구석에는 베네딕트 수도원의 설립자인 성 베네딕트Sant Benedetto, 누르시아의 베네딕트의 동상이 있습니다. 이탈리아 움브리아에서 태어난 그는 이탈리아의 몬테카시노에 수도원을 만들고, 공동체 생활을 시작했습니다. 이것이 최초의 수도원이었으므로, 그를 '서유럽 수도회의 아버지'라

고 부르지요. 그는 수도원 공동체를 위한 규칙서인 〈베네딕트 규칙Regula Benedicti〉을 저술하여 수도자들이 금욕생활과 기도, 공부, 육체노동 등을 엄격하게 지키도록 지도했습니다. 이 규칙은 이후 다른 수도원에도 영향을 미쳤고, 지금까지도 수도사들의 생활 규범이 되고 있지요. 그의 동상이 몬세라트 수도원에 서 있는 까닭은 역시 몬세라트 수도원이 베네딕트 수도회 소속이기 때문일 것입니다.

성 베네딕트

● 마지막으로 뒤를 돌아 정면을 봤을 때 보이는 묘 부조는 앞서 설명한 아라곤의 왕 후안 1세의 묘입니다. 사냥을 좋아했던 그는 1396년, 사냥 중 말에서 떨어져 죽었습니다.

그의 묘가 몬세라트 수도원에 있는 이유 중 하나는 바르셀로나 문화 부흥에 이바지한 데 있지 않을까 합니다.

후안 1세의 묘

몬세라트 박물관 ❻
Museu

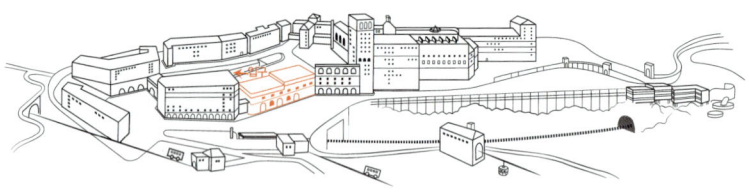

바실리카 투어를 마치고 나와 산타 마리아 광장을 지나 내리막길로 접어들면 오른쪽에 몬세라트 박물관의 입구가 보입니다. 박물관은 지하 공간을 활용하기 때문에 산타 마리아 광장 아래쪽이 박물관인 셈입니다. 다시 말하면 박물관 옥상이 산타 마리아 광장 부근이 되는 것이지요.

몬세라트 박물관

박물관은 몬세라트 수도원에서 유일하게 입장료를 내고 들어가는 곳이며, 실내에서는 사진 촬영이 금지됩니다.

박물관 안에는 이집트의 석관부터 21세기의 조각상에 이르기까지 1,300여 점의 작품이 소장되어 있으므로, 관람에 많은 시간이 소요됩니다. 그중에서 검은 성모상과 관련된 그림과 조각 작품들을 모아놓은 'Nigra Sum나는 검다' 전시실은 꼭 둘러볼 필요가 있습니다.

현대작가들의 작품도 다수 전시되어 있는데, 박물관 앞에 세워둔 입간판을 보면, 쟁쟁한 화가들의 이름이 보입니다. 달리, 엘 그레코, 모네, 샤갈, 피카소뿐만 아니라, 카탈루냐 광장의 조각들을 살펴볼 때 들었던 클라라, 가르가요 등의 이름도 보이는군요. "예술적인 경이를 와서 보라."는 문구를 내세울 정도로 몬세라트 박물관은 자부심을 갖고 있습니다.

몬세라트의 역사를 짐작해 볼 수 있는 아래 그림은 이곳의 대표작입니다.

몬세라트 박물관 입구

몬세라트 수도원의 역사를 담은 그림

아바트 올리바 광장 7
Plaça de l'Abat Oliba

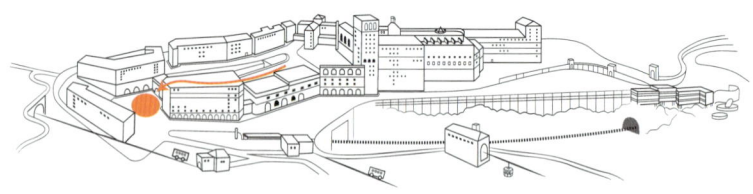

바실리카에 갈 때 인포메이션 센터 오른쪽의 계단을 이용했다면, 내려올 때는 산 조르디 조각상 앞으로 난 내리막길을 이용해 보십시오. 조금

아바트 올리바 광장

아바트 올리바 상

에피스코팔 박물관(Museu Episcopal de Vic)
앞 아바트 올리바 상

더 걷기는 하지만, 아치형 문을 나서면 이런 광장이 보이니까요. 이곳이 바로 아바트 올리바 광장Plaça de l'Abat Oliba입니다.

'아바트 올리바'란 광장 이름은 그곳에 놓여 있는 동상의 해당 인물에게서 따온 것입니다. 몬세라트 수도원의 설립자인 아바트 올리바 수도원장이지요. 자세히 보니 아베 마리아 길의 대천사 가브리엘 상과 같은 사람의 솜씨로 보입니다.

목동들이 몬세라트 산을 비추는 신령스런 빛을 보고 산 중턱의 동굴을 찾아가 검은 성모상을 발견한 것은 880년의 일이라고 합니다. 그 이후로 이곳을 찾는 순례자들의 발길이 끊이지 않자, 그 자리에 아바트 올리바 수도원장이 소박한 수도원을 세웠는데 그게 11세기 초의 일입니다.

    그에 관해서는 바르셀로나에서 북쪽으로 약 110km 떨어진 리폴Ripoll 마을 출신으로 베네딕트회 소속의 몬세라트 수도원을 세웠다는 것을 제외하고는 별다른 정보를 찾을 수 없었습니다. 다만, 그를 기념하는 동상들이 몇몇 수도원에 세워져 있는 것을 보면, 나름대로 역할을 인정받고 있지 않은가 짐작됩니다.

⑧ 십자가의 길
Vía Crucis

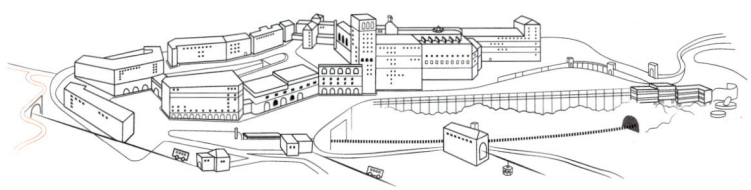

아바트 올리바 광장 뒤쪽으로는 두 갈래 길이 나 있는데, 산 위로 오르는 길은 몬세라트의 최고봉인 산 헤로니Sant Jeroni로 가는 길이고, 왼쪽으로

'십자가의 길' 입구

난 길은 '슬픔의 성모 예배당Chapel of Our Lady of Sorrows'에 이르는 길로 '십자가의 길Via Crucis, Way of the Cross'이라고 합니다.

그곳에는 예수의 수난과 관련된 조각상들이 설치되어 있으므로 신앙심이 깊은 사람에게는 의미가 있을 것 같아 소개합니다. 그렇지 않다 해도 몬세라트 주변 볼거리 중 비교적 걷기 편한 길이니 시간이 된다면 한 번쯤 산책 삼아 걸어보는 것도 좋을 것입니다.

'십자가의 길'을 걷기 전에, 그것이 무엇인지를 먼저 알아봅시다. 알아야만 제대로 볼 수 있을 테니까요. '십자가의 길'이란, 빌라도의 법정에서 십자가형을 선고받은 예수가 십자가를 메고 골고다 언덕에 이르기까지 걸었던 길과 죽은 후에 일어난 사건과 관련된 장소 중에서 간추린 14군데 장소를 말합니다. 기독교에서는 매우 중요한 곳들인데, 구체적으로 설명하자면 다음과 같습니다.

제1처(지점)는 예수가 재판을 받은 빌라도의 법정으로, 이곳에서 십자가형이 확정되었습니다. (이곳 몬세라트의 십자가의 길 제1지점에서는 빌라도 기 자신의 책임을 피하고자 손을 씻고 있는 모습도 관찰할 수 있습니다.)
제2처는 로마 병사들이 예수에게 가시관을 씌우고 자주색 옷을 입힌 다음 "유대의 왕이 여기 있다."며 조롱하고 십자가를 메게 한 곳이고,
제3처는 예수가 십자가를 지고 가다 힘에 부쳐 처음 쓰러진 곳이며,
제4처는 예수가 슬퍼하는 성모 마리아를 만난 곳입니다.
제5처는 구레네 사람 시몬Simon of Cyrene이 예수의 십자가를 대신 진 곳이고,
제6처는 성녀 베로니카St. Veronica가 수건으로 예수의 얼굴을 닦아준 곳이며,

제7처는 예수가 두 번째로 쓰러진 곳이지요.

제8처는 슬퍼하는 예루살렘 여인들을 보면서 "예루살렘의 딸들아, 나를 위하여 울지 말고 너희 자신과 너희 자녀를 위하여 울라."고 한(예루살렘의 멸망을 예언한 것이라고 하지요) 곳이고,

제9처는 예수가 세 번째로 쓰러진 곳이며,

제10처는 십자가형이 집행되기 전에 로마 병사들이 예수의 옷을 벗긴 곳이지요.

제11처는 예수가 십자가에 못 박힌 곳이고,

제12처는 예수가 십자가 위에서 죽은 곳입니다.

제13처는 십자가에서 예수의 시신을 내려놓은 곳이며,

제14처는 아리마테아의 요셉이 자기를 위해 만들어놓은 무덤에 예수를 장사 지낸 곳이지요.

정문의 샘

이처럼 원래 '십자가의 길'은 예수의 수난과 관련된 예루살렘의 구체적인 장소를 일컫는데, 이후로 신자들이 그 일을 묵상하며 기도할 수 있도록 성당 등에 재현에 놓았습니다. 몬세라트의 '십자가의 길'도 그런 의미로 조성한 것이며, 따라서 예수의 수난을 표현한 조각품들이 설치되어 있습니다.

'십자가의 길'은 'Font del Portal'Fountain of the Portal, 정문의 샘'이라고 하

는 문을 지나면 시작됩니다.

　이제 '십자가의 길'에 설치된 작품들을 몇 가지 소개합니다. 사그라다 파밀리아 '수난의 파사드'의 내용을 기억하고 있다면 이해에 도움이 될 것입니다.

제1처. 예수가 빌라토의 법정에서 십자가형을 선고받는 모습

제2처. 로마 병사들에게 희롱당하며 가시관을 쓴 예수가 십자가 앞에 서 있는 곳

제3처. 십자가를 메고 가던 예수가 처음으로 쓰러지는 모습

제7처. 예수가 두 번째로 넘어진 곳

제8처. 슬퍼하는 예루살렘의 여인들에게 이야기한 곳

제9처. 예수가 세 번째 넘어진 곳

10장 몬세라트

라몬 울 기념비 ⑨
Monument a Ramon Llull

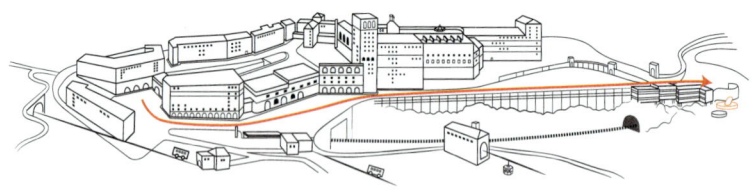

'십자가의 길'을 다 보았다면, 이제는 방향을 바꾸어 아래쪽으로 내려가 봅시다. 아바트 올리바 광장을 출발하여 아래쪽으로 계속 직진하면, 수도원의 거의 끝자락에 해당하는 곳이 나옵니다. 산악열차 역을 지나 그 길을

라몬 울 기념비 가는 길

따라 계속 가야 합니다.

그곳은 비교적 외진 곳이지만, 수비라치의 조각 작품이 있어 찾는 이가 적지 않습니다. '천국의 계단'이라고 알려진 작품이 사람들의 발길을 잡아 끄는 것입니다.

세워진 위치와 생김새를 보면 '천국의 계단'이란 이름이 썩 잘 어울리기는 하지만, 이 작품의 정식 명칭은 'Monument a Ramon Llull Memorial to Ramon Llull', 즉 '라몬 율 기념비'입니다.

라몬 율은 최초로 카탈루냐어로 된 철학서를 집필한 철학자이자 작가로, 카탈루냐 사람들이 지금도 자랑스럽게 생각하는 인물입니다. 그는 생전에 카탈루냐어로 된 260여 권의 시집과 소설을 남겨 카탈루냐어가 살아남을 수 있도록 하는 데 큰 기여를 했습니다.

라몬 율

라몬 율 Ramon Llull, 1235~1315은 우주가 pedra Stone. 돌, flama Flame. 불꽃, planta Plant. 식물, bestia Beast. 짐승, home Human. 인간, cel Heaven. 천국, angel Angel. 천사, déu God. 신의 여덟 단계로 이루어졌다고 생각했습니다.

라몬 율은 사람들이 이해하기 쉽도록 그의 주장을 계단 모양으로 표현ESCALA DE L'ENTENIMENT했고, 그것을 기념해 수비라치가 1976년에 만든 것이 바로 이 라몬 율 기념비인 것입니다. 이 내용은 기념비의 기단부에 잘 표시되어 있으니 확인해 보시기 바랍니다.

라몬 율 기념비

10 카탈루냐 독립운동 기념비

수비라치의 라몬 율 기념비에서 몇 걸음 올라오면 한 젊은이가 깃발을 품에 품고 있는 형상의 조형물이 있습니다. 특정한 인물을 나타내는 것은 아니고 카탈루냐 독립운동을 상징하는 것이라고 합니다.

카탈루냐 사람들이 자신을 스페인 사람이 아닌 카탈루냐 사람으로 인식한다는 이야기는 앞서 여러 번 했습니다. 그들은 매년 9월 11일을 '카탈루

카탈루냐 독립운동 기념비

냐의 날La Diada de Catalunya'이라고 하여 중요한 공휴일로 여기는데, 그 날짜에는 깊은 뜻이 있답니다. 그 이야기를 해볼까 합니다.

1714년 9월 11일은 사실 카탈루냐 공국이 자치권을 잃은 날입니다. 이 말을 뒤집어 생각하면, 자치권을 유지했던 마지막 날이기도 하지요. 스페인 왕위 계승 전쟁에서 패하면서 카탈루냐 공국은 스페인의 일부로 편입되어 현재에 이르고 있습니다.

그런데 스페인 왕위 계승 전쟁은 왜 일어나게 된 걸까요?

펠리페 4세Felipe IV의 아들 카를로스 2세Carlos II는 네 살 때 왕위에 올랐는데, 불행히도 그는 신체장애를 가진 데다가 매우 허약했습니다. '백치왕白痴王'이라는 별명을 들을 정도로 지적知的 능력도 부족했지요. 게다가 후계자를 낳지 못한 채 세상을 떠나고 말았는데, 이게 복잡한 문제를 불러온 것입니다.

비어 있는 스페인의 왕좌를 차지하기 위해 주변국들이 경쟁에 뛰어들었는데, 신성로마제국(오스트리아)과 프랑스가 팽팽하게 맞서며 자신들의 왕위 계승권을 주장했습니다. 이때 스페인은 프랑스 편을 들어서 부르봉 왕가 루이 14세의 손자를 펠리페 5세로 맞아들였습니다. 그러자 신성로마제국은 영국·네덜란드와 연합하여 스페인·프랑스 연합군을 상대로 싸우는데 카탈루냐 공국은 신성로마제국 연합군 편에 섰던 것입니다.

스페인 왕위 계승 전쟁이라고 부르는 이 국제 전쟁은 1714년에 펠리페 5세의 스페인 국왕 지위를 인정하는 대신 프랑스 왕위는 계승할 수 없다는 조건으로 타결됩니다. 애초에 신성로마제국과 연합군은 프랑스의 영토 확장을 제어하고, 새로운 영토를 확보하거나 지금 소유하고 있는 영토를 지키기 위해 프랑스와 스페인에 대항하면서 연합군에 참여한 것이기 때문입니다.

전쟁이 끝난 후 영국은 스페인으로부터 전략적 요충지인 지브롤터를 양도받았고, 네덜란드는 완전한 독립을 이루었는데, 그들 편에 섰던 카탈루냐 공국만 애꿎게 주권을 상실하고 말았습니다. 그런데 그날이 바로 1714년 9월 11일이었습니다.

그 뒤로 반골 기질이 강한 카탈루냐 사람들은 독립에의 염원을 버리지 않고 끊임없이 기회를 노리게 되는데, 그것을 위험하게 생각한 프랑코 독재 정권이 카탈루냐 지방에 대한 차별 정책을 노골적으로 시행하자 감정이 더욱 나빠져 현재에 이르게 된 것입니다.

몬세라트의 산 중턱에 있는 '카탈루냐 독립운동 기념비'는 그러한 역사적 배경을 알아야 제대로 볼 수 있습니다.

산티아고 순례길의 시작 ⑪

전 세계적인 걷기 열풍을 불러온 산티아고 순례길Camino de Santiago, The Way of St. James은 널리 알려져 있습니다.

산티아고Santiago는 성 야고보를 가리키는 스페인식 이름이며, 영어로는 세인트 제임스Saint James라고 합니다. 산티아고 순례길이란 성 야고보의 유해가 묻힌 산티아고 데 콤포스텔라Santiago de Compostela에 이르는 길을 말하는데, 옛날부터 성 야고보의 순교 정신을 기리기 위해 순례자들이 걸었던

산티아고 순례길의 시작을 알리는 표지판

길입니다. 그 길을 이제는 많은 여행자들이 따라 걷다 보니 도보 여행자들의 성지聖地가 된 것이지요.

산티아고 순례길은 한 갈래의 길이 아닙니다. 목적지는 하나이지만, 그곳에 이르는 길은 다양합니다. 주로 프랑스에서 출발하여 스페인 북부를 거쳐 산티아고 데 콤포스텔라에 이르지만, 스페인 남부에서 출발하는 루트도 있습니다.

잘 알려지지는 않았지만, 몬세라트도 산티아고 순례길의 출발점입니다. 수비라치의 라몬 율 기념비 부근에 그것을 알려주는 표지판이 있습니다.

표지판에서 가리비 모양은 산티아고 순례길의 상징이지요. 그리고 Sant Jaume산차우메는 성 야고보를 카탈루냐어로 읽은 것입니다. 그러니까 Camí de Sant Jaume를 스페인어로 바꾸면 Camino de Santiago, 즉 산티아고로 가는 순례길이란 뜻입니다. 몬세라트에서 출발하는 산티아고 순례길은 카미노 카탈란Camino Catalan이라고 하며, 이 표지판이 바로 카탈란 루트의 시작을 알려주는 것입니다.

그럼, 이야기가 나온 김에 성 야고보가 스페인 땅에 묻히게 된 이유와 스페인의 수호성인이 된 이유를 알아봅시다.

세베대의 아들 야고보는 예수의 열두 제자 중 한 사람으로 사도 요한John the Apostle과는 형제간입니다. 예수로부터 총애받은 제자 중의 한 사람이었으나, 예수가 붙잡혀 갈 때는 겁을 먹고 달아났지요. 그러나 예수의 부활을 목격한 후에는 믿음이 깊어져 복음을 전파하기 위해 여러 지역을 돌아다녔으며, 스페인을 다녀간 일도 있다고 합니다.

그는 44년, 그리스도교를 탄압하던 헤로데스 아그리파 1세(아기 예수를 죽이려고 했던 헤롯왕의 손자)에 의해 참수형을 당하여 순교합니다. 예수의 열

산티아고 순례자들의 궁극적인 목적지인 산티아고 데 콤포스텔라 대성당

두 제자 중 가장 먼저 순교자가 되는 것입니다.

순교 뒤 그는 예루살렘에 안장되었는데, 정확한 무덤 위치를 알 수 없었습니다. 그리스도교가 박해받던 시절이라 버젓한 무덤을 만들 수 없었기 때문일 것입니다. 그런데 9세기 무렵에 하늘에서 신령스러운 빛이 내려와 한 동굴을 가리켜 들어가 보니 그곳에 야고보의 무덤이 있었다는 것입니다.

그 후 그의 유해는 현재의 산티아고 데 콤포스텔라로 이장되었고, 당시의 국왕 알폰소가 그 위에 대성당을 건축하도록 명령하여 현재에 이르게 된 것입니다. 실제로 산티아고 데 콤포스텔라 대성당 안에는 그의 유골함이 전시되어 있습니다.

그는 순례자들의 수호신이자 스페인·과테말라·니카라과의 수호성인인데, 스페인의 수호성인이 된 데에는 이런 이유가 있습니다.

844년에 이베리아 반도에서는 이슬람교도와 기독교도 간의 전쟁이 있었는데, 클라비호Clavijo 전투에서 야고보가 스페인 군대 앞에 나타나는 기적이 일어난 후 큰 승리를 거두었으므로 그때부터 스페인에서는 야고보를 수호성인으로 숭배하기 시작했다는 것입니다.

그의 상징물은 책·칼·외투·조가비(조개껍데기)·모자·지팡이·자루·호리병 등이며, 조가비가 산티아고 순례길을 표시하는 상징물이 된 것은 이 때문이지 않을까 합니다.

사실 조가비가 산티아고 순례길의 상징물이 된 것과 관련해서는 여러 가지 이야기가 있는데, 그중 하나를 소개하자면 이렇습니다.

한 순례자가 길을 나섰다가 바다에 빠져 절박한 마음에 산티아고의 이름을 불렀는데, 커다란 조개껍데기가 나타나 그를 육지까지 태워다 주었다고 합니다. 그래서 순례자들은 자신의 여정이 무사하길 기원하며 조개껍데기를 지니고 다녔고, 오늘날의 순례자들도 배낭에 조개껍데기를 하나씩 매달고 다닌다고 합니다.

소년 성가대, 에스콜라니아
Escolania

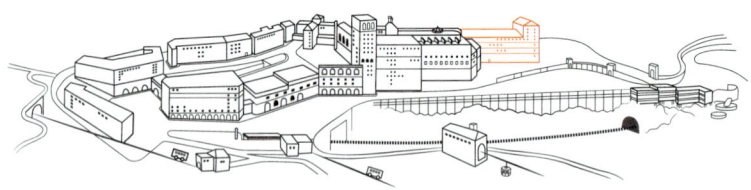

수비라치의 '라몬 율 기념비'가 있는 곳에서 산악열차 역이 있는 곳으로 되돌아 나오다 보면, 오른쪽 담벼락에 합창단 표시가 있는 문을 볼 수 있

합창단 표시가 있는 문

습니다.

　그렇습니다. 이곳이 몬세라트 소년 성가대의 교육이 이루어지는 부속 음악학교인 것입니다.

　몬세라트 수도원 소속의 소년 성가대는 세계 3대 소년 합창단이라고 불릴 정도로 유명합니다. 9~14세의 소년들로 구성된 에스콜라니아Escolania de Montserrat의 공연은 몬세라트 수도원을 찾는 방문객들에게 각별한 선물이 됩니다. Escolania는 Choir합창단라는 뜻의 카탈루냐어입니다.

　몬세라트 수도원에 성가대가 조직된 것은 13세기의 일입니다. 14세기에는 수도원의 규모가 커지고 위상이 승격됨에 따라 성가대의 활동도 활발해졌지만, 프랑스와의 전쟁과 스페인 내전을 거치는 동안 수도원은 위축됩니다. 그 뒤 다시 몬세라트 수도원이 원래의 위상을 찾아가며 성가대

소년 합창단이 노래 부르는 몬세라트 바실리카

의 활동도 충실해지게 되었고, 지금은 수도원의 또 다른 명물로 자리 잡게 되었습니다.

휴가 때를 제외하고는 매일 오후 1시 미사 때 천사들의 합창을 들을 수 있어, 일부러 그 시간에 맞추어 방문하는 사람들로 성당 안은 발 디딜 틈이 없을 정도가 됩니다.

소년 합창단원이 되는 것은 무척 영광스러운 일인 대신 어려운 일이기도 합니다. 검은 성모상이 있는 곳으로 올라가기 직전의 계단 오른편에 서 있는 소년의 조각상에 얽힌 이야기는 그런 사정을 역설적으로 설명해 줍니다.

어쩐지 애처로워 보이는 표정의 그 소년은 몬세라트 소년 성가대원이 되기를 간절히 바랐던 아이라고 합니다. 건강이 안 좋아 성가대원이 될 수 없는 사정을 알고는 딱 하루만 성가대원이 될 수 있도록 허락해 소원을 이루어 주었는데, 그 뒤 얼마 지나지 않아 소년은 세상을 떠났고, 아이의 부모가 성모 마리아 근처에서 아들이 안식을 취하기 바라는 마음에서 상을 새겨 놓았다고 합니다. 단 하루 동안 소년 성가대원이 되는 것으로도 소원을 이루었다고 생각할 만큼, 그것은 명예로운 일인 것입니다.

13 수바라치의 돌 벽화

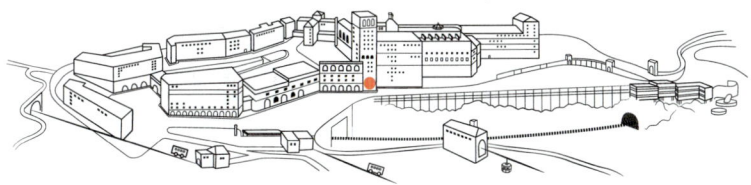

소년 성가대의 음악학교가 있는 곳에서 산악열차 역이 있는 쪽으로 조금 더 걷다 보면, 바실리카의 종탑 아랫부분 축대벽에 이런 돌 부조 작품이 붙어 있는 것을 볼 수 있습니다. 크기가 작기 때문에 못 보고 지나칠 수

바실리카의 종탑 아래 벽에 있는 돌 벽화

음각으로 표현된 부분

사그라다 파밀리아 수난의
파사드(베로니카)

도 있으니 유심히 살펴봐야 합니다.

어떻습니까. 이제 굳이 설명하지 않아도 한눈에 누구의 작품인지 알 수 있겠죠?

네, 바로 수비라치의 작품입니다. 그럼, 이것이 수바라치의 작품이란 근거를 하나씩 찾아볼까요?

첫째, 그의 사인이 두 군데에 있습니다. 사진에 표시된 부분을 잘 살펴보시면 알 수 있을 것입니다.

둘째, 인물이 음각으로 표현된 것을 보면 베로니카의 수건에 새겨진 예수의 얼굴과, 앞서 보았던 산 조르디의 얼굴이 떠오릅니다. 수비라치의 작품에서 자주 발견되는 기법이지요.

마지막으로 이 부조에 두 마리의 뱀이 얽혀있는 것을 보면, 수난의 파사드에서 유다의 뒤에 있던 뱀이 연상됩니다.

| 누 마리의 뱀 | 사그라다 파밀리아 수난의 파사드(유다의 배신) |

몬세라트에서는 이처럼 여러 군데에서 수비라치의 작품을 발견할 수 있답니다. 그것을 하나하나 찾아보는 것도 몬세라트 여행의 즐거움이 됩니다.

여담으로 한 가지 말씀드리면, 사그라다 파밀리아를 통해 수비라치라는 이름을 처음 들어보았을 독자들이 많겠지만, 사실 서울에도 그의 작품이 있습니다.

바로 서울의 올림픽공원에 있는 '서울의 만남'이라는 작품과 '하늘 기둥'이라는 작품입니다. 88 서울올림픽 당시 세운 기념 조형물로, '서울의 만남'은 우리나라의 작가 최만린과 수비라치가 공동 제작한 것이라고 합니다. 올림픽공원에 가면 작품을 감상해 보시기 바랍니다.

스페인 카탈루냐 출신의 세계적인 조각가 수비라치는 2014년 4월, 87세의 일기로 타계하였습니다.

산 호안 14
Sant Joan

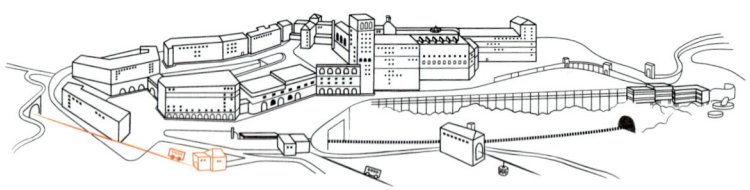

바르셀로나에서 아침 일찍 서둘러 몬세라트에 간다면, 산 호안Sant Joan 과 산타 코바Santa Cova 두 곳을 다 볼 수 있을 것입니다. 가능하다면 두 곳 다 보는 것이 좋겠지요. 바르셀로나란 도시가 쉽게 갈 수 있는 곳이 아니니, 마음먹고 간 김에 구석구석 다 보는 게 좋지 않겠습니까?

그러나 만약 사정이 여의치 않아 한 곳만 볼 수 있다면, 좀 고민을 해야 할 것입니다. 트래킹을 좋아하거나 높은 곳에서 내려다보는 몬세라트의 장관에 관심이 있다면 산 호안이 정답입니다.

산 호안에 가려면 앞에서 언급한 산 호안행 푸니쿨라 역에서 푸니쿨라를 타면 됩니다. 일부러 걸어서 올라가는 사람들도 있지만, 당일치기로 몬세라트를 여행하는 사람에게는 시간상 무리일 것이니, 푸니쿨라를 이용하는 게 낫겠지요.

사람들이 산 호안에 올라가는 목적은 대개 산꼭대기에서 몬세라트 수도원을 내려다보기 위함이니, 눈이 호강할 기회를 충분히 주도록 합시다. 몬세라트 산 중턱에 있는 수도원은 어디서 보아도 신비스럽지만, 산 호안에서 내려다보면 바위산과 어울려 더욱 장관이기 때문입니다.

  트래킹을 하거나 산 호안 예배당 유적을 찾아 옛 수도자들의 자취를 느껴보기 위해서 간다면, 조금 걸어야 합니다. 그 정도 수고는 감수해도 억울하지 않을 만큼 충분히 장엄하고 아름다운 곳이니, 선택을 후회하는 일은 없을 것입니다.

  산 호안 예배당Capella de Sant Joan은 산 호안 역에서 도보로 20분 남짓 걸으면 닿는 산 중턱에 있습니다. 몬세라트 산에 있는 13개의 작은 예배당 유적 중의 하나로, 지금은 예배의 장소로서가 아니라 멋진 전망을 볼 수 있는 곳으로 인기가 높습니다. 특히 서쪽 방향의 경치가 아름답습니다.

산 호안에서 내려다본 몬세라트 수도원   산 호안 예배당

산타 코바 15
Santa Cova

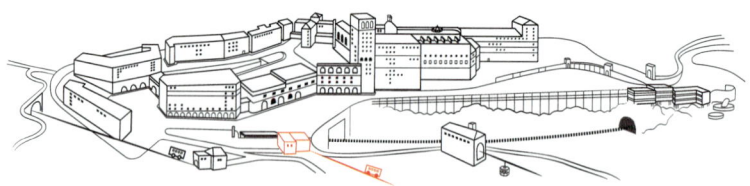

만약 기독교에 관심이 많거나 아기자기한 볼거리와 이야깃거리를 찾는 여행자라면 산타 코바가 더 나은 선택이 될 것입니다.

산타 코바에는 '성스런 동굴Santa Cova, Holy Cave'만 있는 것이 아니라, 푸니쿨라에서 내린 다음 산타 코바 동굴까지 가다 보면 예수의 일생과 관련된 조형물들이 설치된 것을 볼 수 있거든요.

그것은 '묵주의 신비Rosary Mystery'라고 하는, 가톨릭 신앙과 관련이 깊은 것들입니다. 가톨릭에서는 전통적으로 예수의 탄생, 수난, 영

산타 코바행 푸니쿨라

광을 주제로 한 기도를 바치는데, 그것을 '환희의 신비', '고통의 신비', '영광의 신비'라고 합니다. 원래는 주제마다 5가지씩, 모두 15가지 내용을 담고 있었는데, 2002년에 교황 요한 바오로 2세가 '빛의 신비'를 추가하여 현재는 20가지가 되었습니다. 산타 코바 가는 길에 설치된 조형물들은 '빛의 신비'를 제외한 15가지입니다.

이해를 돕기 위해 '묵주의 신비' 기도 내용을 간단히 소개하면 다음과 같습니다.

환희의 신비

1. 마리아께서 예수님을 잉태하심을 묵상합시다.
2. 마리아께서 엘리사벳을 찾아보심을 묵상합시다.
3. 마리아께서 예수님을 낳으심을 묵상합시다.
4. 마리아께서 예수님을 성전에 바치심을 묵상합시다.
5. 마리아께서 잃으셨던 예수님을 성전에서 찾으심을 묵상합시다.

빛의 신비

1. 예수님께서 세례받으심을 묵상합시다.
2. 예수님께서 가나에서 첫 기적을 행하심을 묵상합시다.
3. 예수님께서 하느님 나라를 선포하심을 묵상합시다.
4. 예수님께서 거룩하게 변모하심을 묵상합시다.
5. 예수님께서 성체성사를 세우심을 묵상합시다.

고통의 신비

1. 예수님께서 우리를 위하여 피땀 흘리심을 묵상합시다.

2. 예수님께서 우리를 위하여 매 맞으심을 묵상합시다.

3. 예수님께서 우리를 위하여 가시관 쓰심을 묵상합시다.

4. 예수님께서 우리를 위하여 십자가 지심을 묵상합시다.

5. 예수님께서 우리를 위하여 십자가에 못 박혀 돌아가심을 묵상합시다.

영광의 신비

1. 예수님께서 부활하심을 묵상합시다.

2. 예수님께서 승천하심을 묵상합시다.

3. 예수님께서 성령을 보내심을 묵상합시다.

4. 예수님께서 마리아를 하늘에 불러올리심을 묵상합시다.

5. 예수님께서 마리아께 천상모후의 관을 씌우심을 묵상합시다.

이상의 내용을 알고 나서 조형물을 보면 쉽게 이해할 수 있을 것입니다. '십자가의 길'과 마찬가지로, 여기도 사그라다 파밀리아의 '탄생의 파사드'와 '수난의 파사드'에서 설명했던 내용을 기억하면서 보면 이해하는 데 도움이 될 것입니다.

환희의 신비_수태고지   환희의 신비_마리아와 엘리사벳의 만남   환희의 신비_예수

맨 처음 만나게 되는 '환희의 신비'는 '수태고지' 장면으로부터 시작합니다. 이것은 요셉의 정혼녀인 마리아가 대천사 가브리엘로부터 "성령으로 잉태되었다."는 말을 듣는 모습을 표현한 것입니다.

두 번째는 마리아가 사촌 언니인 엘리사벳을 찾아가 만나는 장면입니다. 이때는 두 사람 다 임신한 상태이며, 엘리사벳은 세례자 요한의 어머니가 됩니다.

세 번째는 예수가 베들레헴의 마구간에서 태어나는 장면이고,

네 번째는 태어난 지 40일 만에 성전에 봉헌되는 예수를 표현한 것인데, 큰아들을 성전에 봉헌하는 것은 모세의 율법으로 당시 유대인에게는 의무였다고 합니다.

그리고 다섯 번째는 소년 예수가 유월절 때 예루살렘의 성전에서 학자들과 대화를 나누는 장면을 담은 것이지요. 이때 마리아와 요셉은 예수를 잃어버린 줄 알고 애타게 찾아다녔으며, 성전 안의 학자들은 소년 예수의 해박함과 의젓함에 놀랐다고 하지요.

환희의 신비_봉헌되는 예수   환희의 신비_소년 예수

'고통의 신비'는 예수의 수난을 담은 내용입니다.

유월절 전날(혹은 첫째 날), 예수는 제자들과 함께 저녁 식사를 합니다. 그것이 바로 최후의 만찬이지요. 그리고는 제자들을 데리고 겟세마네 동산으로 갑니다.

예수는 제자의 배반으로 인해 죽게 되리라는 것을 이미 알고 있었으므로, 괴로운 심정으로 기도를 합니다. 예수는 하느님에게 "아버지여, 아버지께서는 모든 것이 가능하오니 이 잔을 내게서 옮기시옵소서. 그러나 나의 원대로 마시옵고 아버지의 원대로 하옵소서."라고 기도했다고 합니다.

고통스러운 심정으로 기도하고 있는 예수를 천사가 내려다보고 있는 장면을 표현한 이것이 '고통의 신비' 중 첫 번째에 해당합니다. 다음 날 새벽, 유다가 데리고 온 로마 병정들에게 체포되어 간 예수는 빌라도의 법정에서 십자가형을 선고받지요.

군중의 요구에 따라 빌라도는 예수에게 십자가형을 선고하고, 졸지에 흉악범이 되어버린 예수는 웃옷이 벗겨진 채 로마 병사들에게 채찍질을 당합니다. 그러한 내용을 담은 것이 두 번째 장면입니다.

세 번째 장면은 십자가에 못 박히기 직전의 일로, 로마 병사들이 예수에게 가시관을 씌우며 조롱하는 내용입니다.

네 번째는 십자가를 진 예수가 골고다 언덕으로 걸어가는 내용이며, 다섯 번째는 십자가에 매달린 예수가 죽음에 이르는 장면입니다.

이 '고통의 신비' 다섯 번째 십자가에 매달린 예수 조형물은 수도원의 장엄한 모습을 올려다볼 수 있는 위치에 있어 사진 찍는 사람들에게 특별한 사랑을 받는 곳이기도 합니다.

고통의 신비_겟세마네 동산의 예수

고통의 신비_옷옷이 벗겨진 예수

고통의 신비_가시 면류관을 쓴 예수

고통의 신비_십자가를 메고 가는 예수

고통의 신비_십자가에서 죽은 예수

10장 몬세라트

'영광의 신비'는 예수의 부활 장면으로부터 시작됩니다. 예수가 죽은 지 사흘 만에 부활했다는 내용인데, 가우디의 작품이라는 이유로 더 각별한 관심의 대상이 됩니다.

1903년 5월 예수 부활 장면 제작을 의뢰받은 가우디는 예수가 동굴 무덤에서 부활하는 내용으로 디자인하고 그해 12월에 제작을 시작했습니다. 하지만 비용 문제로 작업이 지연되었고, 결국 다른 작가들이 작품을 완성하게 되는데, 천사와 부활한 예수는 호셉 이모나 Josep Llimona가, 울타리는 헤로니 마르토렐 Jeroni Martorell의 지휘에 따라 제작되어 1916년에서야 완성이 되지요. 그러니 따지고 보면 이 작품은 온전히 가우디의 것이라고 하기는 어렵습니다. 그래도 그의 초기 디자인에 의해 완성되었기 때문에 아직도 그의 이름이 비중 있게 오르내리는 것 같습니다.

두 번째 장면은 부활한 예수가 하늘로 오르는 '예수 승천'이고, 세 번째는 예수가 마리아와 자신의 열두 제자들에게 성령을 보낸다는 내용입니다. 성령은 대개 비둘기의 모습으로 표현되지요. 이때는 아직 제자들이 순교하기 전, 즉 기독교의 초기에 해당되는 시점으로 보입니다.

네 번째는 예수가 죽은 뒤 제자들의 봉양을 받던 성모 마리아가 이 세상을 떠나 하늘나라로 올라갔다는 기록에 의거한 '성모 마리아의 승천' 장면입니다.

마지막으로 다섯 번째는 마리아가 하늘에 오른 뒤 하느님과 예수로부터 천상모후天上母后의 왕관을 받는 장면을 표현한 '성모 마리아의 대관식'입니다. 모후母后란 임금의 어머니를 지칭하는 용어로, 마리아의 아들인 예수가 하늘나라와 온 우주의 통치자이므로 그 어머니인 마리아는 당연히 천상의 모후로 불려야 마땅하다는 뜻입니다.

영광의 신비_사흘 만에 부활한 예수   영광의 신비_승천하는 예수

영광의 신비_마리아와 열두 제자에게 성령이 임함   영광의 신비_성모 마리아의 승천   영광의 신비_성모 마리아의 대관식

 '묵주의 신비' 길에 대한 설명은 이 정도로 마치고, 검은 성모상이 발견된 동굴에 대해 이야기하겠습니다.
 검은 성모상이 발견된 동굴에는 현재 작은 예배당이 꾸며져 있고, 발견 당시의 모습을 재현해 놓아 순례자들에게 깊은 신앙심을 불러일으킵니다.

산타 코바

　이곳이 산타 코바의 예배당으로, '성스런 동굴'을 보호하기 위해 앞에 건물을 지었습니다. 비록 건물 규모는 작지만, 카탈루냐 사람들의 신앙의 고향 같은 곳입니다.
　그리고 검은 성모상이 발견된 '성스런 동굴'은 오른쪽 사진과 같습니다. 벽면에 놓여 있는 검은 성모상은 발견 당시의 상황을 짐작할 수 있게 하려고 복제해 놓은 것입니다. 원본은 물론 몬세라트 바실리카에서 끝없이 밀려드는 순례자들을 맞고 있지요.
　산타 코바의 예배당은 몬세라트의 바실리카에 비하면 초라하기까지 한 곳이지만, 검은 성모상의 영험함을 믿는 사람들에게는 어느 곳과도 비교할 수 없는 신비스러운 힘이 있는 장소입니다. 그래서 이곳을 찾는 사람들의 발걸음이 끊이지 않으니, 신앙심이 깊은 여행자라면 꼭 찾아가 보시기

성스러운 동굴 　　　　　　검은 성모상(복제품)

바랍니다.

　몬세라트를 한나절 만에 제대로 다 본다는 것은 불가능한 일일 것입니다. 그렇지만 시간이 충분하지 않은 여행자라면 어쩔 수 없이 미흡한 대로 여행을 마쳐야겠지요.

　내용을 모르는 상태에서 수박 겉핥기식으로 대충 보고 말기엔 몬세라트가 너무 아깝기에 불충분하나마 설명을 붙여보았습니다. 여러분에게 도움이 되었으면 좋겠습니다.

위키미디어 및 ⓒⓒ 참고 그림 목록

Brett Hammond 28, cyberborean 313 317, Jaume Meneses 282, José Luiz Bernardes Ribeiro 167, malouette 164, Marie Thérèse Hébert & Jean Robert Thibault 182, munroe_ru 208, Pedro Uhart 145 165, Rich B-S 152, Tony Hisgett 97, Andy_Mitchell_UK 281, Angela Llop 182, Antoni63 327, Bernard Gagnon 363 369 378, Bocachete 369, Caganercom 205, Canaan 48 350 372 373 375 377 379, cstnow 116, cvander 125, David Monniaux 159, Dcrjsr 158, Delialendeczki 115, ElenaStromberger 166, Enfo 32 206 212, Enric Juan 185, Enrique Íñiguez Rodríguez 182, Fabio Alessandro Locati 125, Felix König 254-255, ferran pestaña 148, Harmonia Amanda 63 66 69 74, Herrick 193, Jaume Meneses 96 134 161 163, Jean Robert Thibault 316, jorapa 141 160, Jordiferrer 345 350 351, José Luis Filpo Cabana 197, José Luiz Bernardes Ribeiro 185, José Luiz 58 186, Juan Lobo 316, Jun Seita 162, Jvhertum 245, Lgrande 157, MARIA ROSA FERRE 347, Mars 2002 269, Nknudsen 349 350 351, Pachango 162, Raimond Spekking 77, Richard Schneider 311, Sagrada Família (oficial) 23 25 27 37, Simon Burchell 379, tato grasso 147, Tomàs 98, Tony Hisgett 147 158 159, twicepix 245, Use the force 71, Wiki ktulu 29, Wjh31 46-47, Yair Haklai 188, Year of the dragon 154-155, Yearofthedragon 140 233 235 236 237 238 241 260

일러두기

이 책에 등장하는 인명, 지명 등 외래어 표기는 해당 국가(지역)의 발음을 기준으로 하되, 〈표준국어대사전〉에 따랐습니다. 단, 이미 널리 사용되고 있는 표기가 있는 경우 더 일반적인 것을 따랐습니다.

색인

Numbers
4대 복음서   081

Roman

A
Agora	112
Albert Lleó Morera	151
Andy Warhol	224
Antoni Gaudi	016
Arena	247
Ares	256
Arthemis	106, 257
Art Nouveau	139
Atrium	311, 312

B
Basilica	311

C
Caganer	205
CaixaForum	261
Camino de Santiago	358
Carthago	179
Caryatid	123
Casa Lleó Morera	151
Casa Mila	156
Casa Museo Gaudi	125
Casa Vicens	115
Castilla	192
Catedral de Barcelona	183
Colonnade	114

D
Demeter	259

E
El Cid	172
Enrique IV	192
Escolania	363

F
Facade	014
Font de Canaletes	206
Francisco Franco	198
Frank O. Gehry	225
Frederic Marès	239

G
Gaia	106
George Orwell	212
Gold Fish	225

H
Hannibal	179
Hera	106
Heracules	129

I
Isabel I	192

J
Jamón	211
Josep Clara	231
Juan Antonio Samaranch	276
Juan Güell Ferre	128
Juan Martorell Montells	128

L
La Deesa	233
Ladon	131
Las Ramblas	204
Lluís Domènech i Montaner	151
Longinus	069

M
Manzana de Discordia	153
Monument a Cristò for Colom	215
Monument a Ramon Llull	352
Museu	342

P
Palau Güell	097
Peix d'or	225
Peter the Apostle	058
Picturesque	094
Plaça de Catalunya	228
Plaça del Portal de la Pau	215
Plaça de Sant Felip Neri	196
Plaça d'Espanya	244
Plaça Nova	188
Port Vell	222
Punic Wars	180
Python	106

R
Rambla de Mar	223
Ramon Berenguer III	172
Ramon Llull	353
Rosario	165

S
Salamander	108
Salon	147
San Miguel	289
Santa Eulalia	185
Sant Jordi	140, 301
Sardana	190

T
Titan	132
Trencadis	114, 134

V
Via Crucis	347

한국어

ㄱ
가고일	119
가우디	016
가우디 건축 소개 전시실	089
가우디 스페이스	167
가우디 십자가	100
가우디의 집	125
가이아	106
강의 신	258
검은 성모상	318, 340
게르니카	198
경비실	099
고통의 신비	371, 374
골고다 언덕	066
교황 비오 10세	333
구레네 사람 시몬	064
구엘 공원	092
구엘 궁전	097, 098
구엘 별장	128
굴뚝	148
그레고리우스 1세 교황	335
깨진 유리로 장식된 굴뚝	166

ㄴ
나폴레옹	072
네이브	087
노바 광장	188
누가복음	081, 083
누오보 메르까또	208
니케	260, 270

ㄷ
대장장이	236
대제국 스페인	219
대천사 가브리엘	026
데메테르	259
도마뱀	108
돌 벽화	365
동물농장	213
동방박사	028

ㄹ
라돈	131
라 모레네타	318
라몬 베렝게르 3세	172, 177
라몬 베렝게르 광장	172
라몬 율	353
라몬 율 기념비	352
람블라 데 마르	223
람블라스 거리	204
레리다	243
레토	106
로마 병사	030, 060, 074
로마 성벽	178
로마 제국 변천사	179
로물루스와 레무스	256
로사리오	165
로욜라의 성 이냐시오	331
로이 리히텐슈타인	224
로저 페더러	276
롱기누스	069
롱기누스의 창	069, 073
루벤스	075

ㅁ
마가복음	081, 082
마르스	256
마리아와 요셉의 정혼	022
마방진	053
마태복음	081, 082
만사나 데 디스코디아	153
매직 분수	250
모정	237
목수로서의 예수	037
몬세라트	240
몬세라트 박물관	342
몬주익 텔레커뮤니케이션 타워	281
몰약	033, 034
무교병	051
무데하르	136
무어족	183
묵주의 신비	371
미카엘	290
믿음의 문	019

ㅂ
바르셀로나	239
바르셀로나 대성당	183
바르셀로나의 얼굴	224
바실리카	311
바실리카 파사드	312
박물지	109
발 도장	275
발렌시아	175
발코니	143, 157
베네치안 타워	245
베드로	058
베로니카	062
벨 항구	222
보케리아 시장	209
부주교의 집	189
비너스	233, 256
비또리오 엠마누엘레 2세 갤러리	208
비센트 나바로 로메로	237
비스베 길	189, 196
빈센트 나바로	240
빌라도	055, 060

빛의 신비	371

ㅅ

사가랴	026
사라고사	175
사랑의 문	019
사르다나	188, 190
사이프러스 나무	042
산 미구엘	289
산 조르디	140, 146, 301, 303
산타페 협약	219
산티아고 데 콤포스텔라	360
산티아고 순례길	358
산 펠리프 네리 광장	196
산 호셉 시장	209
살라만더	108
살롱	147
상징물	083, 314
성 가족	032
선 그레고리우스 대 교황	335
성녀 에우랄리아	185
성령	039
성모 마리아의 대관식	038
성 베네딕트	340
성부	039
성 부자상	336
성스런 동굴	378
성 안토니 마리아 클라렛	331
성 야고보	358
성자	039
성 조지	140
성화 점화대	272
세례자 요한	026, 336
세례자 요한의 머리를 받는 살로메	339
세베대의 아들 야고보	359
소녀	237
소년 성가대	363
소망의 문	019
수난의 파사드	044
수도교	182
수비라치	044, 159, 162, 229, 288, 301, 367
수태고지	022, 024
수태고지와 대천사 가브리엘	324
스테인드글라스	088
스페인 내전	197, 213, 231
스페인 왕위 계승 전쟁	230, 356
승리의 여신	260
승리의 여신상	268
시몬	064
십자가에 못 박힌 예수	066
십자가에서 내림	076
십자가의 길	347

ㅇ

아고라	112
아기 예수의 성전 봉헌	035
아라곤의 왕 후안 1세	330
아라곤의 왕 후안 1세의 묘	341
아레나	247
아레스	256
아르누보	139
아르테미스	106, 257
아바트 올리바	340, 345
아베 마리아의 길	322
아트리움	311, 312, 329
아틀라스	132, 133
아틀란티다	241
아폴론	106
아프로디테	256
악룡	140, 146
알베르트 예오 모레라	151
앤디 워홀	224
야자수 잎사귀	095
에드윈 모지스	275
에스파냐 광장	244
에우제비 아르나우	140, 238, 240
에우제비오 구엘	092
엔리케 4세	192
엔리크 카사노바	235
엘리사벳	026
엘 시드	172, 174
엘 시드의 노래	176
여신상	233
여인과 새	244
여인상	235
영광의 신비	372, 376
영국식 정원	094
예수의 탄생	028
오토 1세	072
요셉	022
요셉과 어린 예수	037
요한	027
요한복음	081, 083
우주인을 닮은 굴뚝	162
유다의 배신	052
유아 살해	030, 034
유월절	050
유이스 도메네크 이 몬타네르	151
유향	033
이사벨 1세	192, 219
이사벨 여왕	219
이집트로의 피난	032

ㅈ

자연	095
제단	085

조지 오웰	212	포엠 제로	207
주랑	114	푸니쿨라	296
주사위 던지기	074	프란세스크 마시아 기념비	229
ㅊ		프랑코 장군	197
천개	086	프랭크 게리	225
천사들의 찬양	028	프레데릭 마레	239
천사를 든 여인	240	프로메테우스	132
천사의 문	320	프리츠커 상	225
철물	095	플루트를 들고 있는 아기 엄마	236
청년 시절의 예수	036	피리를 부는 목동	238
청춘	235	피카소	198
최후의 만찬	048	피톤	104, 106
		픽처레스크	094
ㅋ		**ㅎ**	
카날레테스 샘	206	하몽	211
카라바조	339	하신 베르다게르	241
카롤루스 대제	072	하우메 오테로	242
카르타고	179	한니발	179
카를 마르텔	072	항해	238
카리아티드	123	해골산	066
카사 밀라	156	해시계	282
카사 밀라 옥상 조형물	164	행복한 눈물	224
카사 비센스	115	헤라	106
카사 예오 모레라	151	헤라클레스	129, 240
카스티야	174	헤라클레스의 기둥	241
카이사포룸	261	헤롯왕	030
카탈루냐 광장	228	헤밍웨이	199
카탈루냐 국립 미술관	253	호셉 두냐크	237
카탈루냐 기	104	호셉 빌라도마트	236
카탈루냐 독립운동 기념비	355	호셉 이모나	236
카탈루냐 모더니즘	151	호셉 클라라	231, 232, 235
카탈루냐 모더니즘 건축	138	호안 미로	244
카테드랄	183	환희의 신비	371, 373
캐가너	205	황금 물고기	225
콘스탄티누스 대제	071	황금 사과나무	130
콜럼버스	195, 215	회랑	114
콜럼버스 기념탑	215	후안 구엘 페레	128
콜로네이드	114	후안 마르토렐 몬테예스	128
		후안 안토니오 사마란치	276
ㅌ		히로나	243
타라고나	242	히틀러	072
타일	142		
투우	247		
트레비 분수	207		
트렌카디스	114, 134, 282		
티탄	132		
ㅍ			
파사드	014		
파우 가르가요	238		
파우 광장	215		
파이프 오르간	086		
포물선 모양의 아치	150		
포에니 전쟁	180